文言文专项突破手册

主　编　陈　斌　乔　苇　张　华
副主编　唐　燕　卢春秀　王炎坤　郝　召　何　琼
　　　　杨梦蝶　周　曦
编　委　张红英　李尧菊　徐良玉　杨承锐　王发贵
　　　　周承旺　熊慧玉　康华英　张国峰　章永兰
　　　　司　鹏　丁　玉　周元武

内容提要

本书依据教育部颁布的《中等职业学校语文课程标准（2020年版）》，结合各类中等职业学校语文教学的实际，就高等教育出版社新教材基础模块的篇目以及课标规定的篇目进行了知识归类和梳理，在重视文言文基础知识的积累和归纳的同时，也注重通过有针对性的训练来提升学生文言文阅读理解的能力。

本书以课程标准为指针，以考点为抓手，以考题为模板，将课文的文言文知识进行梳理，旨在为学生学习文言文指明一个方向和便捷的路径。每篇课文从六个层面编写：作家作品、学习导引、文白对译、知识梳理、课内巩固和课外拓展。文言知识的梳理依次从通假字、古今异义、一词多义、词类活用和文言句式五个方面进行了归类，对应了针对古代诗文阅读的四个方面的要求：一是理解常见文言实词在文中的含义，尤其能辨析同一词语在不同语境中的不同含义及古今词义的区别；二是理解常见文言虚词在文中的意义和用法；三是理解与辨别不同的文言句式（判断句、被动句、省略句、状语后置句、宾语前置句、定语后置句）；四是理解与辨别文言词类活用。

本书适合所有中等职业学校的学生使用。

版权专有　侵权必究

图书在版编目(CIP)数据

文言文专项突破手册 / 陈斌，乔苇，张华主编．
北京：北京理工大学出版社，2024.6．
ISBN 978-7-5763-4222-2

Ⅰ．G634.303

中国国家版本馆 CIP 数据核字第 2024F91X53 号

责任编辑：李慧智　　**文案编辑**：李慧智
责任校对：王雅静　　**责任印制**：施胜娟

出版发行	北京理工大学出版社有限责任公司
社　　址	北京市丰台区四合庄路6号
邮　　编	100070
电　　话	（010）68914026（教材售后服务热线） （010）68944437（课件资源服务热线）
网　　址	http://www.bitpress.com.cn
版 印 次	2024年6月第1版第1次印刷
印　　刷	定州市新华印刷有限公司
开　　本	889 mm×1194 mm　1/16
印　　张	11.25
字　　数	339千字
定　　价	42.00元

图书出现印装质量问题，请拨打售后服务热线，负责调换

前　言

　　本书依据教育部颁布的《中等职业学校语文课程标准（2020年版）》，结合各类中等职业学校语文教学的实际，就高等教育出版社新教材基础模块的篇目以及课程标准规定的篇目进行了知识归类和梳理，在重视文言文基础知识的积累和归纳的同时，也注重通过针对性的训练来提升学生文言文阅读理解的能力。

　　本书以课程标准为指针、以考点为抓手、以考题为模板，将课文的文言知识进行梳理，旨在为学生学习文言文指明一个方向和便捷的路径。

　　每篇课文从六个层面编写：作家作品、学习导引、文白对译、知识梳理、课内巩固和课外拓展。文言知识的梳理依次从通假字、古今异义、一词多义、词类活用和文言句式五个方面进行了归类，对应了针对古代诗文阅读的四个方面的要求：一是理解常见文言实词在文中的含义，尤其能辨析同一词语在不同语境中的不同含义及古今词义的区别；二是理解常见文言虚词在文中的意义和用法；三是理解与辨别不同的文言句式（判断句、被动句、省略句、状语后置句、宾语前置句、定语后置句）；四是理解与辨别文言词类活用。

　　文言文是祖先留下的文化瑰宝，是中华文化生生不息的载体。中职生无论升学还是就业，都离不开民族优秀文化的滋养。阅读经典文言文篇目，有助于中职生体会中华文化的博大精深，提升对中华优秀传统文化的认同感、自豪感，增强文化自信。

　　本书由张红英、陈斌、李尧菊、徐良玉、杨承锐、卢春秀、王发贵、周承旺、乔苇、唐燕、王炎坤、郝召、熊慧玉、康华英、何琼、章永兰、周曦、张华、杨梦蝶、张国峰、司鹏、丁玉和周元武老师共同编写。编写老师均是具有多年语文高考复习指导经验的一线教师。

　　由于编者水平有限，书中难免存在疏漏之处，恳请各位读者批评指正！

编　者

CONTENTS 目录

种树郭橐驼传 ······ 1

促织 ······ 11

子路、曾皙、冉有、公西华侍坐 ······ 25

寡人之于国也 ······ 33

劝学 ······ 42

公输 ······ 49

庖丁解牛 ······ 58

师说 ······ 65

烛之武退秦师 ······ 73

廉颇蔺相如列传（节选） ······ 85

赤壁赋 ······ 99

项脊轩志 ······ 108

过秦论 ······ 117

张衡传 ······ 131

阿房宫赋 ······ 139

登泰山记 ······ 149

种树郭橐驼传

柳宗元

作家作品

柳宗元，字子厚，汉族，唐朝河东(今山西运城)人，杰出诗人、哲学家、儒学家和政治家，唐宋八大家之一。著名作品有《永州八记》等六百多篇文章，经后人辑为三十卷，名为《柳河东集》。因为他是河东人，人称柳河东，又因终于柳州刺史任上，又称柳柳州。柳宗元与韩愈同为中唐古文运动的领导人物，并称"韩柳"。

学习导引 >>>

本文题目虽称为"传"，但并非是一般的人物传记。文章借郭橐驼之口，由种树的经验说到为官治民的道理，说明封建统治阶级有时打着爱民、忧民或恤民的幌子，却适得其反，仍旧民不聊生。

文章一、二段介绍传记主人公的姓名、形象特征，以及籍贯、职业和技术特长。第三段通过郭橐驼介绍种树的经验，将种植的当与不当进行对比。四、五段通过对话，运用"养树"与"养人"互相映照的写法，把种树、管树之理引申到吏治上去，种树人"勤虑害树"，做官者"烦令扰民"。老百姓只有休养生息，才能恢复元气。

 文白对译

①郭橐驼[1]，不知始何名。病偻[2]，隆然[3]伏行[4]，有类[5]橐驼者，故乡人号之[6]"驼"。驼闻之曰："甚善。名我固当[7]。"因舍其名，亦自谓[8]"橐驼"云。

【注释】

[1]橐(tuó)驼：骆驼。这里指驼背。
[2]病偻(lǚ)：患了脊背弯曲的病。
[3]隆然：(脊背)高起的样子。

[4]伏行：弯腰行走。
[5]有类：有些像。
[6]号之：给他起个外号叫。号，起外号。
[7]名我固当：用这个名字称呼我确实恰当。名，称呼，名词作动词，意动用法。固，确实。当，恰当。
[8]谓：称为。

【翻译】

郭橐驼，不知道他起初叫什么名字。他患了脊背弯曲的病，脊背突起而弯腰行走，就像骆驼一样，所以乡里人称呼他叫"橐驼"。橐驼听说后，说："这个名字很好啊，这样称呼我确实恰当。"于是他舍弃了他原来的名字，也自称起"橐驼"来。

②其乡曰丰乐乡，在长安西。驼业[9]种树，凡长安豪富人为观游[10]及卖果者，皆争迎取养[11]。视驼所种树，或移徙[12]，无不活；且硕茂[13]，早实以蕃[14]。他植者虽窥伺效慕[15]，莫能如也[16]。

【注释】

[9]业：以……为业，名词作动词。
[10]为观游：经营园林游览。为，从事，经营。观游，指供观赏浏览的花圃园林。
[11]争迎取养：争着迎接雇用（郭橐驼）。取养，聘用供养。
[12]移徙：指移植。徙，迁移。
[13]硕茂：高大茂盛。
[14]早实以蕃：结果实早且多。实，结果实，名词作动词。以，而且，连词，作用同"而"。蕃，多。
[15]窥伺效慕：暗中观察，羡慕效仿。
[16]莫能如也：也没有谁能比得上。莫，没有谁，代词。如，比得上，动词。

【翻译】

他的家乡叫丰乐乡，在长安城西边。郭橐驼以种树为职业，凡是长安城里经营园林游览和做水果买卖的豪富人，都争着把他接到家里奉养。观察橐驼种的树，有的是移植来的，也没有不成活的；而且长得高大茂盛，结果实早而且多。其他种树的人即使暗中观察、羡慕效仿，也没有谁能比得上。

③有问之，对曰："橐驼非能使木寿且孳[17]也，能顺木之天[18]，以致其性焉尔[19]。凡植木之性[20]，其本[21]欲舒[22]，其培[23]欲平，其土欲故[24]，其筑[25]欲密。既然[26]已，勿动勿虑[27]，去不复顾[28]。其莳也若子[29]，其置也若弃[30]，则其天者全而其性得矣[31]。故吾不害其长[32]而已，非有能硕茂[33]之也；不抑耗其实[34]而已，非有能早而蕃[35]之也。他植者则不然，根拳[36]而土易[37]，其培之也，若不过焉则不及[38]。苟有能反是者[39]，则又爱之太恩[40]，忧之太勤。旦视而暮抚，已去而复顾。甚者，爪其肤以验其生枯[41]，摇其本以观其疏密[42]，而木之性日以离[43]矣。虽曰爱之，其实害之；虽曰忧之，其实仇之；故不我若[44]也。吾又何能为哉！"

【注释】

[17]木寿且孳(zī)：树木活得长久而且繁殖茂盛。木，树。孳，繁殖。
[18]天：天性，指自然生长规律。

[19]致其性焉尔：使它按照自己的本性成长罢了。致，使达到。焉尔，罢了，句末语气词连用。

[20]植木之性：按树木的本性种植。

[21]本：树根。

[22]欲舒：要舒展。欲，要。舒，舒展。

[23]培：培土。

[24]故：旧。

[25]筑：捣土。

[26]既然：已经这样。已，(做)完了。

[27]勿动勿虑：不要再动它，不要再担心它。

[28]顾：回头看。

[29]其莳(shì)也若子：栽种时要像对待孩子一样细心。其，如果，连词。莳，栽种。若子，像对待孩子一样。

[30]置也若弃：放在一边像丢弃了一样不管。

[31]则其天者全而其性得矣：那么树木的生长规律可以保全而它的本性得以发展。

[32]不害其长：不妨碍它的生长。

[33]硕茂：使动用法，使高大茂盛。

[34]不抑耗其实：不抑制、损耗它的果实。

[35]早而蕃：使动用法，使……(结实)早而且多。

[36]根拳：树根拳曲。

[37]土易：更换新土。

[38]若不过焉则不及：如果不是过多就是不够。若……则……，如果……那么(就)，连接假设复句的固定结构。焉，句中语气词，无义。

[39]苟有能反是者：如果有能够和这种做法相反的人。苟，如果，连词。反是者，与此相反的人。

[40]爱之太恩：这里指养护太过。恩，宠爱。

[41]爪其肤以验其生枯：爪其肤，用指甲抠破树皮。爪，指甲，这里作动词用，用指甲抠。以，表目的，连词，用来。验，检验，观察。生枯，活着还是枯死。

[42]疏密：指土的松与紧。

[43]日以离：一天天地背离。以，连词，连接状语和动词，不译。

[44]不我若：不若我，比不上我。否定句中代词作宾语时一般要置于动词前。若，及，赶得上，动词。

【翻译】

有人问他种树种得好的原因，他回答说："我郭橐驼不是能够使树木活得长久而且长得很快，只不过能够顺应树木的天性，来实现其自身的本性罢了。但凡种树的方法，它的树根要舒展，它的培土要平均，它根下的土要用原来培育树苗的土，它捣土要结实。已经这样做了，就不要再动，不要再忧虑它，离开它不再回顾。栽种时要像对待孩子一样细心，栽好后要像丢弃它一样放在一边，那么树木的天性就得以保全，它的习性就得以实现。所以我只不过不妨碍它的生长罢了，并不是有能使它长得高大茂盛的办法；只不过不抑制、减少它的结果罢了，也并不是有能使它果实结得早又多的办法。别的种树人却不是这样，树根是拳曲的又换了生土；他培土的时候，不是过紧就是太松。如果有能够和这种做法相反的人，就又太过于吝惜它了，担心它太过分了，在早晨去看了，在晚上又去摸摸，已经离开了，又回头去看看。更严重的，甚至用指甲抠破树皮来观察它是死是活着，摇晃树根来看它是否栽结实了，这样就一天天背离了树木的天性。虽然说是喜爱它，这实际上是害了它，虽说是担心它，这实际上是仇视它。所以他们都不如我。我又能做什么呢？"

④问者曰："以子之道，移之官理[45]，可乎？"驼曰："我知种树而已，理，非吾业也。然吾居乡，见长人者[46]好烦其令[47]，若甚怜焉[48]，而卒以祸[49]。旦暮吏来而呼曰：'官命促尔耕[50]，勖尔植[51]，督尔获[52]，早缫而绪[53]，早织而缕[54]，字[55]而幼孩，遂而鸡豚[56]。'鸣鼓而聚之[57]，击木[58]而召之。吾小人[59]辍飧饔以劳吏[60]者，且不得暇[61]，又何以蕃吾生而安吾性耶[62]？故病且怠[63]。若是[64]，则与吾业者其亦有类乎[65]？"

【注释】

[45]官理：为官治民。理，治理，唐人避高宗李治名讳，改"治"为"理"。

[46]长(zhǎng)人者：为人之长者，指当官治民的地方官。大县的长官称"令"，小县的长官称"长"。

[47]烦其令：不断发号施令。烦，使繁多。

[48]若甚怜焉：好像很爱(百姓)。焉，代词，同"之"。

[49]卒以祸：以祸卒，以祸(民)结束。卒，结束。

[50]官命促尔耕：官府的命令催促你们耕田。

[51]勖(xù)尔植：勖，勉励。植，栽种。

[52]督尔获：督促你们收获。

[53]早缫(sāo)而绪：早点缫好你们的丝。缫，煮茧抽丝。而，同"尔"，你们的。绪，丝头。

[54]早织而缕：早点纺好你们的线。缕，线。

[55]字：养育。

[56]遂而鸡豚(tún)：喂养好你们的鸡和猪。遂，顺利地成长。豚，猪。

[57]聚之：召集百姓。聚，使聚集。

[58]木：这里指木梆。

[59]吾小人：我们小百姓。

[60]辍飧(sūn)饔(yōng)以劳吏：中断吃饭去慰劳那些小吏。辍飧饔，中断吃饭。辍，停止。飧，晚饭。饔，早饭。以，来，连词。劳吏者，慰劳当差的。

[61]且不得暇：且，尚且。暇，空暇。

[62]何以蕃吾生而安吾性耶：何以，靠什么。蕃吾生，繁衍我们的生命，即使我们的人口兴旺。安吾性，安定我们的生活。性，生命。

[63]病且怠：困苦并且疲倦。病，困苦。怠，疲倦。

[64]若是：像这样。

[65]与吾业者其亦有类乎：与吾业者，与我同行业的人，指"他植者"。其，大概，语气词。类，相似。

【翻译】

问的人说："把你种树的方法，转用到做官治民上，可行吗？"橐驼说："我只知道种树罢了，做官治民，不是我的职业。但是我住在乡里，看见那些官吏喜欢不断地发号施令，好像是很怜爱(百姓)啊，但百姓最终反因此受到祸害。从早到晚那些小吏跑来大喊：'长官命令：催促你们耕地，勉励你们种植，督促你们收获，早些煮茧抽丝，早些织你们的布，养育你们的小孩，喂大你们的鸡和猪。'一会儿打鼓招聚大家，一会儿敲梆召集大家，我们这些小百姓中断吃早、晚饭去慰劳那些小吏尚且不得空暇，又怎能使我们繁衍生息，使我们民心安定呢？所以我们既困苦又疲乏，像这样(治民反而扰民)，它与我种树的行当大概也有相似的地方吧？"

⑤问者曰:"嘻[66],不亦善夫[67]!吾问养树,得养人[68]术。"传[69]其事以为[70]官戒[71]也。

【注释】

[66]嘻:感叹词,表示高兴。

[67]不亦善夫:不是很好吗?夫,句末语气词。

[68]养人:养民,唐人避唐太宗李世民名讳,改"民"为"人"。

[69]传:作传。

[70]以为:以(之)为,把它作为。

[71]戒:鉴戒。

【翻译】

问的人说:"不也是很好吗!我问种树的方法,得到了治民的方法。"我为这件事作传把它作为官吏们的鉴戒。

知识梳理

一、通假字

1. 既然已。 "已"同"矣",了。
2. 早缫而绪。 "而"同"尔",你们的。

二、古今异义

例句	词语	今义	古义
1. 故乡人号之"驼"	故乡	指家乡	所以乡里
2. 既然已	既然	表示先提示前提,而后加以推论,连词	已经这样
3. 不抑耗其实而已	其实	承接上文转折,表示所说的是实际情况,副词	它的果实
4. 若不过焉则不及	不过	只是,表转折,连词	不是过多
5. 吾小人辍飧饔以劳吏者	小人	指人格卑下的人	我们小民
6. 得养人术	养人	养活别人	治理百姓
7. 以子之道,移之官理	官理	官方之理,与"民理"相对	官治,当官治民

三、一词多义

1. 病

①病偻。(得……病,动词)
②故病且怠。(困苦,形容词)

2. 害

①不害其长。(妨碍,动词)
②其实害之。(伤害,动词)

3. 名

①不知始何名。(名字,名词)

②甚善,名我固当。(称呼,动词)

4. 业

①驼业种树。(以……为职业,意动)

②官理,非吾业也。(职业,名词)

5. 实

①早实以蕃。(结果实,名词作动词)

②不抑耗其实而已。(果实,名词)

③其实害之。(实际上,副词)

6. 若

①其置也若弃。(像,动词)

②若不过焉则不及。(如果,连词)

③故不我若也。(如,及,比得上,动词)

7. 而

①鸣鼓而聚之。(表承接,一说表目的,连词)

②字而幼孩。(同"尔",你们的,代词)

③旦视而暮抚。(又,表并列,连词)

④而木之性日以离矣。(可译"于是",表顺接,连词)

8. 为

①凡长安豪富人为观游及卖果者。(从事,动词)

②吾又何能为哉。(做,动词)

9. 以

①早实以蕃。(而且,连词)

②能顺木之天以致其性焉尔。(用来,连词)

③爪其肤以验其生枯。(来,表目的,连词)

④以子之道。(把,介词)

10. 虽

①虽窥伺效慕。(即使,连词)

②虽曰爱之。(虽然,连词)

11. 故

①其土欲故。(旧,指原来培育树苗的土,名词)

②故不我若也。(所以,连词)

12. 然

①隆然伏行。(……的样子)

②既然已。(这样)

③然吾居乡。(然而)

13. 且

①无不活,且硕茂。(而且)

②吾小人飧饔以劳吏者,且不得暇。(尚且)

③故病且怠。(又)

14. 则

①则其天者全而其性得矣。(那么)

②他植者则不然/则又爱之太恩。(却)

四、词类活用

1. 名词作动词

①病偻,隆然伏行。(患……病)

②早实以蕃。(结果实)

③甚者爪其肤以验其生枯。(用指甲抠)

④而卒以祸。(受到祸害)

⑤其莳也若子。(对待孩子)

⑥名我固当。(称呼)

⑦橐驼非能使木寿且孳也。(活得长久)

⑧不知始何名。(叫……名字)

⑨传其事以为官戒。(记录,记载)

⑩移之官理可乎?(做官)

2. 名词作状语

①旦视而暮抚。(在早上;在晚上)

②而木之性日以离矣。(一天天地)

③旦暮吏来而呼曰。(从早到晚)

3. 使动用法

①以致其性焉尔。(使……达到)

②非有能硕茂之也。(使……硕大茂盛)

③非有能早而蕃之也。(使……结得早;使……多)

④鸣鼓而聚之。(使……发出响声;使……聚集)

⑤又何以蕃吾生而安吾性耶?(使……繁荣;使……安乐)

⑥见长人者好烦其令。(使……繁琐)

⑦遂而鸡豚。(使……长成)

4. 动词作名词

或移徙。(移栽的树)

5. 意动用法

驼业种树。(以……为职业)

6. 为动用法

①其培之也。(为……培土)

②忧之太勤/虽曰忧之。(为……担忧)

五、文言句式

1. 判断句

官理,非吾业也。("非……也",表否定的判断句)

2. 宾语前置句

①不知始何名。("何名"即"名何")

②故不我若也。("我若"即"若我")

③吾又何能为哉。("何能为"即"能为何")

④又何以蕃吾生而安吾性耶?("何以"即"以何")

3. 定语后置句

凡长安豪富人为观游及卖果者。("为观游及卖果"作定语)

4. 省略句

①苟有能反(于)是者。

②然吾居(于)乡。

③而卒以(之)祸。

④传其事以(之)为官戒。

⑤移之(于)官理可乎。

1. 下列有关文学常识的表述，不正确的一项是(　　)。

A. 柳宗元，字子厚，唐代河东(今山西运城)人，人称柳河东，又因终于柳州刺史任上，又称柳柳州，是杰出诗人、哲学家和政治家。

B. 中国文学史上有许多并称，柳宗元与刘禹锡并称"刘柳"，与韩愈并称为"韩柳"。

C.《永州八记》是山水游记，《黔之驴》《种树郭橐驼传》是寓言，都收在《柳河东集》里。

D. 唐代新乐府运动是我国一次文体改革运动，到了宋代继续提倡这种改革，出现了被世人称颂的唐宋八大家。

2. 下列各项中加点的词语与现代汉语意思相同的一项是(　　)。

A. 既然已　　　　　　　　　　B. 不抑耗其实而已

C. 若不过焉则不及　　　　　　D. 我知种树而已

3. 下列加点词语的解释，不正确的一项是(　　)。

A. 病偻，隆然伏行(患了)　　　B. 有类橐驼者(像)

C. 名我固当(顽固)　　　　　　D. 因舍其名(舍弃)

4. 对下列句子中加点词的解释，不正确的一项是(　　)。

A. 去不复顾(离开)　　　　　　B. 不害其长而已(长度)

C. 非有能早而蕃之也(使……结实多)　　D. 根拳而土易(拳曲)

5. 下列语句中词类活用情况与其他三项不同的一项是(　　)。

A. 非有能硕茂之也　　　　　　B. 鸣鼓而聚之

C. 驼业种树　　　　　　　　　D. 遂而鸡豚

6. 下列语句加点的虚词意义和用法相同的一组是(　　)。

A. ①则其天者全而其性得矣　　②他植者则不然

B. ①鸣鼓而聚之　　　　　　　②旦视而暮抚

C. ①他植者虽窥伺效慕　　　　②虽曰爱之，其实害之

D. ①无不活，且硕茂　　　　　②故病且怠

7. 下列各项中加点"以"字的用法与"以致其性焉尔"中"以"的用法相同的一项是(　　)。

A. 早实以蕃　　　　　　　　　B. 摇其本以观其疏密

C. 以子之道，移之官理可乎　　D. 而木之性日以离矣

8. 下列文言句式与"又何以蕃吾生而安吾性耶"相同的一项是(　　)。

A. 凡长安豪富人为观游及卖果者
B. 官理，非吾业也
C. 吾又何能为哉
D. 苟有能反是者

9. 下列文言句式与"然吾居乡"相同的一项是（　　）。
A. 而卒以祸
B. 非有能早而蕃之也
C. 故不我若也
D. 不知始何名

10. 下列对原文内容的分析和概括，不正确的一项是（　　）。
A. 郭橐驼以种树为职业，长安经营园林游览和水果买卖的豪富人，都争着把他接到家里奉养。作者旨在阐述"家有万贯，不如一技在身"的道理。
B. 橐驼顺应树木的天性来培植，因而他种的树高大茂盛，结果早而且多。
C. 课文第三段通过郭橐驼自述其种树的成功经验和他人种树的不成功的做法对比，强调了"顺木之天，以致其性"的重要性。
D. 以种树之道，"移之官理"，郭橐驼种树贵在得树之天性，为政也贵在使民得其天性，采用了类比的方法。

11. 将下列句子翻译成现代汉语。
(1) 甚者，爪其肤以验其生枯，摇其本以观其疏密，而木之性日以离矣。

(2) 然吾居乡，见长人者好烦其令，若甚怜焉，而卒以祸。

课外拓展

阅读下列文段，完成1～6题。

临江[1]之人，畋[2]得麋麑[3]，畜之。入门，群犬垂涎，扬尾皆来。其人怒，怛[4]之，自是日抱就犬，习示之，使勿动，稍使与之戏。积久，犬皆如人意。麋麑稍大，忘己之麋也，以为犬良我友，抵触偃[5]仆，益狎。犬畏主人，与之俯仰[6]甚善，然时啖其舌。三年，麋出门外，见外犬在道甚众，走欲与为戏。外犬见而喜且怒，共杀食之，狼藉[7]道上。麋至死不悟。

——《柳河东集·三戒》

注释：
[1] 临江：地名，江西省清江县。
[2] 畋（tián）：打猎。
[3] 麑（ní）：幼鹿。
[4] 怛（dá）：惊恐。
[5] 偃：仰倒。
[6] 俯仰：周旋，应付。
[7] 狼藉：散乱的样子。

1. 选出加点词语解释不正确的一项是（　　）。
A. 自是日抱就犬　　　就：靠近
B. 习示之　　　　　　示：给……看
C. 麋麑稍大　　　　　稍：渐渐
D. 以为犬良我友　　　良：善良

2. 下列各项中与"忘己之麋也"中的"之"用法相同的一项是(　　)。
   A. 吾欲之南海，何如
   B. 能顺木之天，以致其性焉尔
   C. 有类橐驼者，故乡人号之"驼"
   D. 大道之行也，天下为公
3. 下列各项中，与"然时啖其舌"中的"然"用法相同的一项是(　　)。
   A. 隆然伏行
   B. 既然已
   C. 庞然大物也
   D. 然吾居乡
4. 下列各项中，与其他三项的句式不相同的一项是(　　)。
   A. 移之官理可乎
   B. 使勿动
   C. 传其事以为官戒
   D. 吾又何能为哉
5. 下列对原文内容的分析和概括，不正确的一项是(　　)。
   A. 临江人打猎时捉到一只麋鹿，刚一进门，一群狗流着口水，都摇着尾巴来了。
   B. 主人每天都抱着小鹿接近狗，让狗看熟了，使狗不要害怕。
   C. 心理描写细致逼真，如"外犬见而喜且怒"，用拟人的笔触刻画犬的心理活动。
   D. 寓言影射了那些无才无德、恃宠而骄的奴才，也讽刺了那些认敌为友，结果招致灭亡的人。
6. 翻译原文中画线的句子。
外犬见而喜且怒，共杀食之，狼藉道上。

促　织

蒲松龄

作家作品

蒲松龄，字留仙，一字剑臣，别号柳泉居士，世称聊斋先生，自称异史氏，清代文学家。其作品有著名的文言文短篇小说集《聊斋志异》。郭沫若曾经写过一副对联"写鬼写妖高人一等，刺贪刺虐入木三分"，称赞了蒲松龄借"写鬼写妖"来"刺贪刺虐"的批判现实主义和浪漫主义手法。

学习导引 ▶▶▶

《促织》是《聊斋志异》中一篇具有深刻社会意义的小说。小说采用借古讽今的写法，借明朝的故事，曲折地表现了对清代黑暗现实的强烈不满，即以明朝皇室崇尚斗促织，征促织于民间，给百姓带来深重苦难为背景，通过描写主人公成名因被迫缴纳促织而备受摧残、几乎家破人亡的命运，反映了皇帝荒淫无道、巡抚县令胥吏横征暴敛的罪恶现实，寄托了对受尽欺凌和迫害的下层群众的深切同情。

《促织》以促织得失为主线，按故事发展的自然顺序来展开情节。从总体看可以分成起因、开端、发展、高潮、结局和作者评论六个部分。

第一部分（第1段），交代故事的起因。这个故事的祸患起于宫廷，为满足宫中斗蟋蟀之乐而"岁征民间"，一头促织会带来"倾数家之产"的后果。

第二部分（第2段），故事的开端：写成名因缴不上促织而遭受的痛苦。

第三部分（第3～4段），故事的发展：写求卜得虫为成名一家带来解脱苦难的希望。

第四部分（第5～7段），故事的高潮：写成名得虫而又失虫和再得异虫（成子化虫）。

第五部分（第8段），故事的结局：成名因祸得福。

第六部分（第9段），作者的评论。"异史氏曰"的一段文字是蒲松龄对故事所做的评论，这也是笔记小说常用的一种形式，通过评语直接表达自己的观点：封建官吏的升迁是建立在百姓苦难之上的。

曲折离奇的故事情节、严谨巧妙的艺术构思、细腻传神的描写和夸张对比的手法是这篇小说的主要特色。小说围绕得失促织的线索展开，情节曲折多变，跌宕起伏，引人入胜，人物形象鲜明，描写生动逼真，尤其是心理描写和细节描写格外细腻传神，学习时要细心品味。

文白对译

①宣德间，宫中尚[1]促织之戏，岁征民间。此物故非西产；有华阴令欲媚上官，以一头进，试使斗而才[2]，因责[3]常供。令以责之里正。市中游侠儿得佳者笼养之，昂其直[4]，居为奇货[5]。里胥猾黠，假此科敛丁口[6]，每责一头，辄[7]倾数家之产。

【注释】

[1]尚：崇尚，爱好。

[2]才：(有)才能。这里指勇猛善斗。

[3]责：责令。

[4]昂其直：抬高它的价钱。直，同"值"。

[5]居为奇货：储存起来，当作稀奇的货物(等待高价)。居，囤积、储存。

[6]科敛丁口：向百姓征税摊派费用。科敛，摊派、聚敛。丁口，即人口。成年男子叫丁，女子及未满十六岁男子称口。

[7]辄(zhé)：就。

【翻译】

明朝宣德年间，皇室里盛行斗蟋蟀的游戏，每年都要在民间征收。这东西本来不是陕西出产的，有个华阴县的县官，想巴结上司，把一只蟋蟀献上去，上司试着让它斗了一下，(它)显出了勇敢善斗的才能，上级于是责令他经常供应。县官又把供应的差事派给各乡的里正。市集上的那些游手好闲的年轻人，捉到好的蟋蟀就用竹笼装着喂养它，抬高它的价格，储存起来，当作珍奇的货物一样等待高价出售。乡里的差役们狡猾刁诈，借这个机会向老百姓摊派费用，每摊派一只蟋蟀，就常常使好几户人家破产。

②邑有成名者，操童子业[8]，久不售[9]。为人迂讷[10]，遂为猾胥报充里正役，百计营谋不能脱。不终岁，薄产累尽[11]。会征促织，成不敢敛户口，而又无所赔偿，忧闷欲死。妻曰："死何裨益[12]？不如自行搜觅，冀有万一之得。"成然之。早出暮归，提竹筒丝笼，于败堵丛草处，探石发穴，靡计不施，迄无济。即捕得三两头，又劣弱不中于款[13]。宰严限追比[14]，旬余，杖至百，两股间脓血流离，并虫亦不能行捉矣。转侧床头，惟思自尽。

【注释】

[8]操童子业：意思是正在读书，准备考秀才。操……业，从事……行业。童子，童生。科举时代还没考取秀才的读书人，不论年纪大小，都称为"童生"。

[9]售：指科举及第。

[10]迂讷(nè)：迂拙而又不善言辞。

[11]薄产累尽：微薄的家产渐次耗尽。累，渐次。

[12]裨(bì)益：补益。

[13]款：款式，规格。

[14]宰严限追比：县令严定期限，按期查验追逼。

【翻译】

县里有个叫成名的人，是个读书的童生，长期未考中秀才。为人拘谨，不善说话，就被刁诈的小吏报到县里，让他担任里正的差事，他想尽办法还是摆脱不掉(任里正这差事)。不到一年，微薄的家产渐

次耗尽了。正好又碰上征收蟋蟀,成名不敢勒索老百姓,但又没有抵偿的钱,忧愁苦闷,想要寻死。他妻子说:"死有什么益处呢?不如自己去寻找,希望有万分之一的收获。"成名认为这话说得很对。(他)就从早上出去到晚上回家,提着竹筒丝笼,在毁坏的墙脚、荒草丛生的地方,挖石头,掏洞穴,没有什么办法不用的,最终也没有成功。即使捕捉到两三只,也是又弱又小不符合规格。县官严定期限,严厉追逼,在十几天中(成名)被打了上百板子,两条腿脓血淋漓,连蟋蟀也不能去捉了。在床上翻来覆去,只想自杀。

③时村中来一驼背巫,能以神卜[15]。成妻具资诣问。见红女白婆[16],填塞门户。入其舍,则密室垂帘,帘外设香几。问者爇香[17]于鼎,再拜。巫从旁望空代祝,唇吻翕辟[18],不知何词。各各竦立[19]以听。少间,帘内掷一纸出,即道人意中事,无毫发爽[20]。成妻纳钱案上,焚拜如前人。食顷[21],帘动,片纸抛落。拾视之,非字而画:中绘殿阁,类兰若。后小山下,怪石乱卧,针针丛棘,青麻头伏焉;旁一蟆,若将跳舞。展玩不可晓。然睹促织,隐中胸怀。折藏之,归以示成。

【注释】

[15]能以神卜:能够凭借神力占卜。

[16]红女白婆:红妆的少女,白发的老婆婆。

[17]爇(ruò)香:点燃香。

[18]翕(xī)辟:翕,合。辟,开。

[19]竦(sǒng)立:恭敬地站着。

[20]无毫发爽:没有丝毫差失。

[21]食顷:一顿饭的工夫,形容时间短。

【翻译】

这时,村里来了个驼背巫婆,(她)能借鬼神预卜凶吉。成名妻子准备了礼钱去求神。只见红妆的少女和白发的老婆婆挤在门口。成名的妻子走进巫婆的屋里,只看见暗室挂着帘子,帘外摆着香案。求神的人在香炉上上香,拜了又拜。巫婆在旁边望着空中替他们祷告,嘴唇一张一合,不知在说些什么。大家都恭敬地站着听。一会儿,室内丢一张纸条出来,上面写着求神的人心中想问的事,没有丝毫差错。成名的妻子把钱放在案上,像前边的人一样烧香跪拜。约一顿饭的工夫,帘子掀动,一片纸抛落下来。(成名的妻子)拾起看,(发现)不是字而是一幅画:当中绘着殿阁,像寺院。(殿阁)后面的山脚下,奇形怪状的石头到处横卧,在丛丛如针的荆棘中,一只蟋蟀藏在那里;旁边一只蛤蟆,像要跳舞的样子。她仔细察看(一会儿),也不懂得什么意思。但是看到上面画着蟋蟀,暗合自己的心事,就把纸片折叠好装起来,回家后交给成名看。

④成反复自念,得无教我猎虫所耶?细瞻景状,与村东大佛阁逼似。乃强起扶杖,执图诣寺后,有古陵蔚起[22]。循陵而走,见蹲石鳞鳞,俨然类画。遂于蒿莱中侧听徐行,似寻针芥。而心目耳力俱穷,绝无踪响。冥搜[23]未已,一癞头蟆猝然跃去。成益愕,急逐趁[24]之,蟆入草间。蹑迹披求[25],见有虫伏棘根。遽扑之,入石穴中。掭[26]以尖草,不出;以筒水灌之,始出,状极俊健。逐而得之。审视,巨身修尾,青项金翅。大喜,笼归,举家庆贺,虽连城拱璧不啻也[27]。上于盆而养之,蟹白栗黄[28],备极护爱,留待限期,以塞官责。

【注释】

[22]蔚起:成群而起。

[23]冥搜:尽力搜寻。

[24]趁:追逐。

[25]蹑迹披求:跟随(蛤蟆的)踪迹,拨开(丛草)寻求。蹑,追随。披,拨开。

[26]掭(tiàn):轻轻拨动。

[27]虽连城拱璧不啻(chì)也:即使价值连城的宝玉也比不上。拱璧,大璧,指极为珍贵的东西。不啻,比不上。

[28]蟹白栗黄:蟹肉和栗实,指蟋蟀吃的精饲料。

【翻译】

成名反复思索,(这)莫非是指给我捉蟋蟀的地方吧?细看图上面的景物,和村东的大佛阁很相像。于是(他)就忍痛爬起来,扶着杖,拿着图来到寺庙的后面,(看到)有一座古坟高高隆起。成名沿着古坟向前去,只见蹲在那里的一块块石头,好像鱼鳞似的排列着,真像画中的一样。(他)于是在野草中一面侧耳细听一面慢走,好像在找一根针和一株小草似的;然而心力、视力、听力都用尽了,结果还是一点儿蟋蟀的踪迹响声都没有。他正用心搜索着,突然一只癞蛤蟆跳走了。成名更加惊奇了,急忙去追它,癞蛤蟆(已经)跳入草中。他便跟着癞蛤蟆的踪迹,分开丛草去寻找,只见一只蟋蟀趴在棘根下面,他急忙扑过去捉它,蟋蟀跳进了石洞。他用细草撩拨,蟋蟀不出来;又用竹筒取水灌进石洞里,蟋蟀才出来,形状极其俊美健壮。他便追赶着抓住了它。仔细一看,只见蟋蟀个儿大,尾巴长,青色的脖项,金黄色的翅膀。成名特别高兴,用笼子装上提回家,全家庆贺,即使价值连城的宝玉也比不上(这只蟋蟀),装在盆子里并且用蟹肉和栗子粉喂它,爱护得周到极了,留着它只等到了期限,拿它来冲抵官府的差事。

⑤成有子九岁,窥父不在,窃发盆。虫跃掷径出,迅不可捉。及扑入手,已股落腹裂,斯须[29]就毙。儿惧,啼告母。母闻之,面色灰死,大骂曰:"业根[30],死期至矣!而[31]翁归,自与汝覆算[32]耳!"儿涕而出。

【注释】

[29]斯须:一会儿。

[30]业根:祸种,惹祸的东西。业,恶业,造成恶果的言语行为等。

[31]而:同"尔",你。

[32]覆算:追究。覆,审核。算,算账。

【翻译】

成名有个儿子,年龄九岁,看到父亲不在(家),偷偷打开盆子来看。蟋蟀一下子跳出来了,快得来不及捕捉。等抓到手后,(蟋蟀)的腿已掉了,肚子也破了,一会儿就死了。孩子害怕了,就哭着告诉母亲,母亲听了,(吓得)面色灰白,大骂说:"祸根,你的死期到了!你父亲回来,自然会追究你,和你算账!"孩子哭着离开了。

⑥未几,成归,闻妻言,如被冰雪。怒索儿,儿渺然不知所往。既而得其尸于井,因而化怒为悲,抢呼欲绝[33]。夫妻向隅[34],茅舍无烟,相对默然,不复聊赖。日将暮,取儿藁葬[35]。近抚之,气息惙然[36]。喜置榻上,半夜复苏。夫妻心稍慰,但蟋蟀笼虚,顾之则气

断声吞,亦不敢复究儿。自昏达曙,目不交睫[37]。东曦既驾[38],僵卧长愁。忽闻门外虫鸣,惊起觇视[39],虫宛然尚在。喜而捕之,一鸣辄跃去,行且速。覆之以掌,虚若无物;手裁[40]举,则又超忽而跃。急趋之,折过墙隅,迷其所往。徘徊四顾,见虫伏壁上。审谛之[41],短小,黑赤色,顿非前物。成以其小,劣之。惟彷徨瞻顾,寻所逐者。壁上小虫忽跃落衿袖间。视之,形若土狗,梅花翅,方首,长胫,意似良。喜而收之。将献公堂,惴惴[42]恐不当意,思试之斗以觇之。

【注释】

[33]抢(qiāng)呼欲绝:头撞地,口呼天,几乎要绝命,形容十分悲痛。抢,碰撞。

[34]向隅:面对着墙角(哭泣)。《说苑》中记载"今有满堂饮酒者,有一人独索然向隅哭泣……"后人用"向隅"形容失意悲伤,含有哭泣的意思。

[35]藁(gǎo)葬:用草席裹着尸体埋葬。

[36]惙(chuò)然:气息微弱的样子。

[37]交睫:上下睫毛相交,指睡觉。

[38]东曦既驾:意思是太阳已经升起。东曦,指日神东君。曦,日光。既驾,已经乘车出来。

[39]觇(chān)视:窥视,探看。

[40]裁:同"才",刚刚。

[41]审谛之:仔细地看它。审,细察。

[42]惴惴(zhuì):恐惧的样子。

【翻译】

不多时,成名回来了,听了妻子的话,全身好像盖上冰雪一样。怒气冲冲地去找儿子,儿子(却)无影无踪不知到哪里去了。不久在井里找到儿子的尸体,于是(成名的)怒气立刻化为悲痛,呼天喊地,悲痛欲绝。夫妻二人对着墙角流泪哭泣,茅屋里没有炊烟,(两人)面对面坐着不说一句话,再也没有了依靠。直到傍晚时,才拿上草席准备把孩子埋葬。夫妻走近一摸,(儿子)还有一丝微弱的气息。他们高兴地把孩子放在床上,半夜里孩子又苏醒过来。夫妻二人心里稍稍宽慰了一些,但是蟋蟀笼子空着,成名一看就出不来气,说不出话,也不敢再追究儿子了。从晚上到天明,连眼睛也没合一下。太阳已经升起来了,他还直挺挺地躺在床上发愁。忽然(他)听到门外有蟋蟀的叫声,吃惊地起来细看时,那只蟋蟀仿佛还在。他高兴得动手捉它,那蟋蟀叫了一声就跳走了,跳得非常快。他用手掌去罩住它,手心空荡荡地好像没有什么东西;手刚举起,(蟋蟀)却又远远地跳开了。(成名)急忙追它,转过墙角,又不知它的去向了。他东张西望,四下寻找,才看见蟋蟀趴在墙壁上。成名仔细看它,个儿短小,黑红色,立刻觉得它不像先前那只。成名因它个儿小,认为它很差。(成名)仍不住地来回寻找,找他所追捕的那只。(这时)墙壁上的那只小蟋蟀,忽然跳起来,落到他的衣袖里去了,(成名)再仔细看它,形状像蝼蛄,梅花翅膀,方头长腿,觉得好像还不错。他高兴地收养了它,准备献给官府,但是心里还是很担心,怕不合县官的心意,他想先试着让它斗一下,看它怎么样。

⑦村中少年好事者驯养一虫,自名"蟹壳青",日与子弟角[43],无不胜。欲居之以为利,而高其直,亦无售者[44]。径造庐[45]访成,视成所蓄,掩口胡卢而笑。因出己虫,纳比笼中。成视之,庞然修伟,自增惭怍[46],不敢与较。少年固强之[47]。顾[48]念蓄劣物终无所用,不如拼博一笑,因合纳斗盆。小虫伏不动,蠢若木鸡[49]。少年又大笑。试以猪鬣毛撩拨虫须,仍不动。少年又笑。屡撩之,虫暴怒,直奔,遂相腾击,振奋作声。俄见小虫跃

起,张尾伸须,直龁[50]敌领。少年大骇,解令休止。虫翘然矜鸣[51],似报主知。成大喜。方共瞻玩,一鸡瞥来,径进以啄。成骇立愕呼,幸啄不中,虫跃去尺有咫[52]。鸡健进,逐逼之,虫已在爪下矣。成仓猝莫知所救,顿足失色。旋见鸡伸颈摆扑,临视,则虫集冠上[53],力叮不释。成益惊喜,掇[54]置笼中。

【注释】

[43]日与子弟角:天天和其他年轻人斗(蟋蟀)。子弟,年轻人。角,较量,斗。

[44]售者:这里指买主。售,买。

[45]造庐:到家。造,到。

[46]惭怍(zuò):惭愧。

[47]固强之:坚持要较量较量。固,坚持、一定。强,强迫,迫使。

[48]顾:但。

[49]蠢若木鸡:形容神貌呆笨。《庄子·达生》篇说,养斗鸡的,要把斗鸡训练得镇静沉着,仿佛是木头雕的,才能够不动声色,战胜别的斗鸡。

[50]龁(hé):咬。

[51]翘然矜鸣:得意扬扬地鸣叫。翘然,趾高气昂的样子。矜,得意,骄傲。

[52]尺有咫(zhǐ):一尺八寸。咫,古代长度单位,相当于当时的八寸。

[53]虫集冠上:蟋蟀停落在鸡冠上。集,止。

[54]掇(duō):拾取。

【翻译】

村里一个喜欢多事的年轻人,养着一只蟋蟀,自己给它取名叫"蟹壳青",(他)每日跟其他少年斗(蟋蟀),没有一次不胜的。(他)想留着它居为奇货来牟取暴利,并且抬高价格,但是也没有人买。(有一天)少年直接到成名家拜访成名,看到成名所养的蟋蟀,只是掩着口笑。接着取出自己的蟋蟀,放进比试的笼子里。成名一看对方那只蟋蟀又长又大,自己越发羞愧,不敢(拿自己的小蟋蟀)跟(少年的"蟹壳青")较量。少年坚持要斗。但(成名)心想,养着这样低劣的东西,终究没有什么用处,不如让它斗一斗,换得一笑了事,因而把两个蟋蟀放在一个斗盆里。小蟋蟀趴着不动,呆呆地像个木鸡,少年又大笑。(接着)试着用猪鬣撩拨小蟋蟀的触须,小蟋蟀仍然不动,少年又大笑了。撩拨了它好几次,小蟋蟀突然大怒,直往前冲,于是互相斗起来,腾身举足,彼此相扑,振翅叫唤。一会儿,只见小蟋蟀跳起来,张开尾,竖起须,一口直咬着对方的脖颈。少年大惊,急忙分开,使它们停止扑斗。小蟋蟀得意扬扬地鸣叫着,好像给主人报捷一样。成名大喜。(两人正在观赏,)突然一只鸡看过来,直接上前向小蟋蟀啄去。成名吓得(站在那里)惊叫起来,幸喜没有被啄中,小蟋蟀一跳有一尺多远。鸡又大步地追逼过去,小蟋蟀已被压在鸡爪下了。成名吓得惊慌失措,不知怎么救它,急得直跺脚,脸色都变了。忽然又见鸡伸长脖子扭摆着头,到跟前仔细一看,原来小蟋蟀已蹲在鸡冠上,用力叮着不放开。成名更加惊喜,捉下它放在笼中。

⑧翼日[55]进宰,宰见其小,怒呵成。成述其异,宰不信。试与他虫斗,虫尽靡[56]。又试之鸡,果如成言。乃赏成,献诸抚军。抚军大悦,以金笼进上,细疏[57]其能。既入宫中,举天下所贡蝴蝶、螳螂、油利挞、青丝额一切异状遍试之,无出其右者。每闻琴瑟之声,则应节而舞。益奇之。上大嘉悦,诏赐抚臣名马衣缎。抚军不忘所自,无何[58],宰以卓异闻,宰悦,免成役。又嘱学使俾入邑庠[59]。后岁余,成子精神复旧,自言身化促织,轻捷善斗,

今始苏耳。抚军亦厚赉[60]成。不数岁，田百顷，楼阁万椽，牛羊蹄躈[61]各千计；一出门，裘马过世家[62]焉。

【注释】

[55]翼日：次日，"翼"同"翌"。

[56]靡(mǐ)：披靡，被打败。

[57]细疏：在公文上详细地分条陈述。疏，臣下向君主陈述事情的一种公文，这里是名词活用作动词，陈述。

[58]无何：没多久。

[59]俾入邑庠(xiáng)：使(他)进入县学，即取中秀才。俾，使。邑，县。庠，学校。

[60]赉(lài)：赠送，赏赐。

[61]蹄躈(qiào)：亦作"蹄噭"，蹄为脚，躈为肛门，噭为口。计算牲畜数量时，以四蹄加一窍(肛门或口)为五，算作一头牲畜的头数。

[62]裘马过世家：穿的皮衣和驾车的马都超过世代做官的人家。

【翻译】

第二天，成名把蟋蟀献给县官，县官见它小，怒斥成名。成名讲述了这只蟋蟀的奇特本领，县官不信。试着(让它)和别的蟋蟀搏斗，所有的蟋蟀都被它斗败了。又试着和鸡斗，果然和成名所说的一样。于是，(县官)就奖赏了成名，把蟋蟀献给了巡抚。巡抚非常高兴，用金笼装着献给皇帝，并且上了奏本，仔细地叙述了它的本领。已经到了官里后，凡是全国贡献的蝴蝶、螳螂、油利挞、青丝额及各种稀有的蟋蟀，都与(小蟋蟀)斗过了，没有一只能占它的上风。它每逢听到琴瑟的声音，都能按照节拍跳舞。(大家)越发觉得奇特。皇帝非常高兴，便下诏赏给巡抚好马和锦缎。巡抚不忘记好处是从哪来的，不久，县官也以才能优异而上报了。县官一高兴，就免了成名的差役。又嘱咐主考官，让成名中了秀才。过了一年多，成名的儿子精神复原了，他说他变成一只蟋蟀，轻快而善于搏斗，现在才苏醒过来。巡抚也重赏了成名。不到几年，成名就有一百多顷田地，很多高楼殿阁，还有成百上千的牛羊。每次出门，身穿轻裘，骑上高头骏马，比世代做官的人家还阔气。

⑨异史氏[63]曰："天子偶用一物，未必不过此已忘；而奉行者即为定例。加以官贪吏虐，民日贴妇[64]卖儿，更无休止。故天子一跬步，皆关民命，不可忽也。独是[65]成氏子以蠹贫[66]，以促织富，裘马扬扬。当其为里正、受扑责时，岂意其至此哉？天将以酬长厚者[67]，遂使抚臣、令尹，并受促织恩荫[68]。闻之：一人飞升，仙及鸡犬[69]。信[70]夫！"

【注释】

[63]异史氏：作者自称。《聊斋志异》里边有许多怪异的事，所以称异史。

[64]贴(tiē)妇：以妻子作为抵押品去借钱。贴，抵押。

[65]独是：唯独这个。

[66]以蠹(dù)贫：因胥吏侵害而贫穷。蠹，蛀虫，这里比喻胥吏。

[67]以酬长(zhǎng)厚者：用这酬报那些老实忠厚的人。

[68]恩荫(yìn)：恩惠荫庇。

[69]一人飞升，仙及鸡犬：据《搜神传》记载，西汉淮南王刘安修炼成仙，飞升天上。他剩下的仙药让鸡犬啄舐了，于是鸡犬也成了仙。比喻一个人发迹了，同他有关系的人都跟着得势。

[70]信：的确，确实。

【翻译】

我(蒲松龄)说:"皇帝偶尔使用一件东西，未必不是用过它就忘记了；然而下面执行的人却把它作为一成不变的惯例。加上官吏贪婪暴虐，老百姓一年到头抵押妻子卖掉孩子，还是没完没了。所以皇帝的一举一动，都关系着老百姓的性命，不可忽视啊！只有成名这人因为官吏的侵害而贫穷，又因为进贡蟋蟀而致富，穿上名贵的皮衣，坐上豪华的车马，得意扬扬。当他充当里正，受到责打的时候，哪里想到会有这种境遇呢？老天要用此酬报那些老实忠厚的人，就连巡抚、县官都一起受到蟋蟀的恩惠了。听说：一人得道成仙，连鸡狗都可以上天。这话确实是一点不假啊！"

 知识梳理

一、通假字

1. 昂其直/而高其直。　　　"直"同"值"，价值、价格。
2. 而翁归。　　　　　　　"而"同"尔"，你，你的。
3. 手裁举。　　　　　　　"裁"同"才"，刚刚。
4. 虫跃去尺有咫。　　　　"有"同"又"。
5. 翼日进宰。　　　　　　"翼"同"翌"，第二日。

二、古今异义

例句	词语	今义	古义
1. 市中游侠儿得佳者笼养之	游侠	行侠仗义的人	游手好闲、不务正业的人
2. 两股间脓血流离	两股	事物的一部分；量词	大腿
3. 儿涕而出	涕	鼻涕	哭泣，流眼泪
4. 村中少年好事者驯养一虫	少年	一个人十岁左右到十五六岁的阶段	青年男子，与"老年"相对
5. 民日贴妇卖儿	贴	粘、紧挨、贴补	抵押、典当

三、一词多义

1. 责

①因责常供。(要求，责令，动词)
②每责一头。(索取，动词)
③以塞官责。(差事，名词)
④受扑责时。(责罚，动词)

2. 靡

①靡计不施。(无、没有，动词)
②虫尽靡。(败退、失败，动词)

3. 顾

①顾之则气断声吞。(看，动词)
②顾念蓄劣物终无所用。(但，连词)

4. 发

①窃发盆。(打开，动词)

②探石发穴。(掏、挖开,动词)
③无毫发爽。(毛发、头发,名词)

5. 售
①久不售。(考试中第、考取,动词)
②亦无售者。(买,动词)

6. 岁
①岁征民间。(每年,名词作状语)
②成有子九岁。(年龄,名词)
③后岁余/不终岁。(年,名词)

7. 故
①此物故非西产。(本来,副词)
②故天子一跬步。(所以,连词)

8. 上
①有华阴令欲媚上官。(上级,名词)
②见虫伏壁上。(上面,名词)
③以金笼进上。(皇上,名词)

9. 益
①死何裨益。(好处,名词)
②成益愕/成益惊喜。(更加,副词)

10. 强
①乃强起扶杖。(勉强,副词)
②少年固强之。(迫使,动词)

11. 举
①举家庆贺。(全,副词)
②手裁举。(举起、抬起,动词)

12. 信
①成述其异,宰不信。(相信,动词)
②一人飞升,仙及鸡犬。信夫!(的确、确实,副词)

13. 然
①成然之。(认为……是对的,意动用法)
②然睹促织。(然而,表转折,连词)
③庞然修伟/相对默然。(……的样子,形容词词尾)

14. 而
①试使斗而才。(表顺承,连词)
②成不敢敛户口,而又无所赔偿。(却,表转折,连词)
③拾视之,非字而画。(而是,表并列,连词)
④循陵而走,见蹲石鳞鳞。(表修饰,连词)
⑤而心目耳力俱穷,绝无踪响。(却,表转折,连词)
⑥逐而得之。(表承接,连词)
⑦上于盆而养之。(表承接,连词)
⑧而翁归,自与汝复算耳。(同"尔",你的,代词)

⑨儿涕而去。(表修饰,连词)

⑩喜而捕之,一鸣辄跃去。(表修饰,连词)

⑪则又超乎而跃。(表修饰,连词)

⑫欲居之以为利,而高其直。(便,就,表顺接)

⑬掩口胡卢而笑。(表修饰,连词)

⑭则应节而舞。(表修饰,连词)

⑮而奉行者即为定例。(却,表转折)

15. 以

①以一头进/令以责之里正/归以示成(把,介词)

②能以神卜/宰以卓异闻(凭借,介词)

③以促织富/独是成氏子以蠹贫/成以其小(因、因为,介词)

④掭以尖草/以筒水灌之/天将以酬长厚者/覆之以掌/以金笼进上/试以猪鬃毛撩拨虫须/以塞官责/欲居之以为利(用、拿,介词)

⑤各各竦立以听。(而,表修饰,连词)

⑥思试之斗以觇之。(来,表目的,连词)

⑦径进以啄。(表承接,连词)

四、词类活用

1. 名词作状语

①岁征民间。(每年)

②得佳者笼养之。(用笼子)

③早出暮归。(在早上;在晚上)

④取儿藁葬。(用草席)

⑤日与子弟角。(每天)

⑥力叮不释。(用力)

⑦民日贴妇卖儿。(每天)

2. 名词作动词

①试使斗而才。(有才能)

②旬余,杖至百。(用杖打)

③大喜,笼归。(用笼子装)

④上于盆而养之。(放置)

⑤儿涕而去。(流泪、哭泣)

⑥自名"蟹壳青"。(命名、取名)

⑦细疏其能。(陈述)

⑧故天子一跬步。(走半步、一步)

⑨裘马扬扬。(穿着皮衣,骑着马)

⑩诏赐抚臣名马衣缎。(下诏书)

3. 使动用法

①昂其直。(使……抬高)

②辄倾数家之产。(使……倾尽)

③而高其直。(使……高)

④仙及鸡犬。(使……成仙)

4. 意动用法

①成然之。(认为……对)

②成以其小，劣之。(认为……劣)

③益奇之。(认为……奇特)

5. 形容词作动词

①近抚之。(靠近)

②薄产累尽。(赔尽)

③而心目耳力俱穷。(用尽)

④少年固强之。(迫使)

五、文言句式

1. 判断句

①此物故非西产。("非"，表否定判断)

②非字而画。("非"，表否定判断)

2. 被动句

①遂为猾胥报充里正役。("为"表被动)

②杖至百。("杖"，被用杖打)

③试与他虫斗，虫尽靡。("靡"，被打败)

3. 定语后置句

①村中少年好事者驯养一虫。("好事者"为定语修饰"少年")

②田百顷。("百顷"为定语修饰"田")

4. 状语后置句

①既而得其尸于井。("于井"作状语)

②覆之以掌。("以掌"作状语)

③掭以尖草。("以尖草"作状语)

④问者爇香于鼎。("于鼎"作状语)

⑤焚拜如前人。("如前人"作状语)

⑥又劣弱不中于款。("于款"作状语)

5. 省略句

①令以(之)责之里正。

②岁征(于)民间。

③试使(之)斗而才，(上)因责(之)常供。

④归以(之)示成。

⑤将献(之于)公堂。

 课内巩固

1. 下列文学常识的表述不正确的一项是(　　)。

A. 蒲松龄，字留仙，号柳泉居士，世称聊斋先生，清代著名文学家。他用数十年时间写成了我国第一部文言短篇小说集《聊斋志异》。

B.《促织》用现实主义创作方法，通过花妖鬼狐来反映现实生活。

C. 郭沫若为蒲氏故居题联"写鬼写妖高人一等,刺贪刺虐入木三分",老舍题联"鬼狐有性格,笑骂成文章"。

D. "聊斋"是蒲松龄的书斋名,"志异"意为记载奇闻异事。

2. 下列加点词语解释不正确的一项是(   )。

A. 一人飞升,仙及鸡犬,信夫(确实)　　　B. 举家庆贺(全)

C. 此物故非西产(所以)　　　　　　　　　D. 成益惊喜(更加)

3. 下面句中加点字"顾"的用法与其他三项不同的一项是(   )。

A. 顾念蓄劣物终无所用　　　　　　　　　B. 成顾蟋蟀笼虚

C. 徘徊四顾,见虫伏壁上　　　　　　　　D. 相如顾召赵御史

4. 下面加点的词语与"细疏其能"的"疏"的用法相同的一项是(   )。

A. 裘马扬扬　　　　　　　　　　　　　　B. 日与子弟角

C. 试使斗而才,益奇之　　　　　　　　　D. 而心目耳力俱穷

5. 下列句子均有词类活用现象,请选出分类正确的一项(   )。

(1)岁征民间。(2)市中游侠儿得佳者笼养之。(3)虫集冠上,力叮不释。(4)而高其直。(5)成以其小,劣之。(6)每责一头,辄倾数家之产。(7)成然之。(8)旬余,杖至百。(9)土于盆而养之。(10)日将暮,取儿藁葬。

A. (1)(2)(3)/(4)(6)/(5)/(7)(8)(9)(10)

B. (1)(2)(3)(10)/(4)(6)/(8)(9)/(5)(7)

C. (1)(2)(3)(9)/(4)(6)/(5)/(7)(8)(10)

D. (1)(2)(3)/(4)(6)(9)/(5)/(7)(8)(9)

6. 下面加点的"以"字和其他三个用法不同的一项是(   )。

A. 独是成氏以蠹贫,以促织富　　　　　　B. 各各竦立以听

C. 亦不复以儿为念　　　　　　　　　　　D. 试以猪鬣撩拨虫须

7. 下列加点虚词解释不正确的一项是(   )。

A. 因责常供(于是)　　　　　　　　　　　B. 能以神卜(凭借)

C. 而翁归,自与汝复算耳(你)　　　　　　D. 俨然类画(然而)

8. 下面句子句式与例句句式相同的一项是(   )。

例句:村中少年好事者驯养一虫。

A. 非字而画　　　　　　　　　　　　　　B. 遂为猾胥报充里正役

C. 田百顷,楼阁万椽　　　　　　　　　　D. 不敢与较

9. 下列句子文言句式与"覆之以掌"句式相同的一项是(   )。

A. 杖至百　　　　　　　　　　　　　　　B. 归以示成

C. 岁征民间　　　　　　　　　　　　　　D. 焚拜如前人

10. 以下对课文内容的分析,理解不当的一项是(   )。

A. 本文的情节可以概括如下:征虫—觅虫—求虫—得虫—失虫—化虫—斗虫—献虫。其中"征虫—觅虫"可看成是故事的开端,"求虫—得虫"是故事的发展,"失虫—化虫—斗虫"是故事的高潮,"献虫"是故事的结局。

B. 文章围绕得失促织的线索展开,情节曲折多变,人物形象鲜明,尤其是心理描写和细节描写细腻传神。

C. 本文通过描写主人公成名的遭遇,深刻揭露了皇帝昏庸、吏治腐败的社会现实,寄托了作者对受尽欺凌和迫害的下层群众的深切同情。

D. 本文的故事情节是想象出来的,小说传播了迷信思想,没有现实意义。
11. 将下列句子翻译成现代汉语。
(1)成反复自念,得无教我猎虫所耶?

(2)天将以酬长厚者,遂使抚臣、令尹,并受促织恩荫。

课外拓展

阅读下面文段,完成1~6题。

一屠晚归,担中肉尽,止有剩骨。途中两狼,缀行甚远。

屠惧,投以骨。一狼得骨止,一狼仍从。复投之,后狼止而前狼又至。骨已尽矣,而两狼之并驱如故。

屠大窘,恐前后受其敌。顾野有麦场,场主积薪其中,苫蔽成丘。屠乃奔倚其下,弛担持刀。狼不敢前,眈眈相向。

少时,一狼径去,其一犬坐于前。久之,目似瞑,意暇甚。屠暴起,以刀劈狼首,又数刀毙之。方欲行,转视积薪后,一狼洞其中,意将隧入以攻其后也。身已半入,止露尻尾。屠自后断其股,亦毙之。乃悟前狼假寐,盖以诱敌。

狼亦黠矣,而顷刻两毙,禽兽之变诈几何哉?止增笑耳。

——清·蒲松龄《狼》

1. 下列加点文言实词解释有误的一项是( )。
A. 其一犬坐于前 犬:狗
B. 屠自后断其股 股:大腿
C. 顾野有麦场 顾:回头看
D. 一狼洞其中 洞:名词作动词,打洞
2. 下列各句中"以"的用法与"屠暴起,以刀劈狼首"中的"以"相同的一项( )。
A. 掭以尖草
B. 能以神卜
C. 归以示成
D. 各各竦立以听
3. 下列各句中加点字的词类活用与例句加点字的词类活用现象相同的一项是( )。
例句:一狼洞其中。
A. 取儿藁葬
B. 自名"蟹壳青"
C. 辄倾数家之产
D. 成以其小,劣之
4. 下列语句中,句式与例句相同的一项是( )。
例句:屠惧,投以骨。
A. 遂为猾胥报充里正役
B. 此物故非西产
C. 村中少年好事者驯养一虫
D. 焚拜如前人
5. 对短文内容理解正确的一项是( )。
A. 文章主要告诉我们,对待狼一样的恶势力,我们先做让步,如果其得寸进尺,贪得无厌,就应该勇敢地进行斗争。
B. 文章的基本情节依次是:遇狼—御狼—惧狼—杀狼。
C. "禽兽之变诈几何哉""骨已尽矣,而两狼之并驱如故""久之,目似瞑,意暇甚"三句话中前两句话中的"之"用法、意义相同,都是结构助词"的"的意思,第三句话中的"之"是音节助词,无实意,不译。

D. "狼不敢前,眈眈相向"和"一狼径去,其一犬坐于前"表现了狼的狡猾。

6. 翻译下面句子。

乃悟前狼假寐,盖以诱敌。

_____

子路、曾皙、冉有、公西华侍坐

《论语》

作家作品

孔子，名丘，字仲尼，春秋时期鲁国陬邑（今山东曲阜）人，祖籍宋国栗邑（今河南夏邑）。中国古代思想家、政治家、教育家，儒家学派创始人。其思想以"仁"为核心，"仁"即爱人，提倡德治和教化，反对苛政和任意刑杀，提出"不患寡而患不均，不患贫而患不安"。自汉以后，经过不断补充和改造，孔子的学说成为中国封建社会的统治思想，影响极大，《论语》自宋以后，被列为"四书"之一，成为科举考试必读书。

本文选自《论语·先进》，题目为编者自加。《论语》是孔子的弟子及再传弟子记录孔子和弟子言行而编成的语录文集，成书于战国前期。全书现存二十篇四百九十二章，以语录体为主，叙事体为辅，集中体现了孔子及儒家学派的政治主张、伦理思想、道德观念、教育原则等。作品多为语录，辞约义富，浅近易懂，而用意深远。

学习导引

本文记述了孔子和他的四位弟子的一次闲谈。以四子言志展开，最后以曾皙质疑、孔子评志结束全文。对师徒五人问志和言志的情节描写，虽简洁却颇有波澜，如孔子听四位弟子言志后，反应不同，对子路是"哂之"，对冉有、公西华是不露声色，对曾皙则表示赞同。直到曾皙两次请问，才对前三人的发言做出明确的评论，这样的布局，使得文章结构完善，情节紧凑，引人入胜。

通过四子言谈举止，可见人见性。四子在思想、志向和性格等方面虽有不同，却有着儒家礼乐治国的共同理想。子路主张使民"知方"、冉有所言"礼乐"、公西华谓其"宗庙""会同"、曾皙言及"浴""风""咏"，以及孔子强调"为国以礼"，皆为儒家崇礼重乐的体现。通过本文，我们可以了解孔子的政治抱负和社会理想。其循循善诱的教育风格，有着谦谦君子的儒家风范。

本文记叙生动，文风含蓄，质简传神，学习时应熟读课文，揣摩各人物动作、神态、语言所彰显的不同人物性格特点，并掌握重要文言句式、重要实词、虚词的用法。

文白对译

①子路、曾皙、冉有、公西华侍坐[1]。

②子曰："以吾一日长乎尔[2]，毋吾以也。居则曰[3]：'不吾知[4]也！'如或知尔，则[5]何以[6]哉？"

③子路率尔[7]而对曰："千乘之国[8]，摄乎大国之间[9]，加之以师旅[10]，因之以饥馑[11]；由也为之[12]，比及[13]三年，可使有勇，且[14]知方[15]也。"

④夫子哂[16]之。

【注释】

[1]侍坐：此处指执弟子之礼，侍奉老师而坐。侍，侍奉，本指侍立于尊者之旁。

[2]以吾一日长(zhǎng)乎尔：因为我们年纪比你们大一点。以，因为。长，年长。

[3]居则曰：(你们)平日说。居，平日，平时。

[4]不吾知：即"不知吾"，不了解我。

[5]则：那么，就，连词。

[6]何以：用什么(去实现自己的抱负)。以，用，介词。

[7]率尔：轻率的样子。尔，相当于"然"，……的样子。

[8]千乘(shèng)之国：有一千辆兵车的诸侯国。在春秋后期，千乘之国是中等国家。乘，兵车。古时一车四马为一乘。春秋时，一辆兵车配甲士三人，步卒七十二人。

[9]摄乎大国之间：夹在几个大国之间。摄，夹处。乎，于，在。

[10]加之以师旅：有(别国的)军队来攻打它。加，加在上面。师旅，指军队，此特指侵略的军队。古时两千五百人为一师，五百人为一旅。

[11]因之以饥馑：接连下来(国内)又有饥荒。因，接续。饥馑，泛指饥荒。

[12]为之：治理这个国家。为，治。

[13]比(bì)及：等到。

[14]且：并且，连词。

[15]方：合乎礼仪的行为准则。

[16]哂(shěn)：微笑。

【翻译】

子路、曾皙、冉有、公西华四人在孔子近旁陪坐。

孔子说："因为我年纪比你们大一点，你们不要凭这个原因就不敢说话了。你们平日说：'(别人)不了解我！'假如有人了解你们，那么(你们)打算怎么做呢？"

子路不加考虑地快速回答说："一个拥有一千辆兵车的中等诸侯国，夹在几个大国之间，加上有军队来攻打它，接下来又有饥荒；如果让我治理这个国家，等到三年后，就可以使人有保卫国家的勇气，而且还懂得合乎礼义的行事准则。"

孔子对着他微微一笑。

⑤"求！尔何如？"

⑥对曰："方[17]六七十，如[18]五六十，求也为之，比及三年，可使足[19]民。如[20]其[21]礼乐，以[22]俟[23]君子。"

⑦"赤！尔何如？"

⑧对曰："非曰能[24]之，愿学焉[25]。宗庙之事，如会[26]同[27]，端[28]章甫[29]，愿[30]为小相[31]焉[32]。"

【注释】

[17]方：见方，纵横。计量面积用语，多用以计量土地。

[18]如：或者，表选择，连词。

[19]足：使……富足，使动用法。

[20]如：或者，连词。表提起另一话题，作"至于"讲。

[21]其：那。

[22]以：连词，表示顺接，就。

[23]俟(sì)：等待。

[24]能：能做到，胜任，动词。

[25]焉：这里作指示代词兼语气词，指代下文"小相"这种工作。

[26]会：诸侯会盟。

[27]同：诸侯共同朝见天子。

[28]端：古代的一种礼服。

[29]章甫：古代的一种礼帽。这里都是名词用作动词，意思是"穿着礼服，戴着礼帽"。

[30]愿：愿意。

[31]相：在祭祀、会盟或朝见天子时主持赞礼和司仪的人。

[32]焉：于是，在这些场合里，兼词。

【翻译】

"冉有，你怎么样？"

冉有回答说："一个纵横六七十里或者五六十里的国家，如果让我去治理，等到三年后，就可以使老百姓富足起来。至于礼乐教化，自己的能力是不够的，那就得等待君子来推行了。"

"公西华，你怎么样？"

公西华回答说："我不敢说我能胜任，但愿意在这方面学习。宗庙祭祀的工作，或者是诸侯会盟及朝见天子的时候，我愿意穿着礼服，戴着礼帽，做一个小司仪。"

⑨"点！尔何如？"

⑩鼓[33]瑟[34]希[35]，铿尔，舍[36]瑟而作[37]，对曰："异乎三子者之撰[38]。"

⑪子曰："何伤[39]乎[40]？亦各言其志也。"

⑫曰："莫春者，春服既成[41]，冠[42]者五六人，童子六七人[43]，浴乎沂[44]，风[45]乎舞雩[46]，咏[47]而归。"

⑬夫子喟然[48]叹曰："吾与[49]点也！"

【注释】

[33]鼓：弹。

[34]瑟：古乐器，二十五弦。

[35]希：同"稀"，稀疏，这里指鼓瑟的声音已接近尾声。

[36]舍：放下。

[37]作：立起来，站起身。

[38]撰(zhuàn)：讲述。一说才能。

[39]伤：妨害。

[40]乎：呢，语气词。

[41]莫(mù)春者，春服既成：莫春，指农历三月。莫，同"暮"。既，副词，已经。

[42]冠：古时男子二十岁为成年，束发加冠。

[43]冠者五六人，童子六七人：几个成人，几个孩子。"五六"，"六七"，都是虚数。

[44]沂(yí)：水名，今在山东曲阜南。

[45]风：吹风，乘凉，名词作动词。

[46]舞雩(yú)：台名，是鲁国求雨的坛，今在曲阜东南。求雨的时候，常由巫在坛上作舞以求神。

[47]咏：歌唱。

[48]喟(kuì)然：叹息的样子。

[49]与(yù)：赞成。

【翻译】

"曾皙，你怎么样？"

曾皙弹瑟的声音渐渐稀疏下来，铿的一声，放下瑟站起身来，回答说："我和他们三人的志向不一样。"

孔子说："那有什么关系呢？也不过是各自谈自己的志向罢了。"

曾皙回答说："暮春时节，春天的衣服已经穿定了，(我和)五六个成年人，六七名少年，在沂水沐浴后，在舞雩台上吹吹风，唱着歌回家。"

孔子叹息着说道："我赞同曾皙啊！"

⑭三子者出，曾皙后[50]。曾皙曰："夫[51]三子者之言何如[52]？"

⑮子曰："亦各言其志也已矣[53]。"

⑯曰："夫子何[54]哂由也？"

⑰曰："为国以礼[55]，其言不让[56]，是故[57]哂之。"

⑱"唯[58]求则非邦[59]也与[60]？"

⑲"安见[61]方六七十如五六十而非邦也者？"

⑳"唯赤则非邦也与？"

㉑"宗庙会同，非诸侯而何？赤也为之小[62]，孰能为之大[63]？"

【注释】

[50]后：后出，动词。

[51]夫(fú)：这，那，指示代词。

[52]何如：即"如何"，怎么样。

[53]已矣：罢了。

[54]何：为什么。

[55]为国以礼：即"以礼为国"，状语后置。

[56]让：谦让。

[57]是故：因此。

[58]唯：句首语气词，无实义。

[59]邦:国家,这里指国家政治。

[60]与(yú):同"欤",表示反问的语气词。

[61]安见:怎见得。

[62]为之小:做诸侯国的小相。之,指诸侯。小,小事,指做小相。"之""小",都是动词"为"的宾语。下文的"为之大"结构和"为之小"一样。

[63]大:大相,即大的司仪或重要的职位。

【翻译】

子路、冉有、公西华都出去了,曾皙最后走。曾皙问孔子:"他们三位的话怎么样?"

孔子说:"也不过是各自谈谈自己的志向罢了。"

曾皙说:"您为什么笑子路呢?"

孔子说:"治国要用礼,可是他(子路)的话毫不谦逊,所以我笑他。"

"难道冉有讲的不是国家大事吗?"

"怎么见得纵横六七十里或五六十里的地方的事就不是国家大事呢?"

"难道公西华所讲的不是国家大事吗?"

"宗庙祭祀、诸侯会盟和朝见天子,不是诸侯的大事又是什么呢?如果公西华只能给诸侯做一个小相,那么谁又能给诸侯做大相呢?"

知识梳理

一、通假字

1. 鼓瑟希。　　　　　　　　"希"同"稀",稀疏。
2. 莫春者。　　　　　　　　"莫"同"暮",傍晚;(时间)接近末尾;晚。
3. 唯求则非邦也与。　　　　"与"同"欤",表示反问的语气词。

二、古今异义

例句	词语	今义	古义
1. 方六七十	方	跟"圆"相对;方向	方圆纵横
2. 何伤乎	伤	创伤,伤害	妨害
3. 春服既成	既	既……又,表并列	已经

三、一词多义

1. 如

①如或知尔,则何以哉?(如果)
②方六七十,如五六十。/如会同,端章甫。(或者,连词)
③如其礼乐,以俟君子。(至于,介词,表另提一事)
④自以为不如。(比得上,动词)
⑤沛公起如厕。(去,往,动词)

2. 尔

①以吾一日长乎尔。(你们)
②子路率尔而对曰。/鼓瑟希,铿尔。(……的样子,相当于"然")

③尔何如。(你)

3. 乎

①以吾一日长乎尔。(比)

②摄乎大国之间。(在)

③异乎三子者之撰。(和、跟)

④浴乎沂,风乎舞雩。(到、在)

⑤何伤乎?(表反问"呢",语气词)

4. 以

①以吾一日长乎尔。(因为,介词)

②毋吾以也。(认为,动词)

③则何以哉。(做、用,动词)

④加之以师旅/为国以礼。(用,介词)

⑤以俟君子。(来,表目的,连词)

5. 方

①方六七十,如五六十。(纵横,方圆,名词)

②可使有勇,且知方也。(道,指是非准则,名词)

③方其破荆州,下江陵。(当,在……的时候)

④方欲发使送武等。(将要)

6. 之

①摄乎大国之间/异乎三子者之撰。(助词"的")

②加之以师旅/因之以饥馑/由也为之。(代词"它",代指"千乘之国")

③是故哂之。(代词"他",代指"子路")

④孰能为之大。(代词"它的",代指诸侯国)

四、词类活用

1. 名词作动词

①端章甫。(穿礼服、戴礼帽)

②鼓瑟希。(弹奏)

③风乎舞雩。(吹风、乘凉)

④三子者出,曾皙后。(落在后面)

2. 形容词作名词

①赤也为之小,孰能为之大。(小相;大相)

②可使有勇,且知方也。(合乎礼义的行为标准)

五、文言句式

1. 宾语前置句

①毋吾以也。(否定句中代词宾语"吾"前置即"毋以吾也")

②不吾知也。(否定句中代词宾语"吾"前置即"不知吾也")

③则何以哉。(疑问句中疑问代词宾语"何"前置即"则以何哉")

④尔何如?("何"为宾语)

⑤何伤乎?("何"为宾语)

2. 状语后置句

①加之以师旅,因之以饥馑。("以师旅""以饥馑"为状语:"以师旅加之""以饥馑因之")

②异乎三子者之撰。("乎三子者之撰"为状语,即"乎三子者之撰异")
③以吾一日长乎尔。("以吾一日乎尔长")
④浴乎沂,风乎舞雩。("乎沂""乎舞雩"为状语)

3. 省略句

毋吾以(一日长乎而勿语)也。

课内巩固

1. 下列加点字注音有误的一项是(　　)。
   A. 千乘(chéng)之国　　饥馑(jǐn)　　　　吾与(yù)点也
   B. 以俟(sì)君子　　　　风乎舞雩(yú)　　铿(kēng)尔
   C. 端章甫(fǔ)　　　　　愿为小相(xiàng)　比(bì)及
   D. 喟(kuì)然　　　　　 哂(shěn)笑　　　毋(wú)吾以也

2. 下列加点词语解释有误的一项是(　　)。
   A. 比及三年,可使足民。　　　　比及:等到
   B. 方六七十,如五六十。　　　　方:方圆,纵横
   C. 异乎三子者之撰。　　　　　　撰:讲述。一说才能。
   D. 夫子喟然叹曰。　　　　　　　喟然:不高兴的样子

3. 下列句子中没有通假字的一项是(　　)。
   A. 唯求则非邦也与　　　　　　　B. 莫春者,春服既成
   C. 鼓瑟希,铿尔,舍瑟而作　　　 D. 以吾一日长乎尔,毋吾以也

4. 下列划线字词不是名词活用的一项是(　　)。
   A. 宗庙之事,如会同,端章甫,愿为小相焉
   B. 浴乎沂,风乎舞雩,咏而归
   C. 三子者出,曾皙后
   D. 子路、曾皙、冉有、公西华侍坐

5. 与"加之以师旅"中的"以"用法和意义相同的一项是(　　)。
   A. 以吾一日长乎尔　　　　　　　B. 毋吾以也
   C. 则何以哉　　　　　　　　　　D. 令以责之里正

6. 下列加点词的活用不同类的一项是(　　)。
   A. 端章甫　　　　　　　　　　　B. 可使足民
   C. 鼓瑟希　　　　　　　　　　　D. 曾皙后

7. 下列加点的"乎"字用法不同类的一项是(　　)。
   A. 以吾一日长乎尔　　　　　　　B. 何伤乎
   C. 摄乎大国之间　　　　　　　　D. 风乎舞雩

8. 下列文言句式与其他三项不同类的一项是(　　)。
   A. 毋吾以也　　　　　　　　　　B. 不吾知也
   C. 未之有也　　　　　　　　　　D. 何伤乎

9. 下列对文言句式的归类正确的一项是(　　)。
   ①不吾知也　②则何以哉　③加之以师旅　④可使有勇　⑤舍瑟而作　⑥浴乎沂
   A.①②/③④/⑤⑥　　　　　　　B.①④/②③/⑤⑥
   C.①②/③⑥/④⑤　　　　　　　D.①⑥/②③/④⑤

10. 下列加点的"如"字属于实词的一项是(　　)。
A. 如或知尔
B. 如其礼乐,以俟君子
C. 沛公起如厕
D. 如会同,端章甫

11. 将下列句子翻译成现代汉语。
(1)莫春者,春服既成,冠者五六人,童子六七人,浴乎沂,风乎舞雩,咏而归。

(2)千乘之国,摄乎大国之间,加之以师旅,因之以饥馑。

课外拓展

阅读下列文段,完成1~6题。

昔人有睹雁翔者,将援弓射之,曰:"获则烹。"其弟争曰:"舒宜烹,翔宜燔。"竞斗[1]而讼[2]于社伯[3]。社伯请剖雁,烹燔半焉。已而索雁,则凌空远矣。

——明·刘元卿《兄弟争雁》

注释:
[1]竞斗:争吵。
[2]讼:诉讼。
[3]社伯:相当于现在的村主任。

1. 对下列句中加点词的解释,不正确的一项是(　　)。
A. 将援弓射之　援:引导
B. 宜燔　宜:应当
C. 烹燔半焉　燔:烧、烤
D. 已而索雁　索:寻找

2. 下列句子中加点的词与"竞斗而讼于社伯"中的"而"字用法相同的一项是(　　)。
A. 惑而不从师
B. 夜缒而出
C. 人非生而知之者
D. 缦立远视,而望幸焉

3. 下列语句中,与例句词类活用相同的一项是(　　)。
例句:舒宜烹,翔宜燔。
A. 风乎舞雩
B. 鼓瑟希
C. 其培欲平
D. 曾皙后

4. 下列语句中,句式与例句不相同的一项是(　　)。
例句:竞斗而讼于社伯。
A. 不吾知也
B. 风乎舞雩
C. 异乎三子者之撰
D. 加之以师旅,因之以饥馑

5. 下列对这段文言文的理解,不恰当的一项是(　　)。
A. 这是一篇借事喻理的文章,有寓言特点。
B. 文中的三个人对大雁的吃法各有其见解,他们的吃法又都是没有任何依据的。
C. 社伯是一个互不得罪的和事佬形象。
D. 这个故事告诉我们:错过时机,一事无成。

6. 翻译原文中画线的句子。
已而索雁,则凌空远矣。

寡人之于国也

《孟子》

作家作品

本文选自《孟子·梁惠王上》。孟子，名轲，字子舆，邹(今山东邹县东南)人，战国著名的思想家、政治家、教育家，继承孔子的思想，是孔子之后儒家学派的主要代表人物，被称为"亚圣"。在政治上，他提倡仁政，提出"民贵君轻"的民本思想，反对诸侯之间的兼并战争。曾游说齐宣王、梁惠王，但儒家的思想不适用在硝烟四起、动荡不安的战国时代，终其一生，孟子都未得到重用。

学习导引 ▶▶▶

《孟子》是记载孟子言行的一部儒家经典，一般认为出于孟子及其弟子之手。《孟子》不仅文采华丽，清畅流利，而且善于雄辩，气势磅礴。本文记载了孟子和梁惠王的一次对话，围绕"民不加多"的问题，孟子以"五十步笑百步"的寓言暗示了梁惠王搞小恩小惠并不能使民加多的道理，要使民加多，必须施仁政、行王道，从而阐述了孟子的政治思想和主张。

本文有三个特色：其一，结构严谨。孟子的文章从表面看，铺张扬厉，似乎散漫无纪，实则段落分明，层次井然，而且环环相扣，不可分割。这篇文章三部分的末尾，依次用"寡人之民不加多""则无望民之多于邻国也""斯天下之民至焉"，既对每一部分的内容起画龙点睛的作用，又体现了各部分之间的内在联系，使得全文成为一个有机整体。其二，善用比喻。孟子善于运用比喻说理，文字显得从容不迫。如用"五十步笑百步"比喻梁惠王所谓"尽心于国"不比邻国之政好多少。其三，气势充沛。孟子的文章具有雄辩的气势，表现在语言上是使用整齐的排偶句式，如文章第三部分畅谈"使民加多"的道理时，连用四组排偶句，音节铿锵，气势充沛。

学习本文，需掌握用语录体发表议论的写法和善用比喻、寓言故事进行论证的方法，体会文章气势磅礴的雄辩艺术，掌握文中常用的实词、虚词和特殊的文言句式。

 文白对译

①梁惠王[1]曰:"寡人[2]之于国也,尽心焉耳矣[3]。河内[4]凶[5],则移其民于河东[6],移其粟[7]于河内。河东凶亦然[8]。察邻国之政,无如[9]寡人之用心者。邻国之民不加少[10],寡人之民不加多,何也?"

②孟子对曰:"王好战[11],请以战喻[12]。填[13]然鼓之[14],兵刃既接[15],弃甲曳兵[16]而走[17],或[18]百步而后止,或五十步而后止。以[19]五十步笑[20]百步,则何如?"

③曰:"不可!直[21]不百步耳,是[22]亦走也。"

【注释】

[1]梁惠王:战国时期魏国的国君,姓魏,名罃。魏国都城在大梁,今河南省开封市西北,魏国亦称梁国,所以魏惠王又称梁惠王。

[2]寡人:寡德之人,是古代国君对自己的谦称。

[3]焉耳矣:"焉""耳""矣"都是句末助词,重叠使用,加重语气。

[4]河内:今河南境内黄河以北的地方。古人以中原地区为中心,所以黄河以北称河内,黄河以南称河外。

[5]凶:谷物收成不好,荒年。

[6]河东:黄河以东的地方。在今山西西南部。黄河流经山西省境,自北而南,故称山西境内黄河以东的地区为河东。

[7]粟:谷子,脱壳后称为小米,也泛指谷类。

[8]亦然:也是这样。

[9]无如:没有像。

[10]加少:更少。下文"加多",更多。加,副词,更、再。

[11]好战:喜欢打仗。战国时期各国诸侯热衷于互相攻打和兼并。

[12]请以战喻:让我用打仗来作比喻。请,有"请允许我"的意思。

[13]填:拟声词,模拟鼓声。

[14]鼓之:敲起鼓来,发动进攻。古人击鼓进攻,鸣锣退兵。鼓,动词。之,助词,起调节音节作用。

[15]兵刃既接:两军的兵器已经接触,指战斗已开始。兵,兵器、武器。既,已经。接,接触,交锋。

[16]弃甲曳(yè)兵:抛弃铠甲,拖着兵器。曳,拖着。

[17]走:跑,这里指逃跑。

[18]或:有的人。

[19]以:凭着,借口。

[20]笑:耻笑,讥笑。

[21]直:只是、不过。

[22]是:这,代词,指代上文"五十步而后止"。

【翻译】

梁惠王说:"我对于国家,总算尽了心啦。河内遇到饥荒,就把那里的老百姓迁移到河东去,把河东的粮食转移到河内;河东遇到饥荒也是这样做。了解一下邻国的政治,没有像我这样用心的。邻国的百

姓不见减少，我的百姓不见增多，这是为什么呢？"

孟子回答说："大王喜欢打仗，让我用战争作比喻吧。咚咚地敲响战鼓，两军开始交战，战败的扔掉盔甲拖着武器逃跑。有人逃了一百步然后停下来，有的人逃了五十步然后停下来。凭自己只跑了五十步而耻笑别人跑了一百步，那怎么样呢？"

梁惠王说："不行！只不过没有跑上一百步罢了，那也是逃跑啊。"

④曰："王如知此，则无[23]望民之多于邻国也。不违农时[24]，谷[25]不可胜食[26]也。数罟不入洿池[27]，鱼鳖[28]不可胜食也。斧斤[29]以时[30]入山林，材木不可胜用也。谷与鱼鳖不可胜食，材木不可胜用，是使民养生[31]丧死[32]无憾[33]也。养生丧死无憾，王道[34]之始也。五亩[35]之宅，树[36]之以桑，五十者可以衣帛[37]矣。鸡豚[38]狗彘[39]之畜[40]，无失其时，七十者可以食肉矣。百亩之田[41]，勿夺[42]其时，数口之家可以无饥矣。谨[43]庠序[44]之教[45]，申[46]之以孝悌[47]之义[48]，颁白[49]者不负戴[50]于道路矣。七十者衣帛食肉，黎民[51]不饥不寒，然而不王[52]者，未之有[53]也。狗彘食人食[54]而不知检[55]，涂[56]有饿莩[57]而不知发[58]；人死，则曰：'非我也，岁[59]也。'是何异于刺人而杀之，曰：'非我也，兵也。'王无罪[60]岁，斯[61]天下之民至[62]焉[63]。"

【注释】

[23]无：同"毋"，不要。

[24]不违农时：指农忙时不要征调百姓服役。违，违背、违反，这里指耽误。

[25]谷：粮食的统称。

[26]不可胜食：吃不完。胜，尽。

[27]数(cù)罟(gǔ)不入洿(wū)池：这是为了防止破坏鱼的生长和繁殖。数，密。罟，网。洿，不流动的浊水。

[28]鳖(biē)：甲鱼或团鱼。

[29]斤：与斧相似，比斧小而刃横。

[30]时：时令季节。砍伐树木宜于在草木凋落，生长季节过后的秋冬时节进行。

[31]养生：供养活着的人。

[32]丧死：为死了的人办丧事。

[33]憾：遗憾。

[34]王道：以仁义治天下，这是儒家的政治主张。与当时诸侯奉行的以武力统一天下的"霸道"相对。

[35]五亩：先秦时五亩约合现在的一亩二分多。

[36]树：种植。

[37]衣帛：穿上丝织品的衣服。衣，穿，用作动词。

[38]豚(tún)：小猪。

[39]彘(zhì)：猪。

[40]畜(xù)：畜养，饲养。

[41]百亩之田：古代实行井田制，一个男劳动力可分得耕田一百亩。

[42]夺：失，违背。

[43]谨：谨慎，这里指认真从事。

[44]庠(xiáng)序：古代的乡学。《礼记·学记》："古之教者，家有塾，党有庠，术有序，国有学。"家，这里指间，二十五户人共住一巷称为间。塾，间中的学校。党，五百户为党。庠，设在党中的学校。

术,同"遂",一万二千五百家为遂。序,设在遂中的学校。国,京城。学,大学。

[45]教:教化。

[46]申:反复陈述。

[47]孝悌(tì):敬爱父母和兄长。

[48]义:道理。

[49]颁白:头发花白。颁,同"斑"。

[50]负戴:负,背负着东西。戴,头顶着东西。

[51]黎民:百姓。

[52]王:为王,称王,这里用作动词,使天下百姓归顺。

[53]未之有:未有之。之,指代"七十者衣帛食肉,黎民不饥不寒,然而不王者"。

[54]食人食:前一个"食",动词,吃;后一个"食",名词,指食物。

[55]检:检点,制止、约束。

[56]涂:同"途",道路。

[57]饿莩(piǎo):饿死的人。莩,同"殍",饿死的人。

[58]发:指打开粮仓,赈济百姓。

[59]岁:年岁,年成。

[60]罪:归咎,归罪。

[61]斯:则,那么。

[62]至:到,此指归顺。

[63]焉:句末语气词,可译为"了"。

【翻译】

孟子说:"大王如果懂得这个道理,就不要指望自己的百姓比邻国多了。不耽误农业生产的季节,粮食就会吃不完。密网不下到池塘里,鱼鳖之类的水产就会吃不完。按一定的季节入山伐木,木材就会用不完。粮食和水产吃不完,木材用不完,这就使百姓对生养死葬没有什么不满了。百姓对生养死葬没有什么不满,这是王道的开端。五亩大的住宅场地,种上桑树,五十岁的人就可以穿丝织品了。鸡、猪、狗的畜养,不要耽误它们的繁殖时机,七十岁的人就可以吃肉食了。百亩大的田地,不要耽误它的耕作时节,数口之家就可以不受饥饿了。认真地兴办学校教育,把尊敬父母、敬爱兄长的道理反复讲给百姓听,须发花白的老人就不会背负或头顶重物在路上行走了。七十岁的人能够穿上丝织品、吃上肉食,百姓没有挨饿受冻的,做到了这些而不能统一天下称王的还从未有过。猪狗吃人所吃的食物,不知道制止;道路上有饿死的人,不知道开仓赈济。百姓死了,就说:'这不是我的过错,是因为年岁不好。'这种说法与拿刀把人杀死后,说'杀死人的不是我,是兵器'有什么不同?大王不要归罪于年成,那么天下的百姓都会来归顺了。"

知识梳理

一、通假字

1. 无望民之多于邻国也。　　　　　"无"同"毋",不要。

2. 颁白者不负戴于道路矣。　　　　"颁"同"斑",色彩驳杂的。

3. 涂有饿莩而不知发。　　　　　　"涂"同"途",道路,"莩"同"殍",饿死的人。

二、古今异义

例句	词语	今义	古义
1. 河内凶	凶	常指人或动物暴躁，心肠狠	谷物收成不好，荒年
2. 邻国之民不加少	加	常指增加	更，再，副词
3. 或百步而后止	或	选择连词	有人，有时
4. 兵刃既接	兵	战士，士兵	兵器
5. 弃甲曳兵而走/是亦走也	走	行走，步行	逃跑
6. 谷不可胜食也	胜	胜利	尽
7. 数罟不入洿池	数	数字或者数数	细、密
8. 树之以桑	树	常指较高大的林木	种植，动词
9. 七十者可以食肉矣	可以	表同意认可	可以凭借
10. 直不百步耳	直	与"弯曲""横"相对	只是，不过，仅仅
11. 是使民养生丧死无憾也	是	表判断的动词	这，代词

三、一词多义

1. 王
①然而不王者。（称王，名作动）
②梁惠王曰。（君王，名词）

2. 食
①谷不可胜食也。（吃，动词）
②狗彘食人食。（食物，名词）

3. 时
①不违农时。（季节，名词）
②无失其时。（机会、时机，名词）

4. 以
①请以战喻。（用，拿，介词）
②可以无饥矣/可以衣锦矣。（凭借，依据，介词）
③以时入山林。（按照，根据，介词）
④申之以孝悌之义。（用，介词）
⑤老臣以媪为长安君计短也。（认为，动词）
⑥以五十步笑百步，则何如？（因为，介词）
⑦树之以桑。（用，介词）

5. 于
①则无望民之多于邻国也。（比，介词）
②寡人之于国也。（对，对于，介词）
③颁白者不复戴于道路矣。（在，介词）
④则移其民于河东/移其粟于河内。（到，介词）
⑤是何异于刺人而杀之。（同，跟，介词）

6. 之
①填然鼓之。（不译，音节助词）

②王道之始也/寡人之于国也/无如寡人之用心者/则无望民之多于邻国也。(主谓间取消独立性,结构助词,不译)

③五亩之宅/邻国之民不加少/谨庠序之教。(的,结构助词)

④申之以孝悌之义。(百姓,代词)

⑤树之以桑。(代指"五亩之宅",代词)

⑥鸡豚狗彘之畜。(这一类,代词)

⑦未之有也。(代指"黎民不饥不寒,然而不王者",代词)

⑧是何异于刺人而杀之。(他,代词)

7. 然

①河内凶亦然。(这样,代词)

②填然鼓之。(……的样子)

③然郑亡子亦有不利焉。(然而、但是,连词)

④赵太后曰:"然。"(对的、认为……对的,形容词)

8. 则

①则移其民于河东。(就、那么,顺接连词)

②人死,则曰:"非我也,岁也。"(转接连词,却)

9. 移

①则移其民于河东。(迁移,迁徙)

②移其粟于河内。(转移,调拨)

10. 加

①邻国之民不加少。(愈加,更加,副词)

②加之于师旅。(施加,强加,动词)

11. 而

①弃甲曳兵而走。(修饰,连词)

②或五十步而后止。(顺承,连词)

③然而不王者/狗彘食人食而不知检/涂有饿莩而不知发。(却,转折,连词)

④是何异于刺人而杀之。(承接,连词)

四、词类活用

1. 名词作动词

①填然鼓之。(打鼓)

②七十者衣帛食肉。(穿)

③黎民不饥不寒,然而不王者,未之有也。(为王、称王、统一天下)

④树之以桑。(种植)

⑤王无罪岁。(归罪、归咎)

2. 动词作名词

①请以战喻。(战争)

②是使民养生丧死无憾也。(活着的人;死去的人)

3. 形容词作动词

谨庠序之教。(认真从事)

4. 使动用法

则移其民于河东,移其粟于河内。(使……迁移)

五、文言句式

1. 判断句

①是亦走也。(副词"亦"表判断,句末"也"表判断语气)

②非我也,岁也/非我也,兵也。("也"表判断语气;"非"表判断,译为"不是")

③是使民养生丧死无憾也。("也"表判断语气,代词"是"译为"这",在判断句中,加判断词"是"译为"这是")

④养生丧死无憾,王道之始也。("也"表判断)

2. 宾语前置句

①未之有也。(否定句中代词"之"作宾语前置,"未有之也")

②则何如?(疑问代词"何"作宾语前置,"则如何")

3. 状语后置句

①申之以孝悌之义。("以孝悌之义"是状语,"以孝悌之义申之")

②树之以桑。("以桑"介宾短语作状语后置,"以桑树之")

③则无望民之多于邻国也。("于邻国"介宾短语作状语后置,"无望民之于邻国多也")

④颁白者不负戴于道路矣。("于道路"是状语)

⑤是何异于刺人而杀之。("于刺人而杀之"是状语)

4. 省略句

①(此)何也。

②(将士)弃甲曳兵而走。

③或(走)百步而后止,或(走)五十步而后止,以(己走)五十步笑(人走)百步,则何如?

④直不(走)百步耳。

⑤五十者可以(之)衣帛矣。

⑥非我(之过)也,岁也。

5. 固定句式

①直不百步耳,是亦走也。(直……耳,是……也:只是……罢了,那还是……)

②或百步而后止,或五十步而后止。(或……或……:有的……有的……)

③是何异于刺人而杀之,曰:"非我也,兵也。"(是何异于……:这与……有什么不同呢?)

课内巩固

1. 下列各句中,不含通假字的一项是(　　)。

A. 颁白者不负戴于道路矣　　　　　　B. 涂有饿莩而不知发

C. 谨庠序之教　　　　　　　　　　　D. 无失其时,七十者可以食肉矣

2. 对下列加点词解释全对的一组是(　　)。

A. 邻国之民不加少(加:更)/谷不可胜食也(胜:尽)

B. 弃甲曳兵而走(走:跑,这里指逃跑)/直不百步耳(直:简直)

C. 五十者可以衣帛矣(衣:衣服)/鸡豚狗彘之畜(畜:畜养)

D. 王无罪岁(罪:过错)/斯天下之民至焉(斯:那么)

3. 下列各组句子中,加点词的意义和用法都相同的一组是(　　)。

A. 扣舷而歌之/填然鼓之　　　　　　　B. 请以战喻/斧斤以时入山林

C. 寡人之于国也/则无望民之多于邻国也　　D. 狗彘食人食而不知检/或百步而后止

4. 下列各句中加点的词语与现代汉语意思相同的一项是(　　)。
   A. 五十者可以衣帛矣　　　　　　　　B. 养生丧死无憾,王道之始也
   C. 兵刃既接,弃甲曳兵而走　　　　　　D. 夫颛臾,昔者先王以为东蒙主

5. 下列加点词的活用情况与其他三项不同的一项是(　　)。
   A. 填然鼓之,兵刃既接　　　　　　　　B. 五亩之宅,树之以桑
   C. 谨庠序之教　　　　　　　　　　　　D. 然而不王者

6. 下列句子中,句式与其他三项不同的一项是(　　)。
   A. 非我也,兵也　　　　　　　　　　　B. 养生丧死无憾,王道之始也
   C. 是亦走也　　　　　　　　　　　　　D. 然而不王者,未之有也

7. 下列句子与例句句式相同的一项是(　　)。
   例句:未之有也。
   A. 申之以孝悌之义　　　　　　　　　　B. 蜀道之难,难于上青天
   C. 无乃尔是过与　　　　　　　　　　　D. 又闻子规啼夜月

8. 对下列各句中"之"的分类正确的一项是(　　)。
   ①斯天下之民至焉　②鸡豚狗彘之畜　③树之以桑　④未之有也　⑤邻国之民不加少
   A. ①②⑤/③④　　　　　　　　　　　　B. ①②/③④/⑤
   C. ①⑤/②③④　　　　　　　　　　　　D. ①⑤/②③/④

9. 下列句子中句式相同的一项是(　　)。
   ①是亦走也　②则无望民之多于邻国也　③王道之始也　④树之以桑　⑤申之以孝悌之义
   ⑥未之有也　⑦颁白者不负戴于道路矣
   A. ①②③⑥　　　　　　　　　　　　　B. ②④⑥
   C. ②④⑤⑦　　　　　　　　　　　　　D. ③⑥⑦

10. 下列句中"于"作"比"讲的一项是(　　)。
    A. 寡人之于国也　　　　　　　　　　　B. 移其粟于河内
    C. 则无望民之多于邻国也　　　　　　　D. 颁白者不负戴于道路矣

11. 将下列句子翻译成现代汉语。
(1)谨庠序之教,申之以孝悌之义,颁白者不负戴于道路矣。

___

(2)狗彘食人食而不知检,涂有饿莩而不知发。

___

课外拓展

阅读下列文段,完成1~6题。

廉耻,立人之大节。盖不廉,则无所不取;不耻,则无所不为。故夫子之论士曰:"行己有耻。"孟子曰:"人不可以无耻,无耻之耻,无耻矣。"又曰:"耻之于人大矣,为机变之巧者,无所用耻焉。"所以然者,人之不廉而至于悖礼犯义,其原皆生于无耻也。故士大夫之无耻,是谓国耻。

吾观三代以下,世衰道微,弃礼义、捐廉耻,非一朝一夕之故。然而松柏后凋于岁寒,鸡鸣不已于风雨,彼昏之日,固未尝无独醒之人也。顷读《颜氏家训》有云:"齐朝一士夫尝谓吾曰:'我有一儿,年已十七,颇晓书疏。教其鲜卑语及弹琵琶,稍欲通解,以此伏事公卿,无不宠爱。'吾时俯而不答。异哉,

此人之教子也!若由此业,自致卿相,亦不愿汝曹为之。"嗟乎!之推[1]不得已而仕于乱世,犹为此言,尚有《小宛》[2]诗人之意,彼阉然媚于世者,能无愧哉?

罗仲素曰:教化者,朝廷之先务;廉耻者,士人之美节;风俗者,天下之大事。朝廷有教化,则士人有廉耻;士人有廉耻,则天下有风俗。

古人治军之道,未有不本于廉耻者。《吴子》曰:"凡制国治军,必教之以礼,励之以义,使有耻也。夫人有耻,在大足以战,在小足以守矣。"《尉缭子》言:"国必有慈孝廉耻之俗,则可以死易生。"而太公对武王:"将有三胜,一曰礼将,二曰力将,三曰止欲将。"《后汉书》:"张奂为安定属国都尉,羌豪帅感奂恩德,上马二十匹,先零酋长又遗金镦八枚,奂并受之,而召主簿于诸羌前,以酒酹地曰:'使马如羊,不以入厩;使金如粟,不以入怀。'悉以金马还之。羌性贪而贵吏清,前有八都尉率好财货,为所患苦,及奂正身洁己,威化大行。"呜呼!<u>自古以来,边事之败,有不始于贪求者哉?</u>

——明末清初·顾炎武《廉耻》

注释:

[1]之推:颜之推,北齐文学家。

[2]《小宛》:《诗经·小雅》中的一首诗,是一首父母离世后劝告兄弟小心避祸的诗歌。

1. 对下列句子中加点词语的解释不正确的一项是(　　)。

A. 人之不廉而至于悖礼犯义　　悖:违背

B. 吾观三代以下,世衰道微　　微:衰弱,衰败

C. 弃礼义,捐廉耻　　捐:放弃

D. 三曰止欲将　　止:只,仅仅

2. 下列各组句子中加点词的意义和用法不相同的一组是(　　)。

A. 不耻,则无所不为　于其身也,则耻师焉

B. 鸡鸣不已于风雨　徘徊于斗牛之间

C. 风俗者,天下之大事　今者项庄拔剑舞,其意常在沛公也

D. 悉以金马还之　秦亦不以城予赵

3. 下列语句中与例句词类活用现象相同的一项是(　　)。

例句:古人治军之道,未有不本于廉耻者。

A. 侣鱼虾而友麋鹿。

B. 正襟危坐。

C. 舞幽壑之潜蛟,泣孤舟之嫠妇。

D. 西望夏口,东望武昌。

4. 下列语句中句式与例句相同的一项是(　　)。

例句:廉耻者,士人之美节。

A. 非我也,岁也。

B. 以此伏事公卿,无不宠爱。

C. 上马二十匹。

D. 而又何羡乎。

5. 下列对原文有关内容的概括与赏析不正确的一项是(　　)。

A. 廉耻,直接关系到国家的兴亡。无耻是不廉洁的根源,尤其是士大夫的无耻,那就是一种国耻。

B. 颜之推对齐国的士大夫教育孩子的方法持否定态度,他认为孩子们要有出息就不该去做官。

C. 不顾廉耻,历代都有。朝廷通过教化,让士人养成知廉耻的优良节操,天下就有了美好的风俗。

D. 《后汉书》中所记载的张奂是个廉洁的人,他把羌人送的马匹和金子悉数退还,使威望教化得到了发扬。

6. 翻译原文中画线的句子。

自古以来,边事之败,有不始于贪求者哉?

劝 学

《荀子》

作家作品

荀子(约公元前313年—公元前238年)，名况，字卿，战国末期赵国人。著名思想家、文学家、政治家，时人尊称"荀卿"。西汉时因避汉宣帝刘询讳，故又称"孙卿"。荀子对儒家思想有所发展，提倡性恶论，其学说常被后人拿来和孟子的"性善说"比较，是先秦儒家最后的代表。著作有《荀子》，该书由语录体的《论语》《孟子》发展成为有标题的议论文。

学习导引

《劝学》是《荀子》的第一篇，"劝"是"劝勉"的意思。本文着重论述了学习的意义、作用、方法和态度，总结了治学经验，提出了"青，取之于蓝，而青于蓝"的见解，强调了"学不可以已"。文章用了约二十个比喻论证中心论点和分论点，在学习时，要体会这种运用比喻进行说理论证的方法。

文白对译

①君子[1]曰：学不可以已[2]。

【注释】

[1]君子：这里指有学问、有修养的人。
[2]已：停止。

【翻译】

君子说：学习是不可以停止的。

②青，取之于蓝[3]，而青于蓝[4]；冰，水为之，而寒于水。木直中绳[5]，𫐓[6]以为轮，其曲中规[7]，虽有槁暴[8]，不复挺者[9]，𫐓使之然也。故木受绳[10]则直，金[11]就砺[12]则

利,君子博学而日参省乎己[13],则知明而行无过矣。

【注释】

[3]青,取之于蓝:靛青从蓝草中取得。青,靛青,一种染料。蓝,蓼蓝,一种草本植物。

[4]青于蓝:比蓼蓝颜色(更)深。

[5]中(zhòng)绳:(木材)合乎拉直的墨线。

[6]𫐓(róu):同"煣",以火烘木材使之弯曲。

[7]规:圆规。

[8]虽有槁暴(gǎo pù):即使又被晒干了。有,同"又"。槁,枯。暴,同"曝",日晒。槁暴,晒干。

[9]挺:直。

[10]受绳:经墨线丈量过。

[11]金:指金属制的刀剑等。

[12]就砺(lì):拿到磨刀石上去磨。砺,磨刀石。就,接近,靠近,动词。

[13]参(cān)省(xǐng)乎己:对自己检查、省察。省,省察。乎,相当于"于",介词。

【翻译】

靛青,是从蓝草里提取的,然而却比蓝草的颜色更青;冰,是水凝结而成的,然而却比水更寒冷。木材笔直,合乎墨线的要求,如果(用火烘烤)使它弯曲成车轮,(那么)木材的弯度(就)合乎如圆规画的一般标准了,即使又被晒干了,(木材)也不会再挺直,(这是)用火烘烤使它成为这样的啊。所以木材经墨线比量过就变得笔直,金属制的刀剑拿到磨刀石上去磨就能变得锋利。君子广博地学习,并且每天检验反省自己,那么,他就会智慧明达并且行为没有过错了。

③吾尝终日而思矣[14],不如须臾[15]之所学也;吾尝跂[16]而望矣,不如登高之博见[17]也。登高而招,臂非加长也,而见者远[18];顺风而呼,声非加疾[19]也,而闻者彰。假[20]舆[21]马者,非利足[22]也,而致[23]千里;假舟楫者,非能水[24]也,而绝[25]江河。君子生非异[26]也,善假于物[27]也。

【注释】

[14]吾尝终日而思矣:我曾经一天到晚地冥思苦想。而,表修饰。

[15]须臾(yú):片刻,一会儿。

[16]跂(qǐ):踮起脚后跟。

[17]博见:看见的范围广,见得广。

[18]见者远:远处的人也能看见。而,表转折。

[19]疾(jí):快,速。这里引申为"洪亮",指声音宏大。

[20]假:借助,利用。

[21]舆:车。

[22]利足:脚步快。

[23]致:到达。

[24]水:指游泳。名词,用作动词。

[25]绝:横渡。

[26]生(xìng)非异:本性(同一般人)没有差别。生,同"性",天赋,资质。

[27]物:外物,指各种客观条件。

【翻译】

我曾经一天到晚地冥思苦想，（却）比不上片刻学到的知识（收获大）；我曾经踮起脚向远处望，（却）不如登到高处眼界开阔。登到高处招手，手臂并没有加长，可是远处的人却能看见；顺着风喊，声音并没有加大，可是听的人却能听得很清楚。借助车马的人，并不是脚走得快，却可以达到千里之外；借助船和桨的人，并不善于游泳，却可以横渡长江黄河。君子的资质秉性跟一般人没什么不同，（只是君子）善于借助外物罢了。

④积土成山，风雨兴[28]焉；积水成渊[29]，蛟[30]龙生焉；积善成德，而神明自得，圣心备焉[31]。故不积跬[32]步，无以[33]至千里；不积小流，无以成江海。骐骥[34]一跃，不能十步；驽马十驾[35]，功在不舍[36]。锲[37]而舍之，朽木不折；锲而不舍，金石可镂[38]。蚓无爪牙之利，筋骨之强，上食埃土，下饮黄泉，用心一也[39]。蟹六跪[40]而二螯[41]，非蛇鳝之穴无可寄托者，用心躁[42]也。

【注释】

[28]兴：起。

[29]渊：深水。

[30]蛟：一种龙。

[31]积善成德，而神明自得，圣心备焉：积累善行养成（高尚的）品德，达到很高的境界，自然会心智澄明，圣人的精神境界（也就）具有了。得，获得。

[32]跬(kuǐ)：古代的半步。古代称跨出一脚为"跬"，跨两脚为"步"。

[33]无以：没有用来……的（办法）。

[34]骐骥(qí jì)：骏马。

[35]驽(nú)马十驾：劣马拉车连走十天（也能走得很远）。驽马，劣马。驾，马拉车一天所走的路程叫"一驾"。

[36]功在不舍：（它的）成功在于不停止。舍，停止。

[37]锲(qiè)：用刀雕刻。

[38]镂(lòu)：原指在金属上雕刻，泛指雕刻。

[39]用心一也：（这是）因为用心专一（的缘故）。用，以，因为。

[40]六跪：六条腿。这是古人的误解，蟹实际上是八条腿。跪，蟹脚。一说，海蟹后面的两条腿只能划水，不能用来走路或自卫，所以不能算在"跪"里。另一说，"六"为虚指。

[41]螯(áo)：蟹钳。

[42]躁：浮躁，不专心。

【翻译】

堆积土石形成高山，风雨就从这里兴起了；汇积水流成为深渊，蛟龙就从这里产生了；积累善行养成高尚的品德，自然会心智澄明，圣人的精神境界也就具有了。所以不积累一步半步的行程，就没有办法达到千里之远；不积累细小的流水，就没有办法汇成江河大海。骏马一跃，也不足十步远；劣马拉车走十天（也能到达很远的地方），它的成功来源于走个不停。（如果）雕刻几下就停下来了，（即使）腐烂的木头也刻不断。（如果）不停地刻下去，（即使）金石也能雕刻成功。蚯蚓没有锐利的爪子和牙齿、强健的筋骨，却能向上吃到泥土，向下可以喝到土壤里的水，这是由于它用心专一啊。螃蟹有六条腿，两个蟹钳，（但是）如果没有蛇、鳝的洞穴它就无处存身，这是因为它用心浮躁啊。

知识梳理

一、通假字

1. 𫐓以为轮，其曲中规。　　"𫐓"同"煣"，用火烤使木弯曲。
2. 知明而行无过。　　"知"同"智"，智慧。
3. 虽有槁暴，不复挺者。　　"有"同"又"，更，再。"暴"同"曝"，日晒。
4. 君子生非异也。　　"生"同"性"，天赋，资质。

二、古今异义

例句	词语	今义	古义
1. 木受绳则直，金就砺则利	绳	绳子	墨线
	金	黄金	金属制的刀剑
2. 君子博学而日参省乎己	博学	学问广博	广泛地学习
	省	省级行政区	反省
3. 声非加疾也	疾	疾病	声音宏大
4. 假舆马者	假	与"真"相对	借助
5. 非能水也，而绝江河	江河	泛指河流	长江黄河
6. 蚓无爪牙之利	爪牙	喻帮凶	爪子和牙齿
7. 上食埃土，下饮黄泉	黄泉	阴间	地下的泉水
8. 用心一也	用心	集中注意力	因为，心思
9. 非蛇鳝之穴无可寄托者	寄托	托付	藏身
10. 蟹六跪而二螯	跪	膝盖弯曲使着地	腿

三、一词多义

1. 绝
①假舟楫者，非能水也，而绝江河。（横渡，动词）
②率妻子邑人来此绝境。（与世隔绝的，形容词）
③奇山异水，天下独绝。（独一无二的，形容词）
④忽然抚尺一下，群响毕绝。（停止，动词）

2. 假
①君子生非异也，善假于物也。（借助，动词）
②乃悟前狼假寐。（假装，动词）
③以是人多以书假余。（借，动词）

3. 而
①吾尝终日而思矣/吾尝跂而望矣。（表修饰，连词，视情况译为"地""着"等或不译）
②青，取之于蓝，而青于蓝/冰，水为之，而寒于水/臂非加长也，而见者远/声非加疾也，而闻者彰。（表转折，连词，译为"但是"）
③则知明而行无过矣/蟹六跪而二螯。（表并列，连词，不译）
④积善成德，而神明自得。（表承接，连词，不译）

⑤君子博学而日参省乎己。(表递进，连词，译为"而且")

4. 于

①青，取之于蓝，而青于蓝。(比，介词)

②青，取之于蓝，而青于蓝。(从，介词)

③善假于物也。(表对象，介词，不译)

5. 之

①青，取之于蓝。(代"靛青这种染料"，代词)

②蚓无爪牙之利，筋骨之强。(定语后置句的标志，助词，不译)

③非蛇鳝之穴，无可寄托者。(译为"的"，助词)

6. 焉

①积土成山，风雨兴焉／积水成渊，蛟龙生焉。(于之，在这里，兼词)

②积善成德，而神明自得，圣心备焉。(可译为"了"，句末语助词)

四、词类活用

1. 名词作动词

假舟楫者，非能水也。(游泳)

2. 名词作状语

①君子博学而日参省乎己。(每天)

②上食埃土，下饮黄泉。(向上；向下)

3. 形容词作名词

①其曲中规。(曲度)

②登高而招，臂非加长也。(高处)

③积善成德，而神明自得，圣心备焉。(善行)

4. 数词作形容词

用心一也。(专一)

5. 使动用法

①木直中绳，𫐓以为轮。(使……弯曲)

②假舆马者，非利足也。(使……快)

五、文言句式

1. 判断句

①虽有槁暴，不复挺者，𫐓使之然也。("……者，……也"，表判断)

②用心躁也。("……也"，表判断)

③君子生非异也，善假于物也。("……也"，表判断)

④用心一也。("……也"，表判断)

2. 省略句

𫐓(之)以(之)为轮。

3. 状语后置句

①青，取之于蓝，而青于蓝。("于蓝"作状语)

②冰，水为之，而寒于水。("于水"作状语)

4. 定语后置句

蚓无爪牙之利，筋骨之强。("利""强"作定语)

课内巩固

1. 下列有关文学常识的表述，不正确的一项是(　　)。

 A. 先秦时期儒家代表人物：孔子，代表作《论语》；孟子，代表作《孟子》；荀子，代表作《荀子》。

 B. 韩非和李斯都是荀子的学生。

 C.《荀子》现存三十二篇，《劝学》是《荀子》的第一篇。

 D.《劝学》的作者荀况，战国时期赵国人，他强调后天学习的重要性，认为后天环境和教育可以改变人的本性。

2. 对下列加点字的解释不正确的一项是(　　)。

 A. 金就砺则利(磨刀石)　　　　　　B. 吾尝跂而望矣(踮起脚后跟)

 C. 声非加疾也(快)　　　　　　　　D. 故不积跬步(半步)

3. 对下列例句中加点词语的理解正确的一项是(　　)。

 例句：驽马十驾，功在不舍。

 A. 量词；功劳，功勋　　　　　　　B. 驾驶；工作，事情

 C. 马拉车一天所走的路程；成功，功效　　D. 量词；功能

4. 下列各句词类活用与例句相同的一项是(　　)。

 例句：假舟楫者，非能水也。

 A. 𫐓以为轮　　B. 上食埃土　　C. 既来之，则安之　　D. 大楚兴，陈胜王

5. 对下列例句中加点词语解释正确的一项是(　　)。

 例句：假舟楫者，非能水也。

 A. 假如　　　　B. 假装　　　　C. 借助　　　　D. 假的

6. 下列各句中"然"的用法与例句相同的一项是(　　)。

 例句：𫐓使之然也。

 A. 须炉火之然也　　　　　　　　　B. 非独书为然，天下物皆然

 C. 土地平旷，屋舍俨然　　　　　　D. 成然之

7. "积土成山，风雨兴焉"句中加点词的正确解释是(　　)。

 A. 兼词，"在这里"　　　　　　　　B. 疑问词，"什么"

 C. 助词，无义　　　　　　　　　　D. 代词"之"

8. 按照"之"字的用法，下列不属于代词的一项是(　　)。

 A. 青，取之于蓝　　　　　　　　　B. 冰，水为之

 C. 非蛇鳝之穴无可寄托者　　　　　D. 君将哀而生之乎

9. 下列各项中，句式与其他三项不同的是(　　)。

 A. 虽有槁暴，不复挺者，𫐓使之然也。　B. 上食埃土，下饮黄泉，用心一也。

 C. 蚓无爪牙之利，筋骨之强。　　　　　D. 非蛇鳝之穴无可寄托者，用心躁也。

10. 下列表述不正确的项是(　　)。

 A."蚓无爪牙之利，筋骨之强"，"爪牙"在文中用的是它的本义。

 B.《劝学》的中心论点是"君子博学而日参省乎己，则知明而行无过矣"。

 C. 白居易《忆江南》"日出江花红胜火，春来江水绿如蓝"，这里的"蓝"和"取之于蓝"中的"蓝"相同。

 D. 全文从学习的意义、学习的作用、学习的方法和态度等方面论述了中心论点。

11. 将下列句子翻译成现代汉语。

(1)青，取之于蓝，而青于蓝。

(2)蚓无爪牙之利，筋骨之强，上食埃土，下饮黄泉，用心一也。

课外拓展

阅读下列文段，完成1～6题。

董遇[1]字季直，性质讷而好学。兴平中，关中扰乱，与兄季中依将军段煨。采稆[2]负贩，而常挟持经书，投闲习读，其兄笑之，而遇不改。

遇善治《老子》，为《老子》作训注。又善《左氏传》，更为作《朱墨别异》，人有从学者，遇不肯教，而云："必当先读百遍。"言："读书百遍，其义自见。"从学者云："苦渴无日[3]。"遇言："当以'三余'。"或问"三余"之意。遇言："冬者岁之余，夜者日之余，阴雨者时之余也。"由是诸生稍从遇学。

——西晋·陈寿《三国志·王肃传》

注释：

[1]董遇：三国时有名的学者。

[2]稆：lǔ，一种自生的谷物。

[3]苦渴无日：竭力（学习），但没有时间。

1. 下列句中加点的字解释错误的一项是(　　)。
   A. 采稆负贩　　　　　负：背
   B. 性质讷而好学　　　讷：语言迟钝
   C. 或问"三余"之意　　或：有人
   D. 遇善治《老子》　　　善：善良

2. 下列句子中"而"字的用法不同于其他三项的是(　　)。
   A. 青，取之于蓝，而青于蓝
   B. 其兄笑之，而遇不改
   C. 吾尝终日而思矣
   D. 非死则徙尔，而吾以捕蛇独存

3. 下列语句中，与例句词类活用现象不相同的一项是(　　)。
   例句：登高而招，臂非加长也。
   A. 积善成德
   B. 𫐓以为轮，其曲中规
   C. 上食埃土，下饮黄泉
   D. 而绝秦赵之欢

4. 选出与"人有从学者"句式不同的一项是(　　)。
   A. 求人可使报秦者
   B. 乃设九宾礼于廷
   C. 客有吹洞箫者
   D. 蚓无爪牙之利

5. 下列对原文内容的分析和概括，不正确的一项是(　　)。
   A. 董遇在学问上取得了很大成就，有人想请教他做学问的道理，他不屑于教别人。
   B. 董遇一有空闲就拿出书来诵读，连哥哥都讥笑他，但他还是照样读他的书。
   C. 董遇的故事启示我们，应该抓住一切可能的时间来学习，不断充实自己。
   D. "三余"读书法强调了即使在忙碌的生活里也能找到学习的空隙，对今天的读书人有深远影响。

6. 翻译原文中画线的句子。

读书百遍，其义自见。

公 输

《墨子》

作家作品

墨子,名翟,春秋末期战国初期宋国人,宋国贵族目夷的后裔,曾担任宋国大夫。中国古代思想家、教育家、科学家、军事家,墨家学派创始人和主要代表人物。提出了"兼爱""非攻"等观点。墨家在先秦时期影响很大,与儒家并称"显学"。战国时期的百家争鸣,有"非儒即墨"之称。《墨子》是战国时期的哲学著作,由墨子自著和弟子记述墨子言论两部分组成,大部分是墨子的弟子或再传弟子对墨子言行记录的汇集,是研究墨子思想的直接材料。

学习导引 ▶▶▶

墨子所处的时代,各诸侯国掠夺性的战争频繁不已,严重破坏生产,甚至使下层人民被迫"折骨为炊,易子而食"。墨子希望解除劳苦大众的苦难,这是他提出"非攻""兼爱"等政治主张的思想基础。《公输》通过墨子"止楚攻宋"的故事,生动地叙述了墨子为实现自己的"非攻"主张,所表现出的艰苦实践和顽强斗争的精神,同时也暴露了公输盘和楚王的阴险狡诈,从而说明只有把道义和实力结合起来,才能迫使侵略者收敛其野心。从写作特点来看,本文是通过曲折生动的故事,围绕矛盾冲突来阐明道理、突显人物的。作者类比说理,层层推理:先写墨子以理说服公输盘;其次指责楚王攻宋之不智,楚王虽穷词夺理,但攻宋之心仍不死;末写挫败公输盘的进攻,并揭穿其阴谋,告以宋国早有准备,迫使楚王放弃用兵。层次清楚,结构紧密完整。文章生动活泼,逻辑性强,具有说服力。

文白对译

①公输盘[1]为楚造云梯[2]之械成,将以攻宋[3]。子墨子[4]闻之[5],起于齐[6],行十日十夜而[7]至于郢[8],见公输盘。公输盘曰:"夫子[9]何命焉为[10]?"子墨子曰:"北方有侮[11]臣[12]者,愿借子杀之[13]。"公输盘不说[14]。子墨子曰:"请献十金[15]。"公输盘曰:

"吾义[16]固[17]不杀人。"子墨子起,再拜[18]曰:"请说之[19]。吾从北方闻子为梯[20],将以攻宋。宋何罪之有[21]?荆国有余于地而不足于民[22],杀所不足而争所有余[23],不可谓智[24]。宋无罪而攻之,不可谓仁[25]。知而不争[26],不可谓忠。争而不得[27],不可谓强。义不杀少而杀众,不可谓知类[28]。"公输盘服[29]。

【注释】

[1]公输盘:鲁国人,公输是姓,盘是名,也写作"公输班",能造奇巧的器械,有人说他就是鲁班。

[2]云梯:古代战争中攻城用的器械,因其高而称为云梯。

[3]将以攻宋:准备用来攻打宋国。以,用来。将,准备。

[4]子墨子:指墨翟(此字念"dí",姓中念作"zhái")。前一个"子"是夫子(即先生、老师)的意思,学生对墨子的尊称。后一个"子"是当时对男子的称呼。

[5]闻之:闻,听说。之,代指攻宋这件事。

[6]起于齐:起,起身,出发。于,从。

[7]而:表承接。

[8]至于郢:至于,到达。郢,春秋战国时楚国国都,在今天的湖北江陵。

[9]夫子:先生,古代对男子的敬称,这里是公输盘对墨子的尊称。

[10]何命焉为:有什么见教呢?命,教导,告诫。焉为,两个字都是表达疑问语气的句末助词。

[11]侮:欺侮。

[12]臣:墨子的自我谦称(秦汉以前对一般人也可自谦称"臣")。

[13]愿借子杀之:希望借助您的力量去杀了他。愿,希望。借,凭借,依靠。

[14]说:同"悦",高兴,愉快。

[15]请献十金:请允许我奉送(您)十金(作为杀人的酬)。请,和下文"请说之"的"请",大致相当于现在的"请允许我"。金,量词,先秦以二十两(银子)为一金。

[16]义:坚守道义。

[17]固:坚决,从来。

[18]再拜:先后拜两次,表示郑重的礼节。再,第二次。

[19]请说之:请允许我解说这件事。说,解说。之,代词,代墨子下面要说的话。

[20]吾从北方闻子为梯:我在北方听说您制造了云梯。为,做,造。

[21]何罪之有:即"有何罪",有什么罪呢?之,提宾标志。

[22]荆国有余于地而不足于民:荆国有的是土地而没有足够的人民。荆国,楚国的别称。有余于地,在土地方面有多。于,在……方面。

[23]杀所不足而争所有余:损失不足的而争夺有余的,意思是牺牲百姓的生命去争夺土地。而,表转折,却。

[24]不可谓智:不可以说是聪明。

[25]仁:对人亲善,友爱。

[26]知而不争(zhèng):知道这道理却不对楚王进行劝谏。争同"诤",劝谏。

[27]不得:不能达到目的。

[28]知类:明白类推的道理。类,对事物作类比进而明白它的事理。

[29]服:信服。

【翻译】

公输盘替楚国造云梯这类攻城的器械,造成后,将要用它来攻打宋国。墨子先生听到这个消息后,

从鲁国出发,行走了十天十夜,才到达郢都,见到了公输盘。公输盘说:"先生有什么见教呢?"墨子先生说:"北方有一个欺侮我的人,我希望借助您的力量去杀了他。"公输盘很不高兴。墨子先生说:"请让我奉送(给您)十金。"公输盘说:"我坚守道义坚决不杀人。"墨子先生起身,拜了两拜,说:"请(让我)解说这件事。我在北方听说您在制造云梯,将要用它来攻打宋国。宋国有什么罪呢?楚国在土地方面有富余却在人口方面不够,牺牲不足的人口而争夺多余的土地,不能说是明智的;宋国没有罪却攻打它,不能说是仁义的;知道这道理而不对楚王进行劝阻,不能说是忠君的;劝阻却没有成功,这不能称作坚持;您崇尚仁义不肯帮我杀死欺负我的一个人,却要为楚国攻打宋国而杀死很多人,不能叫作明白事理。"公输盘被说服了。

②子墨子曰:"然胡不已乎[30]?"公输盘曰:"不可。吾既已言之王矣。"子墨子曰:"胡不见我于王[31]?"公输盘曰:"诺[32]。"

【注释】

[30]然胡不已乎:但是为什么不停止(攻打宋国的计划)呢?然,但是。胡,为什么。已,停止。

[31]胡不见我于王:为什么不向楚王引见我呢?见,引见。于王,状语后置语。王,指楚惠王。

[32]诺:好,表示同意。

【翻译】

墨子先生说:"既然这样,那么为什么不停止计划呢?"公输盘说:"不行,我已经向楚王说了这件事了。"墨子先生说:"为什么不向楚王引见我呢?"公输盘说:"好吧。"

③子墨子见王,曰:"今有人于此,舍其文轩[33],邻有敝舆[34]而欲窃之;舍其锦绣,邻有短褐[35]而欲窃之;舍其粱肉[36],邻有糠糟而欲窃之。此为何若[37]人?"王曰:"必为有窃疾矣。"子墨子曰:"荆之地,方五千里,宋之地,方五百里,此犹文轩之与敝舆也[38];荆有云梦[39],犀[40]兕[41]麋鹿满之,江汉之鱼鳖鼋鼍[42]为天下富,宋所为无雉兔鲋鱼[43]者也,此犹粱肉之与糠糟也;荆有长松、文梓、楩楠、豫章[44],宋无长木[45],此犹锦绣之与短褐也。臣以王吏[46]之攻宋也,为与此同类。"

【注释】

[33]文轩:装饰华美的车。文,彩饰。轩,有篷的车。

[34]敝舆:破车。

[35]褐:粗布衣服。

[36]粱肉:好饭好菜。

[37]何若:什么样的。

[38]犹文轩之敝舆也:好像装饰华美的车子同破车相比。犹……之与……也,好像……同……相比。固定用法。

[39]云梦:楚国的大泽,跨长江南北,也包括今天的洞庭湖、洪湖和白鹭湖等湖沼。

[40]犀:雄性的犀牛。

[41]兕:雌性的犀牛。

[42]鼍:鳄鱼。

[43]鲋鱼:一种像鲫鱼的小鱼。

[44]文梓、楩楠、豫章:文梓,梓树,文理明显细密,所以叫文梓。楩,黄楩木。豫章,樟树。这

些都是名贵的木材。

[45]长木：多余的木材。

[46]王吏：指楚王所派攻宋的官吏。

【翻译】

墨子先生拜见了楚王，说："现在这里有一个人，舍弃他自己装饰华美的车，邻居有破车，却想要去偷；舍弃自己华美的衣服，邻居有件粗布衣服，却想要去偷；舍弃自己的好饭好菜，邻居只有粗劣饭食，却想要去偷。这是怎么样的一个人呢？"楚王回答说："这个人一定是患有偷盗的毛病了。"墨子先生说："楚国的土地，方圆大小足有五千里；宋国的土地，方圆大小不过五百里，这好像装饰华美的车子同破车相比。楚国有云梦泽，里面有成群的犀牛、麋鹿，长江、汉水里的鱼、鳖、鼋、鳄鱼多得天下无比；宋国却像人们所说的一样，是一个连野鸡、兔子、小鱼都没有的地方，这好像美食佳肴同糠糟相比。楚国有巨松、梓树、黄楩木、楠、樟等名贵木材；宋国是一个连多余的木材都没有的国家，这就像华丽的衣服与粗布短衣相比。我认为大王派官吏进攻宋国，是和这个患偷窃病的人的行为是一样的。"

④王曰："善哉[47]！虽然[48]，公输盘为我为云梯，必取宋。"

【注释】

[47]善哉：好呀。

[48]虽然：虽然如此。

【翻译】

楚王说："好啊！虽然这样，(但是)公输盘给我造了云梯，一定要攻取宋国。"

⑤于是见[49]公输盘，子墨子解带为城，以牒[50]为械，公输盘九[51]设攻城之机变[52]，子墨子九距[53]之，公输盘之攻械尽[54]，子墨子之守圉[55]有余。公输盘诎[56]，而曰："吾知所以[57]距子矣，吾不言。"子墨子亦曰："吾知子之所以距我，吾不言。"楚王问其故。子墨子曰："公输子之意，不过欲杀臣。杀臣，宋莫[58]能守，乃可攻也。然臣之弟子禽滑厘[59]等三百人，已[60]持臣守圉之器，在宋城上而待楚寇[61]矣。虽杀臣，不能绝也。[62]"楚王曰："善哉！吾请无攻宋矣。"

【注释】

[49]见：召见。

[50]牒：木片。

[51]九：表示次数多，古代"三""九"常有这种用法。

[52]机变：巧妙的方式。

[53]距：同"拒"，抵御。

[54]尽：完。

[55]守圉(yù)：守卫。圉，同"御"，抵挡。

[56]诎：同"屈"，意思是理屈，(办法)穷尽。

[57]所以：用来……的方法，和现代汉语利用来表示因果关系的连词"所以"不同。

[58]莫：没有谁。

[59]禽滑(gǔ)厘：人名，魏国人，墨子学生。

[60]已：已经。

[61]寇：入侵。

[62]虽杀臣，不能绝也：即使杀了我，也不能(杀)尽(宋的守御者)。虽，即使。绝，尽。

【翻译】

在这种情况下(楚王)召见公输盘，墨子先生解下衣带，用衣带当作城墙，用木片当作守城器械。公输盘多次用了攻城的巧妙战术，墨子先生多次抵御他。公输盘的攻城的方法用尽了，墨子先生的抵御器械还绰绰有余。公输盘理屈，却说："我知道用来抵御你的方法，可我不说。"墨子先生说："我知道您要用来抵御我的方法，我也不说。"楚王问其中的缘故。墨子先生说："公输先生的意思，不过是要杀掉我。杀了我，宋国没有人能守城，就可以攻取了。可是我的学生禽滑厘等三百多人，已经拿着我的守城器械，在宋国城上等待楚国入侵了。即使杀了我，也不能杀尽(宋国的抵御者)啊。"楚王说："好，我不攻打宋国了。"

 知识梳理

一、通假字

1. 公输盘不说。　　　　　　　"说"同"悦"，高兴。
2. 知而不争。　　　　　　　　"争"同"诤"，劝谏。
3. 子墨子九距之。　　　　　　"距"同"拒"，阻挡。
4. 子墨子之守圉有余。　　　　"圉"同"御"，抵挡。
5. 公输盘诎。　　　　　　　　"诎"同"屈"，理屈。

二、古今异义

例句	词语	今义	古义
1. 子墨子再拜	再	再一次	两次
2. 请献十金	金	指金银或金属	古代计算金属货币的单位。先秦以二十两为一金
3. 舍其文轩	文轩	文字或文章	彩饰
4. 荆之地方五千里	地方	跟"中央"相对；处所	土地方圆，或土地纵横
5. 虽然，公输盘为我为云梯	虽然	表转折关系的连词	即使这样
6. 吾知子之所以距我	所以	表结果的因果关系连词	用来……的方法
7. 虽杀臣	虽	虽然	即使
8. 行十日十夜，而至于郢	至于	连词，表另提一事	到；到达

三、一词多义

1. 子

①子墨子闻之。(先生)

②愿借子杀之。(您)

2. 起

①起于齐。(出发，动身)

②子墨子起。(站起来，起身)

3. 说
①公输盘不说。(同"悦",高兴)
②请说之。(陈述、解说)

4. 类
①不可谓知类。(事理)
②为与此同类。(类别)

5. 见
①见公输盘。(会见)
②胡不见我于王。(引见)
③子墨子见王。(拜见)
④于是见公输盘。(召见)

6. 争
①杀所不足而争所有余。(争夺)
②知而不争。(劝谏)

7. 已
①胡不已乎。(停止)
②吾既已言之王矣。(已经)

8. 然
①虽然,公输盘为我为云梯。(这样)
②然臣之弟子禽滑厘等三百人。(但是)

9. 之
①公输盘为楚造云梯之械。(这类,代词)
②子墨子闻之/请说之/言之王。(这件事,代词)
③而欲窃之。(代它,代词)
④愿借子杀之/九距之。(代词,代他)
⑤宋何罪之有。(宾语前置的标志,不译)
⑥臣以王吏之攻宋。(用于主谓之间,取消句子独立性,不译)
⑦荆之地/宋之地/江汉之鱼鳖鼋鼍/攻城之机变/公输盘之攻械尽/子墨子之守圉有余/子之所以距/公输子之意/臣之弟子。(的,助词)

10. 以
①将以攻宋。(拿,用)
②臣以王吏之攻宋也。(以为,认为)
③以牒为械。(把,用)
④吾知所以距子矣。("所""以"连用,用来……的方法)

11. 而
①行十日十夜而至于郢/公输盘诎,而曰……(表承接)
②有余于地而不足于民/杀所不足而争所有余/宋无罪而攻之/知而不争/争而不得/义不杀少而杀众/邻有敝舆而欲窃之/邻有短褐而欲窃之/邻有糠糟而欲窃之。(表转折)
③在宋城上而待楚寇矣。(表修饰)

12. 为
①吾从北方闻子为梯。(制造)
②解带为城,以牒为械。(当作,作为)

③为与此同类/必为有窃疾矣/此为何若人/江汉之鱼鳖鼋鼍为天下富。(是)
④夫子何命焉为？("焉为"合用，表疑问语气)
⑤公输盘为楚造云梯之械。(给，替)
⑥公输盘为我为云梯。(给；制造)

13. 于
①而至于郢。(到)
②荆国有余于地而不足于民/今有人于此。(在)
③胡不见我于王。(向)
④起于鲁。(从)

四、词类活用

1. 名词作动词
①吾义固不杀人。(坚持道义)
②在宋城上而待楚寇矣。(入侵)

2. 形容词作动词
不能绝也。(杀尽)

3. 动词作名词
①公输班九设攻城之机变。(巧妙的方式)
②子墨子之守圉有余。(守卫、抵挡的器械)

4. 形容词作名词
邻有短褐而欲窃之。(粗布衣服)

五、文言句式

1. 状语后置句
①胡不见我于王。
②荆国有余于地而不足于民。(即"荆国于地有余而民不足。")

2. 宾语前置句
①宋何罪之有？(即"有何罪"，"之"为宾语前置的标志)
②夫子何命焉为？("焉"相当于"之"，是宾语前置的标志)

3. 省略句
①请献(你)十金(作为杀人的酬)。
②将以(之)攻宋。

4. 判断句
①此为何若人。("为"表判断)
②必为有窃疾矣。("为"表判断)
③此犹文轩之与敝舆也。("此……也"，表判断)
④所谓无雉兔鲋鱼者也。("……也"，表判断)
⑤此犹粱肉之与糠糟也。("此……也"，表判断)
⑥此犹锦绣之与短褐也。("此……也"，表判断)

课内巩固

1. 下列有关文学常识的表述不正确的一项是(　　)。

A.《公输》选自《墨子》,《墨子》是战国时期的哲学著作,由墨子编撰而成,是研究墨子思想的直接材料。

B. 墨子名翟,相传为战国时期鲁国人,是墨家学派的创始人,著名的思想家、政治家、军事家。

C.《公输》是一篇以对话为主的叙述性文章,主要采用排比和夸饰的手法,记叙了战国时期墨子"止楚攻宋"的故事,表现他"兼爱""非攻"的主张。

D. 墨家在先秦时期影响很大,与儒家并称"显学"。战国时期的百家争鸣,有"非儒即墨"之称。

2. 下列各句中没有通假字的一项是(　　)。

　　A. 公输盘不说　　　　　　　　B. 公输盘诎

　　C. 子墨子九距之　　　　　　　D. 义不杀少而杀众,不可谓知类

3. 下列句中加点字与"吾义固不杀人"中的"义"用法相同的一项是(　　)。

　　A. 不能绝也　　　　　　　　　B. 邻有短褐而欲窃之

　　C. 公输班九设攻城之机变　　　D. 假舟楫者,非能水也

4. 与"荆国有余于地而不足于民"句式相同的一项是(　　)。

　　A. 宋何罪之有?　　　　　　　B. 必为有窃疾矣

　　C. 将以攻宋　　　　　　　　　D. 胡不见我于王

5. 下列句中加点字的意思和用法与"公输盘为我为云梯"中的"为"相同的一项是(　　)。

　　A. 解带为城,以牒为械　　　　B. 公输盘为楚造云梯之械

　　C. 必为有窃疾矣　　　　　　　D. 吾从北方闻子为梯

6. 下列句中加点字的意思和用法与其他三项不同的一项是(　　)。

　　A. 有余于地而不足于民　　　　B. 宋无罪而攻之

　　C. 吾尝终日而思矣　　　　　　D. 邻有短褐而欲窃之

7. 下列句中加点的字解释正确的一项是(　　)。

　　A. 公输盘不说(说话)　　　　　B. 吾从北方闻子为梯(做,造)

　　C. 邻有短褐而欲窃之(褐色)　　D. 将以攻宋(以为,认为)

8. 下列句中加点的词语与现代汉语意思相同的一项是(　　)。

　　A. 吾知子之所以距我　　　　　B. 子墨子再拜

　　C. 公输子之意　　　　　　　　D. 荆之地方五千里

9. 下列语句中没有词类活用的一项是(　　)。

　　A. 在宋城上而待楚寇矣　　　　B. 公输班九设攻城之机变

　　C. 北方有侮臣者　　　　　　　D. 子墨子之守圉有余

10. 下列对《公输》的理解和分析不符合文意的一项是(　　)。

A.《公输》一文叙述了墨子同公输盘、楚王论辩的经过,说明楚国攻打宋国不会有好结果,促使楚王放弃攻宋。

B. 墨子劝说公输盘和楚王时采用了相同的策略,只是在楚王面前,他采用了类比和对比的方式,更注意劝说的委婉性和艺术性。

C. 文章以对话推动情节发展,同时人物也在对话中表现出各自鲜明的性格特征。

D. 墨子劝阻楚王攻打宋国的过程,说明只靠说理就可以制止侵略。

11. 将下列句子翻译成现代汉语。

(1)胡不见我于王?

_____

(2)荆国有余于地而不足于民,杀所不足而争所有余,不可谓智。

课外拓展

阅读下列文段,完成1~6题。

庞葱[1]与太子质于邯郸,谓魏王曰:"今一人言市有虎,王信之乎?"王曰:"否。""二人言市有虎,王信之乎?"王曰:"寡人疑之矣。""三人言市有虎,王信之乎?"王曰:"寡人信之矣。"庞葱曰:"夫市之无虎明矣,然而三人言而成虎。今邯郸去大梁[2]也远于市,而议臣者过于三人,愿王察之。"王曰:"寡人自为知。"于是辞行,而谗言先至。后太子罢质,果不得见。

——西汉·刘向《战国策·魏策二》

注释:

[1]庞葱:魏国大臣。

[2]大梁:魏国国都,在今河南省开封市。

1. 对下列句子中加点字的解释不正确的一项是(　　)。

A. 庞葱与太子质于邯郸　　　(人质)

B. 今邯郸去大梁也远于市　　(距离)

C. 议臣者过于三人　　　　　(超过)

D. 寡人自为知　　　　　　　(自己会了解,犹言不会轻信人言)

2. 下列各组句子中"而"的意义和用法与"于是辞行,而谗言先至"中的"而"相同的一项是(　　)。

A. 义不杀少而杀众,不可谓知类　　B. 行十日十夜而至于郢

C. 在宋城上而待楚寇矣　　　　　　D. 而翁归,自与汝算耳

3. 下列各组句子中加点字与"后太子罢质,果不得见"中"见"的用法相同的一项是(　　)。

A. 不能绝也　　　　　　　　B. 完璧归赵

C. 庞葱与太子质于邯郸　　　D. 公输班九设攻城之机变

4. 下列句子与"今邯郸去大梁也远于市"句式相同的一项是(　　)。

A. 必为有窃疾矣　　　　　B. 宋何罪之有

C. 拜送书于庭　　　　　　D. 后太子罢质,果不得见

5. 下列对原文的叙述与分析不正确的一项是(　　)。

A. 这个故事告诉我们:谎言重复千遍,就会被当成真理;要调查研究,防止上当受骗。

B. 庞葱对魏王讲"三人成虎"的用意是希望魏王在他走之后不要听信别人污蔑他的话,魏王采纳了他的建议。

C. 这则寓言告诉人们,对人对事不能以为多数人说的就可以轻信,而要多方面进行考察,并以事实为依据做出正确的判断。

D. "三人成虎"比喻流言惑众,蛊惑人心,与成语"道听途说"的意思相近。

6. 翻译原文中画线的句子。

今邯郸去大梁也远于市,而议臣者过于三人,愿王察之。

庖丁解牛

《庄子》

作家作品

庄子，名周，战国时期宋国人。思想家、哲学家、文学家，道家学派代表人物，与老子并称"老庄""道家之祖"。庄子著书十余万字，大多都是寓言。其作品收录于《庄子》一书，代表作有《逍遥游》《齐物论》《养生主》等。文章想象丰富奇特，语言运用自如，灵活多变，能把微妙难言的哲理写得引人入胜，被称为"文学的哲学，哲学的文学"。《庄子》和《周易》《老子》并称为"三玄"，在哲学方面有较高的研究价值。

学习导引 ▶▶▶

庄子生活在战国中期，这是一个社会剧烈转型时期，这个时代的人民承受着身体与精神上的双重痛苦，而对于统治者来说生活同样难觅快乐。庄子超越了其他先秦诸子为专制政治服务的狭小天地，以他独特的视角去审视生命的价值，探寻生命存在的真谛，进而提出了养生的思想，于是有了《庖丁解牛》这篇寓言。

《庖丁解牛》原意是用来说明养生之道的，借此揭示做人做事都要顺应自然规律的道理。为了说明"道"如何高于"技"，文章先后用了两种反差鲜明的对比：一为庖丁解牛之初与三年之后的对比，一为庖丁与普通厨工的对比。文惠君正是通过庖丁之"技"，悟得养生之"道"。养生，其根本方法乃是顺应自然。显然，庖丁解牛，乃是庄子对养生之法的形象喻示。此则寓言立意在于阐明"养生"，实则还阐述了一个深刻的美学命题，即艺术创造是一种自由的创造。寓言采用夸张、对比、映衬、描摹等多种手法，表现庖丁解牛技巧的纯熟，神态的悠然，动作的优美，节奏的和谐，身心的潇洒。全文结构严密，语言生动简练，充分体现了庄子文章汪洋恣肆的特点。

庖丁解牛

文白对译

①庖丁[1]为文惠君解牛[2]，手之所触，肩之所倚[3]，足之所履[4]，膝之所踦[5]，砉然向然[6]，奏刀騞然[7]，莫不中音[8]。合于《桑林》[9]之舞，乃中《经首》之会[10]。

【注释】

[1]庖(páo)丁：名丁的厨工。先秦古书往往以职业放在人名前。

[2]为文惠君解牛：文惠君，即梁惠王，也称魏惠王。解牛，宰牛，这里指把整个牛体开剥分剖。

[3]倚：靠。

[4]履：践踏。

[5]踦(yǐ)：支撑，接触。这里指用一条腿的膝盖顶住牛。

[6]砉(xū)然向然：砉，象声词，皮骨相离的声音。向，同"响"。

[7]奏刀騞(huō)然：奏刀，进刀。騞，象声词，皮肉筋骨分离的声音，形容比砉然更大的进刀解牛声。

[8]中(zhòng)音：合乎音乐节拍。

[9]《桑林》：传说中商汤时的乐曲名。

[10]《经首》之会：《经首》，传说中尧乐曲《咸池》中的一章。会，指节奏。以上两句互文，即"乃合于《桑林》《经首》之舞之会"之意。

【翻译】

有个名叫丁的厨师给文惠君宰牛。他的手接触的地方，肩膀靠着的地方，脚踩着的地方，膝盖顶住的地方，都哗哗地响，刀子刺进牛体，发出霍霍的声音，没有哪一种声音不合乎音律。既合乎《桑林》舞曲的节拍，又合乎《经首》乐章的节奏。

②文惠君曰："嘻[11]，善哉！技盖[12]至此乎？"

【注释】

[11]嘻：赞叹声。

[12]盖(hé)：同"盍"，何，怎样。

【翻译】

文惠君说："嘿，好哇！你的技术怎么高明到这种地步呢？"

③庖丁释[13]刀对曰："臣之所好[14]者道也，进[15]乎技矣。始臣之解牛之时，所见无非牛[16]者；三年之后，未尝见全牛[17]也。方今之时[18]，臣以神遇[19]而不以目视，官知止而神欲行[20]。依乎天理[21]，批大郤[22]，导大窾[23]，因其固然[24]，技经肯綮之未尝[25]，而况大軱[26]乎！良庖岁更刀[27]，割[28]也；族[29]庖月更刀，折[30]也。今臣之刀十九年矣，所解数千牛矣，而刀刃若新发于硎[31]。彼节者有间[32]，而刀刃者无厚[33]；以无厚入有间，恢恢乎其于游刃必有余地矣[34]！是以十九年而刀刃若新发于硎。虽然，每至于族[35]，吾见其难为，怵然为戒[36]，视为止[37]，行为迟[38]，动刀甚微[39]，謋[40]然已解，如土委地[41]。提刀而立，为之四顾，为之踌躇满志[42]，善[43]刀而藏之。"

【注释】

[13]释：放下。

[14]好(hǎo)：喜好，爱好。

[15]进：超过。

[16]无非牛：没有不是完整的牛。一作"无非全牛"。

[17]未尝见全牛：不曾看见完整的牛。

[18]方今之时：如今。方，当。

[19]神遇：用心神和牛体接触。神，精神，指思维活动。遇，合，接触。

[20]官知止而神欲行：官知，这里指视觉。神欲，指精神活动。

[21]天理：指牛的生理上的天然结构。

[22]批大郄：斜劈进入大的缝隙。批，斜劈。郄，同"隙"，空隙。

[23]导大窾(kuǎn)：顺着(骨节间的)空处进刀。

[24]因其固然：因，依。固然，指牛体本来的结构。

[25]技经肯綮(qìng)之未尝：技经，犹言经络。技，据清俞樾考证，当是"枝"字之误，指支脉。经，经脉。肯，紧附在骨上的肉。綮，筋肉聚结处。"技经肯綮之未尝"为宾语前置句，即"未尝技经肯綮"。

[26]軱(gū)：股部的大骨。

[27]良庖岁更刀：良庖，好厨师。岁，年。更，更换。

[28]割：这里指生割硬砍。

[29]族：众，指一般的。

[30]折：用刀折骨。

[31]发于硎(xíng)：发，出。硎，磨刀石。

[32]彼节者有间(jiàn)：节，骨节。间，间隙。

[33]无厚：没有厚度，非常薄。

[34]恢恢乎其于游刃必有余地矣：恢恢乎，宽绰的样子。游刃，游动刀刃，指刀在牛体内运转。余，宽裕。

[35]族：指筋骨交错聚结处。

[36]怵(chù)然为戒：怵然，戒惧的样子。为戒，为之戒，因为它的缘故而警惕起来。

[37]止：集中在某一点上。

[38]迟：缓。

[39]微：轻。

[40]謋(huò)：象声词，骨肉离开的声音。这句后面，有些版本还有"牛不知其死也"一句。

[41]委地：散落在地上。

[42]踌躇满志：踌躇，从容自得，十分得意的样子。满志，心满意足。

[43]善：同"缮"，修治。这里是拭擦的意思。

【翻译】

厨师丁放下屠刀，答道："我所喜好的是'道'，它比技术更进一步了。我开始宰牛的时候，看到的无一不是整头的牛；三年之后，就不曾再看到整头的牛了。现在呢，我用精神去接触牛，不再用眼睛看它，感官的知觉停止了，只凭精神在活动。顺着牛体天然的结构，击入大的缝隙，顺着骨节间的空处进刀；依着牛体本来的组织进行解剖，脉络相连、筋骨聚结的地方，都不曾用刀去碰过，何况那粗大的骨头呢！好的厨师，每年换一把刀，因为他们用刀割肉；一般的厨师，每月换一把刀，因为他们用刀砍断骨头。现在，我的这把刀用了十九年啦，它宰的牛有几千头了，可是刀口像刚从磨石上磨出来一样。因为那牛体的骨节有空隙，刀口却薄得像没有厚度，把没有厚度似的刀口插入有空隙的骨节，宽宽绰绰的，它对于刀的运转必然是大有余地的了。因此，它用了十九年，刀口却像刚刚从磨石上磨出来一样。虽说是这样,每当遇到筋骨交错聚结的地方,我看到它难以处理,因此小心翼翼地警惕起来,目光因此集中到一点,动作因此放慢了,使刀非常轻,结果它霍的一声被剖开了,像泥土一样散落在地上。我提着刀站起来,因此而环顾四周,因此而悠然自得,心满意足,把刀擦拭干净收起来。"

④文惠君曰:"善哉!吾闻庖丁之言,得养生[44]焉。"

【注释】

[44]养生:指养生之道。

【翻译】

文惠君说:"好哇!我听了庖丁的这些话,从中获得了保养身体的道理。"

知识梳理

一、通假字

1. 砉然向然。   "向"同"响"。
2. 技盖至此乎?   "盖"同"盍",何,怎样。
3. 批大郤。   "郤"同"隙",空隙。
4. 技经肯綮之未尝。   "技"同"枝",支脉。
5. 善刀而藏之。   "善"同"缮",修治,擦拭。

二、古今异义

例句	词语	今义	古义
1. 依乎天理	天理	天然的道理	机理
2. 因其固然	固然	连词	牛体本来的结构
3. 虽然,每至于族	虽然	转折关系连词	虽然这样
4. 吾见其难为	难为	使人为难	难解
5. 所见无非牛者	无非	副词,只,不外乎	没有不是
6. 视为止,行为迟	行为	受思想支配而表现出来的活动	举止行动

三、一词多义

1. 族

①族庖月更刀。(一般的,形容词)

②每至于族。(筋骨交错聚结的地方,名词)

2. 然

①砉然向然。(……的样子,象声词词尾)

②虽然,每至于族。(这样,代词)

3. 而

①官知止而神欲行。(表并列)

②技经肯綮之未尝,而况大軱乎。(表递进关系)

③所解数千牛矣,而刀刃若新发于硎。(表转折)

④提刀而立。(表修饰关系)

⑤善刀而藏之。(表顺承关系)

4. 为

①庖丁为文惠君解牛。(替、给,介词)

②吾见其难为,怵然为戒。(解,动词;作为,动词)

③视为止,行为迟。(因为,都是介词)

④提刀而立,为之四顾,为之踌躇满志。(因为,介词)

5. 于

①合于《桑林》之舞。(引出对象,介词,不译)

②而刀刃若新发于硎。(从,介词)

③其于游刃必有余地矣。(对于,介词)

④虽然,每至于族。(到,介词)

6. 乎

①技盖至此乎。(呢,疑问句句末语气词)

②依乎天理。(同"于",引出对象,不译)

③恢恢乎其游刃必有余地矣。(同"然",形容词词尾)

四、词类活用

1. 名词作动词

足之所履。(踩)

2. 动词作名词

①视为止。(目光)

②得养生焉。(养生的道理)

3. 名词作状语

①良庖岁更刀,割也;族庖月更刀,折也。(每年;每月)

②为之四顾。(向四处)

4. 形容词作名词

而刀刃者无厚。(厚度)

五、文言句式

1. 判断句

①臣之所好者道也。("……也",表判断)

②良庖岁更刀,割也;族庖月更刀,折也。("……也",表判断)

2. 省略句

①视为(之)止,行为(之)迟。

②(我)提刀而立。

③如土委(于)地。

3. 状语后置句

是以十九年而刀刃若新发于硎。(即"是以十九年而刀刃若于硎新发")

4. 宾语前置句

技经肯綮之未尝。(即"未尝技经肯綮")

庖丁解牛

课内巩固

1. 下列有关文学常识的表述，不正确的一项是(　　)。

A. 庄子，名周。他学问渊博，善于辩论，是战国时期道家学派代表人物，与老子并称"老庄""道家之祖"。

B. 庄子主张"天人合一""清静无为"，其代表作《庄子》和《周易》《老子》并称为"三玄"。

C. 《逍遥游》和《劝学》是《庄子》书中的名篇。

D. 成语游刃有余、目无全牛、踌躇满志、切中肯綮均出自《庖丁解牛》。

2. 下列各句中没有通假字的一项是(　　)。

A. 官知止而神欲行　　　　　　B. 善刀而藏之

C. 砉然向然　　　　　　　　　D. 技经肯綮之未尝

3. 下列句中加点字与"良庖岁更刀，割也"中"岁"用法相同的一项是(　　)。

A. 足之所履　　　　　　　　　B. 得养生焉

C. 为之四顾　　　　　　　　　D. 而刀刃者无厚

4. 与"臣之所好者道也"句式相同的一项是(　　)。

A. 良庖岁更刀，割也　　　　　B. 视为止，行为迟

C. 技经肯綮之未尝　　　　　　D. 而刀刃若新发于硎

5. 下列句中加点字的意思和用法与"庖丁为文惠君解牛"中的"为"相同的一项是(　　)。

A. 视为止，行为迟　　　　　　B. 为之四顾

C. 吾见其难为　　　　　　　　D. 为国捐躯

6. 下列句中加点字的意思和用法与其他三项不同的一项是(　　)。

A. 是以十九年而刀刃若新发于硎　　B. 彼节者有间，而刀刃者无厚

C. 提刀而立　　　　　　　　　D. 所解数千牛矣，而刀刃若新发于硎

7. 下列句中加点的字解释正确的一项是(　　)。

A. 足之所履(鞋子)　　　　　　B. 彼节者有间(中间)

C. 族庖月更刀(一般的)　　　　D. 因其固然(因为)

8. 下列句中加点的词语与现代汉语意思相同的一项是(　　)。

A. 依乎天理　　　　　　　　　B. 提刀而立，为之四顾

C. 吾见其难为　　　　　　　　D. 所见无非牛者

9. 下列语句中没有词类活用的一项是(　　)。

A. 视为止　　　　　　　　　　B. 臣以神遇而不以目视

C. 族庖月更刀，折也　　　　　D. 而刀刃者无厚

10. 下列对《庖丁解牛》的理解和分析，不符合文意的一项是(　　)。

A. 庖丁的解牛刀，以无厚入有间，游刃有余，因此刀刃十九年若新发于硎。

B. 庖丁解牛能做到以神遇而不以目视，主要原因是依乎天理，因其固然。

C. 文章先后用了三种反差鲜明的对比来进行说理：一为庖丁解牛之初与三年之后的对比，一为庖丁与普通厨工的对比，一为将庖丁解牛与文惠君治国对比。

D. 本文以庖丁解牛喻人的养生之道，阐释了庄子的处世哲学，蕴含着深刻的哲理。

11. 将下列句子翻译成现代汉语。

(1)彼节者有间，而刀刃者无厚；以无厚入有间，恢恢乎其于游刃必有余地矣！

（2）良庖岁更刀，割也；族庖月更刀，折也。

课外拓展

阅读下列文段，完成1~6题。

庄子与惠子游于濠梁[1]之上。庄子曰："鲦鱼[2]出游从容，是鱼之乐也。"惠子曰："子非鱼，安知鱼之乐?"庄子曰："子非我，安知我不知鱼之乐?"惠子曰："<u>我非子，固不知子矣；子固非鱼也，子之不知鱼之乐，全矣!</u>"庄子曰："请循其本。子曰'汝安知鱼乐'云者，既已知吾知之而问我。我知之濠上也。"

——《庄子·秋水》

注释：

[1]濠梁：濠水的桥上。濠，水名，即濠河。梁，桥。

[2]鲦(tiáo)鱼：即白条鱼，鲤形目鲤科淡水鱼类，肉可食。

1. 对下列句子中加点字的解释，不正确的一项是(　　)。
   A. 鲦鱼出游从容　　　　　　　　（出现）
   B. 请循其本　　　　　　　　　　（本原）
   C. 庄子与惠子游于濠梁之上　　　（游泳）
   D. 既已知吾知之而问我　　　　　（既然）

2. 下列各组句子中"之"的意义和用法与"子之不知鱼之乐"中加点的"之"相同的一项是(　　)。
   A. 庄子与惠子游于濠梁之上　　　B. 手之所触，肩之所倚
   C. 既已知吾知之而问我　　　　　D. 善刀而藏之

3. 下列句中加点的词语与现代汉语意思相同的一项是(　　)。
   A. 子非鱼，安知鱼之乐　　　　　B. 鲦鱼出游从容
   C. 请循其本　　　　　　　　　　D. 是鱼之乐也

4. 下列句子与"庄子与惠子游于濠梁之上"句式相同的一项是(　　)。
   A. 族庖月更刀，折也　　　　　　B. 是鱼之乐也
   C. 荆国有余于地而不足于民　　　D. 技经肯綮之未尝

5. 下列对原文的叙述与分析，不正确的一项是(　　)。
A. 文中句子"子非鱼，安知鱼之乐?"用了反问的修辞方法。
B. "子非鱼"说明了人与人的主观感受都是不同的，同时不同人的主观感受无法相通，因此我们不应该将自己的主观意愿强加在他人身上。
C. "我非子，固不知子矣；子固非鱼也，子之不知鱼之乐全矣!"这句中的两个"固"意思相同，都是"固然"的意思。
D. 《庄子与惠子游于濠梁》轻松闲适，意盎然。一力辩，一巧辩；一求真，一尚美；一拘泥，一超然。让人读后会心一笑而沉思良久。

6. 翻译原文中画线的句子。

我非子，固不知子矣；子固非鱼也，子之不知鱼之乐，全矣!

师 说

韩 愈

作家作品

韩愈，字退之，自称"郡望昌黎"，世称"韩昌黎""昌黎先生"，唐代杰出的文学家。韩愈是唐代古文运动的倡导者，被后人尊为"唐宋八大家"之首，时人有"韩文"之誉。杜牧把"韩文"与"杜诗"并列，称为"杜诗韩笔"；与柳宗元并称"韩柳"，与柳宗元、欧阳修和苏轼合称"千古文章四大家"。有"文章巨公"和"百代文宗"之名。他提出的"文道合一""务去陈言""文从字顺"等写作理论，对后人很有指导意义。著有《昌黎先生集》。

学习导引 ▶▶▶

《师说》写于唐贞元十八年（公元802年）韩愈在京任国子监四门博士时，这篇文章是韩愈送给他的学生李蟠的。《师说》是一篇阐述教师作用、从师必要性以及择师原则的论说文，抨击了当时"士大夫之族"耻于从师的错误观念，倡导了从师学习的风气。作者认为任何人都可以做自己的老师，不应因地位贵贱或年龄差别，就不肯虚心学习。文末以孔子言行作证，申明求师重道是自古已然的做法，时人不应背弃古道。

本文是一篇论辩性很强的古代议论文。"说"是古代的一种文体，这种文体主要用于记叙、议论或说明，以阐述事理和发表作者的见解。"说"通常篇幅短小，通过一件事情或一种现象来表达作者对某些事物或问题的观点，与现代的杂文相似。"说"就是"谈谈"的意思，"师说"即谈谈从师的道理。

课文第一段提出了中心论点，第二、三段从正反两方面摆事实、讲道理，第四段交代写作缘由。列举正反面的事例层层对比，反复论证，论述了从师学习的必要性和原则，批判了当时社会上"耻学于师"的陋习，表现出非凡的勇气和斗争精神，也表现出作者不顾世俗独抒己见的精神。全文篇幅虽不长，但论点鲜明，结构严谨，说理透彻，极富说服力和感染力。

 文白对译

①古之学者[1]必有师。师者，所以传道受业解惑也[2]。人非生而知之[3]者，孰能无惑？惑而不从师，其为惑也，终不解矣。生乎吾前[4]，其闻道也固先乎吾，吾从而师之；生乎吾后，其闻[5]道也亦先乎吾，吾从而师之[6]。吾师道也[7]，夫庸知其年之先后生于吾乎[8]？是故[9]无[10]贵无贱，无长无少，道之所存，师之所存也[11]。

【注释】

[1]学者：求学的人。

[2]所以传道受业解惑也：是(可以)依靠来传授道理、教授学业、解答疑难问题的。所以，用来……的。道，指儒家之道。受，同"授"，传授。业，泛指古代经、史、诸子之学及古文写作。惑，疑难问题。

[3]非生而知之：不是生下来就懂得道理的。知，懂得。之，指知识和道理。

[4]生乎吾前：即生乎吾前者。乎，相当于"于"，与下文"先乎吾"的"乎"相同。

[5]闻：听见，引申为知道，懂得。

[6]从而师之：跟从(他)，拜他为老师。师，意动用法，以……为师。

[7]吾师道也：我(是向他)学习道理。师，名词用作动词，学习。

[8]夫庸知其年之先后生于吾乎：哪里去考虑他的年龄比我大还是小呢？庸，副词，表示反问语气，难道。知，了解、知道。之，助词，位于主谓之间，取消句子的独立性。

[9]是故：由于这个缘故。

[10]无：无论、不分。

[11]道之所存，师之所存也：道理存在的地方，就是老师存在的地方。

【翻译】

古代求学的人一定有老师。老师，是(可以)依靠来传授道理、教授学业、解答疑难问题的。人不是生下来就懂得道理的，谁能没有疑难问题？(有了)疑难问题，如果不跟从老师(学习)，那些成为疑难问题的，就最终不能理解了。生在我前面，他懂得的道理本来就早于我，我(应该)跟从(他)把他当作老师；生在我后面，(如果)他懂得的道理也早于我，我(也应该)跟从(他)，把他当作老师。我(是向他)学习道理啊，哪里去考虑他的年龄比我大还是小呢？因此，无论地位高低贵贱，无论年纪大小，道理存在的地方，就是老师存在的地方。

②嗟乎！师道[12]之不传也久矣！欲人之无惑也难矣！古之圣人，其出人也远矣，犹且从师而问焉；今之众人[13]，其下[14]圣人也亦远矣，而耻学于师[15]。是故圣益圣[16]，愚益愚。圣人之所以为圣，愚人之所以为愚，其[17]皆出于此乎？爱其子，择师而教之；于其身[18]也，则耻师焉，惑矣[19]。彼童子之师，授之书而习其句读者[20]，非吾所谓传其道解其惑者也。句读之不知[21]，惑之不解，或师焉，或不焉[22]，小学而大遗[23]，吾未见其明也。巫医乐师百工之人，不耻相师。士大夫之族[24]，曰师曰弟子云者，则群聚而笑之。问之，则曰："彼与彼年相若[25]也，道相似也，位卑则足羞，官盛则近谀[26]。"呜呼！师道之不复[27]，可知矣。巫医乐师百工之人，君子不齿[28]，今其智乃[29]反不能及，其可怪也欤[30]！

【注释】

[12]师道：从师学习的风尚。

[13]众人：一般人。

参考答案

种树郭橐驼传

"课内巩固"参考答案

1. D("新乐府运动"改为"古文运动")
2. D(A. 古义"已经这样",今为连词,表示先提示前提,而后加以推论;B. 古义"它的果实",今义为副词,承接上文转折,表示所说的是实际情况;C. 古义"不是过多",今义为连词,表转折,只是)
3. C(确实)
4. B(生长)
5. C(C. 意动用法。业,以……为职业;A. 使动用法。硕茂,使……硕大茂盛;B. 使动用法。鸣,使……发出响声;D. 使动用法。遂,使……长成)
6. C(C项中的"虽"均为"虽然"之意,连词;A.①那么,连词②却,连词;B.①表修饰,连词②表并列,又,连词;D.①而且,递进连词②又,并列连词)
7. B(例句中的"以"与B项中的"以"均为"来"之意,表目的连词;A. 而且,表递进连词;C. 把,介词;D. 地,表修饰连词)
8. C(例句与C项均为宾语前置句;A. 定语后置;B. 判断句;D. 省略句)
9. A(A项与例句均为省略句;B. 判断句;C、D项均为宾语前置句)
10. A(文章针对中唐时期政乱令烦、民不聊生的情况,借郭橐驼种树的成功经验,将种树和为政类比,对于那些"好烦其令"的昏庸官吏及其扰民政治,提出警戒)
11. (1)更严重的,甚至掐破树皮来观察它是死是活着,摇晃树根来看它是否栽结实了,这样就一天天地背离了树木的天性。

(2)但是我住在乡里,看见那些官吏喜欢不断地发号施令,好像是很怜爱(百姓)啊,但百姓最终反因此受到祸害。

"课外拓展"参考答案

1. D(良:的确)
2. D(例句与D项中的"之"均在主谓间,取消句子独立性,A. 动词,到;B. 助词,的;C. 代词)
3. D(D项与例句中的"然"都是"然而"之意;A、C项中的"然"为"……的样子";B. 这样)
4. D(D项为宾语前置;A、B、C项均为省略句)
5. B(主人每天都抱着小鹿接近狗,让狗看熟了,使狗不伤害它)
6. 这群野狗见了鹿既高兴又愤怒,一起把它吃掉,路上一片狼藉。

参考译文:

临江有个人,打猎时捉到一只麋鹿,把它带回家饲养。刚一进门,一群狗流着口水,都摇着尾巴来了,那个人非常愤怒,便恐吓那群狗。从此主人每天都抱着小鹿接近狗,让狗看熟了,使狗不伤害它。后来又逐渐让狗和小鹿在一起玩耍。时间长了,那些狗也都按照主人的意愿做了。麋鹿逐渐长大,忘记了自己是麋鹿,以为狗真的是自己的朋友,时常和狗互相碰撞在地上打滚,越来越亲近。狗害怕主人,于是和鹿玩耍,对鹿十分友善,但时常舔自己的嘴唇。多年之后,鹿走出家门,看见外面的很多狗在路上,跑过去想跟狗玩耍。这群野狗见了鹿既高兴又愤怒,一起把它吃掉,路上一片狼藉。鹿到死也不明白自己死的原因。

促 织

"课内巩固"参考答案

1. B(《促织》用浪漫主义的创作方法)
2. C(本来,副词)
3. A(但,连词)
4. A(A. 穿裘衣,骑马,名词作动词;B. 名词作状语;C. 意动用法;D. 形容词作动词)
5. B(名词作状语/ 使动用法/ 名词作动词/ 意动用法)
6. B(表修饰,连词。其余为介词)
7. D(……的样子,形容词尾)
8. C(定语后置句。A. 判断句;B. 被动句;D. 省略句)
9. D(状语后置句。A. 被动句;B、C都是省略句)
10. D
11. (1)成名反复思索,(这)莫非是指给我捉蟋蟀的地方吧?
(2)老天要用这酬报那些老实忠厚的人,就连巡抚、县官都一起受到蟋蟀的恩惠了。

"课外拓展"参考答案

1. A("犬"是名词作状语,像狗一样)
2. A(A项中的"以"与例句中的"以"用法相同,都是介词,用;B项中的"以"是介词,凭借;C项中的"以"是介词,把;D项中的"以"是连词,表修饰)
3. B(例句中的"洞"是名词用作动词,打洞;B项也是名词用作动词,命名;A项中的"藁"是名词作状语,用草席;C项中的"倾"是动词的使动用法,使……倾尽;D项中的"劣"是形容词的意动用法,认为……劣)
4. D(D项与例句都是状语后置句;A项是被动句;B项是判断句;C项是定语后置句)
5. D(A项,文章主要告诉我们,对待狼一样的恶势力,我们不能对其让步,只要我们敢于斗争,善于斗争,就一定能取得胜利。B项,文章的基本情节依次是:遇狼—惧狼—御狼—杀狼。C项,"禽兽之变诈几何哉"中的"之"是结构助词,的;"骨已尽矣,而两狼之并驱如故"中的"之"是结构助词,用在主谓之间,取消句子的独立性,无实意;"久之,目似瞑,意暇甚"中的"之"是音节助词,无实意)
6. 屠夫这才明白前面的那只狼假装睡觉,原来是用这种方式来诱惑敌方。

参考译文:

一个屠夫傍晚回家,担子里面的肉已经卖完,只有剩下的骨头。路上遇见两只狼,紧跟着走了很远。

屠夫害怕了,把骨头扔给了狼。一只狼得到骨头停下了。另一只狼仍然跟着他。屠夫又把骨头扔给狼,后面得到骨头的狼停下了,可是前面得到骨头的狼又赶到了。骨头已经扔完了,但是两只狼像原来一样一起追赶屠夫。

屠夫非常困窘急迫,恐怕前后一起受到狼的攻击。屠夫看见田野里有一个打麦场,打麦场的主人把柴草堆积在打麦场里,覆盖成小山(似的)。屠夫于是跑过去靠在柴草堆的下面,放下担子拿起屠刀。两只狼不敢上前,瞪着眼睛朝着屠夫。

一会儿,一只狼径直走开了,另一只狼像狗似的蹲坐在屠夫的前面。时间长了,那只狼的眼睛好像闭上了,神情悠闲得很。屠夫突然跳起,用刀砍狼的脑袋,又连砍几刀把狼杀死。屠夫刚想要走,转身看见柴草堆的后面,另一只狼正在柴草堆里打洞,打算要钻进洞去,来攻击屠夫的后面。身子已经钻进去了一半,只露出屁股和尾巴。屠夫从狼的后面砍断了狼的大腿,也把狼杀死了。屠夫这才明白前面的那只狼假装睡觉,原来是用这种方式来诱惑敌方。

狼也太狡猾了,可是一会儿两只狼都被杀死了,禽兽的欺骗手段能有多少呢?只给人们增加笑料罢了。

子路、曾晳、冉有、公西华侍坐

"课内巩固"参考答案

1. A(乘,shèng)
2. D(喟然:长叹的样子)
3. D(A项,"与"同"欤";B项,"莫"同"暮";C项,"希"同"稀")
4. D(坐:闲坐,动词)
5. D(例句,介词,把;A项,介词,因为;B项,介词,因为;C项,介词,用;D项,介词,把)
6. B(A、C、D项均为名词做动词;B项形容词使动用法)
7. B(A、C、D项均为介词,在;B项句末助词,表反问语气,相当于"吗")
8. D(A、B、C项均为否定句中代词宾语前置;D项为疑问句中疑问代词"何"作宾语,前置)
9. C.(①②宾语前置;③状语后置;④省宾语"之";⑤省主语"点"曾晳;⑥省主语"冠者童子",且为状语后置句)
10. C(A项,如果,连词;B项,至于,介词,表另提一事;C项,到、往,动词;D项,或者,连词)
11. (1)暮春时节,春天的衣服已经穿定了,(我和)五六个成年人,六七名少年,在沂水沐浴后,在舞雩台上吹吹风,唱着歌回家。

(2)一个拥有一千辆兵车的中等诸侯国,夹在几个大国之间,加上有军队来攻打它,接下来又有饥荒。

"课外拓展"参考答案

1. A(拉、引)
2. C(C项中的"而"与例句中的均为表顺承关系的连词;A项中的"而"表转折关系;B项中的"而"表修饰;D项中的"而"表目的,来,也可不译)
3. C(A、B、D三项均为名词活用作动词;C项,"培"为动词活用作名词)
4. A(A项,宾语前置句,否定句中代词宾语"吾"前置,即"不知吾也";B项,状语后置句,"乎舞雩"为状语,即"乎舞雩风";C项,状语后置句,"乎三子者之撰"为状语,即"乎三子者之撰异";D项,状语后置句,"以师旅""以饥馑"为状语,即"以师旅加之""以饥馑因之")
5. B("他们的吃法又都是没有任何依据的"说法错误。)
6. 过了一会儿去寻找雁,而那雁已向高空飞远。

参考译文:

从前,有个人看见一只正在飞翔的大雁,准备拉弓把它射下来,并说道:"一射下来就煮来吃。"弟弟表示反对说:"栖息的大雁适合煮着吃,飞翔的大雁适合烤着吃。"两人一直吵到社伯那儿。社伯建议把大雁剖开,一半煮食,一半烤食。等到兄弟两个再次去射大雁时,大雁早就飞远了。

寡人之于国也

"课内巩固"参考答案

1. C(A项,"颁"同"斑";B项,"涂"同"途";D项,"无"同"勿")
2. A(B项,直,不过;C项,衣,穿;D项,罪,归罪)
3. A(A项,均为没有意义的衬字;B项,介词,用/介词,按照;C项,介词,对于/介词,比;D项,连词,表转折/连词,表顺承)
4. C(C项,"兵刃"古今同义,都指"兵器";A项,"可以"古义为"可以凭借",今义表示"能够、许可";B项,"养生"古义为"供养活着的人",今义是"保养身体";D项,"以为"古义为"把……当作",今义是"认为")
5. C(C项,谨:形容词用作动词;其他三项均为名词用作动词)
6. D(D项,宾语前置句;其他三项均是判断句)
7. C(例句是宾语前置,正常语序为"未有之也";A项是状语后置,"以孝悌之义申之";B项是状语后置,"于上青天难";C项是宾语前置,"无乃尔是过与"中助词"是"是宾语前置的标志;D项是省略句,省略"于","又闻子规啼(于)夜月"又是状语后置句,"(于)夜月"为状语)
8. C(①⑤中的"之"为助词"的";②③④中的"之"为代词,分别代指"这类""五亩之宅""黎民不饥不寒,然而不王者")
9. C(①③是判断句;②④⑤⑦是状语后置句;⑥是宾语前置句)
10. C(A项的"于"是"对于";B项的"于"是"到";D项的"于"是"在")
11. (1)认真地兴办学校教育,把尊敬父母、敬爱兄长的道理反复讲给百姓听,须发花白的老人就不会背负或头顶重物在路上行走了。
(2)猪狗吃人所吃的食物,却不知道制止;道路上有饿死的人,却不知道开仓赈济。

"课外拓展"参考答案

1. D(止:克制)
2. A(A项,就、那么,连词,表假设关系/却,转折关系;B项,均为介词,在;C项,均表示判断或语音停顿,可不译;D项,均为介词,把)
3. A(例句"以……为本"为名词活用作动词的意动用法;A项为名词意动;B项为形容词使动;C项为动词使动;D项为方位名词作状语)
4. A(例句是判断句,A项也为判断句;B项"宠爱"为意念被动;C项为定语后置句,"二十四"为"马"的定语;D项为宾语前置句,疑问代词"何"作宾语前置)
5. B(颜之推不是反对孩子做官,而是不愿意让孩子凭借一些小技艺向权势者献媚而做官。)
6. 自古以来,边疆局势的败坏,有不从贪求财货开始的吗?

参考译文:

廉耻,是人立身的大节。大凡不廉便什么都可以拿,不耻便什么都可以做。因此孔子论及怎么才可以称为士时说道:"个人处世必须有耻。"孟子说:"人不可以不知羞耻,从不知羞耻到知道羞耻,就能免于羞耻了。"又说:"耻对于人关系大极了,那些搞诡计耍奸巧的人,耻对他们是无用的。"这样说的原因是,一个人不廉洁乃至于违背礼义,其原因都产生在无耻上。因此士大夫的无耻,可以说是国耻。

我考察三代以后,社会和道德日益衰微,礼义被抛弃,廉耻被放弃,已经不是一朝一夕的事了。但是凛冽的寒冬中有不凋的松柏,在风雨中有不停的鸡鸣,那些昏暗日子中,实在未尝没有独具卓识的清醒者。最近读到《颜氏家训》,上边有一段话说:"齐朝一个士大夫曾对我说:'我有一个儿子,十七岁了,颇能写点文章书牍什么的。教他讲鲜卑话,也学弹琵琶,都能通晓一点。用这些技能服侍公卿大人,没有不宠爱的。'我当时低头不答。奇怪啊，此人竟是这样教育儿子的！倘若通过这些本领能使自己做到卿相，我也不愿你们这样做。"哎！颜之推不得已而出仕于乱世，尚且能说这样的话，说明他还有《小宛》诗人的精神，那些卑劣地献媚于世俗的人，能不感到惭愧吗？

罗仲素说：教化，是朝廷急要的工作；廉耻，是士人优良的节操；风俗，是天下的大事。朝廷有教化，士人便有廉耻；士人有廉耻，天下才有良风美俗。

古人治军的原则，没有不以廉耻为本的。《吴子》说："凡是统治国家和管理军队，必须教军民知道守礼，勉励他们守义，（这是为了）使他们有羞耻心。当人有了羞耻心，从大处讲就能进攻，从小处讲就能退守了。"《尉缭子》说："一个国家必须有讲究慈孝廉耻的习俗，那就可以用牺牲去换得生存。"而姜太公对武王说："有三种将士能打胜仗，一是知礼的将士，二是有能力的将士，三是能克制贪欲的将士。"《后汉书》上记载："张奂任安定属国都尉，羌族的首领感激他的恩德，送上马二十匹，先零族的酋长又赠送他金环八枚，张奂一起收了下来，随即召唤属下的主簿到羌族众人的面前，以酒洒地道：'即使送我的马多得像羊群那样，我也不让它们进马厩；即使送我的金子多得如粟米那样，我也不把它们放进我的口袋。'把金和马全部退还。羌人的性格是重视财物而尊重清廉的官吏，以前的八个都尉大都贪财爱货，为羌人所怨恨，直到正直廉洁的张奂，威良教化方得到了发扬。"唉！自古以来，边疆局势的败坏，有不从贪求财货开始的吗？

劝　学

"课内巩固"参考答案

1. A（《论语》的作者是孔子的弟子和再传弟子，所以不能称《论语》为孔子的代表作）
2. C（疾，指声音宏大）
3. C
4. D（例句中加点的字与D项中的均是名词作动词；A项为动词的使动用法；B项为名词作状语；C项为形容词的使动用法）
5. C
6. B（B项中的然和例句中的然都是代词，意思是这样。A项中的"然"，同"燃"；C项中的"然"，形容词词尾，……的样子；D项中的"然"，认为……对）
7. A
8. C（的，助词）
9. C（定语后置句，其余为判断句）
10. B（《劝学》的中心论点是"学不可以已"）
11.（1）靛青，是从蓝草里提取的，然而比蓝草的颜色更青。

（2）蚯蚓没有锐利的爪子和牙齿，却能向上吃到泥土，向下喝到土壤里的水，这是由于它用心专一啊。

"课外拓展"参考答案

1. D（擅长，动词）
2. C（表修饰，连词；其余表转折）
3. C（向上，名词作状语；A、B、D项为形容词作名词意思分别为：善行、曲度、欢心）
4. B（状语后置句；其余定语后置句）
5. A
6. 读书百遍而（书中）的意义自然地显现（出来）。

— 5 —

参考译文：

董遇，字季直，为人朴实敦厚，从小喜欢学习。汉献帝兴平年间，关中李傕等人作乱，他与哥哥季中便投奔到段煨将军处。他们经常上山打柴背回卖钱(维持生活)，每次上山打柴时董遇都带着书，一有空闲就拿出书诵读，哥哥讥笑他，但他照样读书。

董遇对《老子》很有研究，为它作了注释；对《春秋左氏传》也下过功夫，根据研究心得，写成了《朱墨别异》。附近的读书人想跟从他学习，他不肯教，却对人家说："读书一定要先读百遍。"又说："书读了上百遍后，它的意思自然就会明白。"请教的人说："(您说得有道理)，只是苦于没有时间。"董遇说："应当用'三余'时间。"有人问"三余"是什么？董遇说："冬天没有多少农活是一年里的空闲时间，夜间不便下地干活是一天里的空闲时间，阴雨天无法干活也是一种空闲时间。"因此，许多读书人渐渐跟从董遇学习了。

公　　输

"课内巩固"参考答案

1. A(《墨子》是由墨子自著和弟子记述墨子言论两部分组成，大部分是墨子的弟子或再传弟子对墨子言行记录的汇集)
2. D(A."说"同"悦"；B."诎"同"屈"；C."距"同"拒")
3. D(例句中的"义"名词作动词，坚持道义；A."绝"形容词作动词，杀尽；B."褐"形容词作名词，粗布衣服；C."机变"动词作名词，巧妙的方式；D."水"名词作动词，游泳)
4. D(例句与D项都是状语后置；A. 宾语前置；B. 判断句；C. 省略句)
5. B(例句和B项中的"为"都是介词，替，给；A. 当作，作为；C. 是；D. 制造)
6. C(A、B、D项都表转折；C项表修饰)
7. B(A. 高兴，愉快；C. 粗布衣服；D. 拿，用)
8. C(意思，想法)
9. C(侮：欺侮；A."寇"名词作动词，入侵；B."机变"动词用作名词，巧妙的方式；D."守圉"动词作名词，守卫、抵挡的器械)
10. D(模拟攻守，使楚王意识到宋国已经做好充分的准备，不得不打消攻宋的念头，说明要制止侵略，单靠说理是不够的，还要有雄厚的实力做后盾)
11. (1)为什么不向楚王引见我呢？
(2)楚国在土地方面有富余却在人口方面不够，牺牲不足的人口而争夺多余的土地，不能说是明智的。

"课外拓展"参考答案

1. A(名词作动词，做人质)
2. A(例句和A项的"而"均表转折，然而；B. 表承接；C. 表修饰；D. 第二人称，你的)
3. B(例句中"见"为使动用法，使……召见；A. 绝：形容词作动词，杀尽；B. 完：使……完好；C. 质：名词作动词，做人质；D. 机变：动词作名词，巧妙的方式)
4. C(例句和C项都是状语后置句；A. 判断句；B. 宾语前置句；D. 省略句)
5. B(魏王没有采纳他的建议)
6. 如今邯郸离大梁，比我们到街市远得多，而毁谤我的人超过了三个，希望您能明察秋毫。

参考译文：

庞葱要陪太子到邯郸去做人质，庞葱对魏王说："现在，如果有一个人说大街上有老虎，大王相信吗？"魏王说："不相信。""如果是两个人说呢？大王相信吗？"魏王说："那我就要疑惑了。""如果增加到三个人呢,大王相信吗?"魏王说:"我相信了。"庞葱说:"大街上不会有老虎那是很清楚的,但是三个人说有老虎,就像真有老虎了。如今邯郸离大梁,比我们到街市远得多,而毁谤我的人超过了三个,希望您能明察秋毫。"魏王说:"我知道该怎么办。"于是庞葱告辞而去,而毁谤他的话很快传到魏王那里。后来太子结束了人质的生活,庞葱果真不能再见魏王了。

庖丁解牛

"课内巩固"参考答案

1. C(《劝学》是《荀子》一书的首篇)
2. A(B."善"同"缮";C."向"同"响";D."技"同"枝")
3. C("岁"名词作状语,每年;A."履"名词作动词,踩;B."养生"动词作名词,养生的道理;C."四"名词作状语,向四处;D."厚"形容词作名词,厚度)
4. A(例句与A项都是判断句;B.省略句;C.宾语前置句;D.状语后置句)
5. D(例句和D项中的"为"都是介词,替,给;A.因为,介词;B.因为,介词;C.解,动词)
6. C(A、B、D项都表转折;C.表修饰)
7. C(A.践踏;B.间隙;D.依)
8. B(B."四顾"环视四周;A."天理",古义:机理。今义:天然的道理;C."难为",古义:难解。今义:使人为难;D."无非",古义:没有不是。今义:副词,只,不外乎)
9. B(A."视"动词作名词,目光;C."月"名词作状语,每月;D."厚"形容词作名词,厚度)
10. C(文章没有庖丁解牛与文惠君治国的对比)
11. (1)因为那牛体的骨节有空隙,刀口却薄得像没有厚度,把没有厚度似的刀口插入有空隙的骨节,宽宽绰绰的,它对于刀的运转必然是大有余地的了。

(2)好的厨师,每年换一把刀,因为他们用刀割肉;一般的厨师,每月换一把刀,因为他们用刀砍断骨头。

"课外拓展"参考答案

1. C(各处从容地行走,闲逛,观赏)
2. B(例句和B项的"之"都为取消句子独立性;A.的,结构助词;C.指代"我知道鱼的乐趣",代词;D.指代"刀",代词)
3. B(从容:悠闲自得;A."安",古义:怎么。今义:安定,安装等;C."循",古义:追溯。今义:遵守,依照,沿袭;D."是",古义:这,这是。今义:对,正确(跟"非"相对))
4. C(例句和C项都是状语后置句;A.判断句;B.判断句;D.宾语前置句)
5. C(第一个"固":固然;第二个"固":本来)
6. 我不是你,固然就不知道你(的想法);你本来就不是鱼,你不知道鱼的快乐,这是可以完全确定的。

参考译文:
庄子和惠子一起在濠水的桥上游玩。庄子说:"鲦鱼在河水中游得多么悠闲自得,这是鱼的快乐啊。"惠子说:"你又不是鱼,哪里知道鱼是快乐的呢?"庄子说:"你又不是我,怎么知道我不知道鱼儿是快乐的呢?"惠子说:"我不是你,固然就不知道你(的想法);你本来就不是鱼,你不知道鱼的快乐,这是可以完全确定的。"庄子说:"请你回归最开始的设定,你说'你哪里知道鱼快乐'这句话,就说明你很清楚我知道,所以才来问我是从哪里知道的。现在我告诉你,我是在濠水的桥上知道的。"

师　说

"课内巩固"参考答案

1. D("六艺经传"的"六艺"指《诗》《书》《礼》《乐》《易》《春秋》六种儒家经书)
2. C(C均为"学习"之意；A. 出：超出/出自；B. 惑：疑难问题/糊涂；D. 道：道理/风尚)
3. D(都是"爱护、疼爱"之意)
4. D(A. 学者：古义为求学的人；今义为在学术上有一定成就的人；B. 众人：古义为一般的人；今义为大家、许多人；C. 从而：古义为跟从、并且，是两个词；今义是连词，表上文是原因、方法等，下文是结果、目的等)
5. A(无论)
6. C(使动用法；其他是意动用法)
7. B(B."之"连接定语和中心词，相当于这些，这类；A. 代词，代指知识道理；C. 代词，代指孩子；D. 助词，宾语前置句的标志)
8. A(A. 都是助词，用在主谓之间，取消句子独立性；B. 而：①表目的关系，用来 ②表转折关系，却；C. 乎：①疑问语气词，吧 ②相当于介词"于"，在；D. 于：①表被动，当"被"讲 ②介词，向)
9. D(D. 省略句。或师焉，或不(师)焉。吾从(之)而师之；A. 判断句；B. 被动句；C. 宾语前置句)
10. D(作者并没否认"童子之师"是老师)
11. (1)因此，无论地位高低贵贱，无论年纪大小，道理存在的地方，就是老师存在的地方。

    (2)不通晓句读，不能解决疑难问题，有的(句读)向老师学习，有的(疑惑)却不向老师学习；小的方面倒要学习，大的方面反而放弃(不学)，我没看出那种人是明智的。

"课外拓展"参考答案

1. D(担忧)
2. A(例句和A都是表转折，但是，却；B. 表目的，连词，来；C. 表并列，并且；D. 表修饰)
3. C(例句"患"为名词的意动用法，认为……是祸患；A."师"名词作动词，学习；B."小"形容词作名词，小的方面；C."师"名词的意动用法，以……为师；D."圣""愚"形容词作名词，圣明的人，愚昧的人)
4. C(例句和A、B、D项都是状语后置；C. 宾语前置)
5. C("看他的主要方面是好是坏，不能吹毛求疵"错)
6. 有了老鼠，(它)就偷窃我的粮食，毁坏我的衣服，洞穿我的墙壁，破坏我的器具，我将会挨饿受冻。

参考译文：

赵国有个人，他家老鼠成灾，到中山国求猫，中山国的人给了他(猫)。猫擅于捕捉老鼠和鸡。一个多月，老鼠没了，鸡也全没了。他的儿子觉得猫是祸患，告诉他的父亲说："为什么不把猫赶走?"他的父亲说："(你)理解不了。我所担心的是老鼠，不是没有鸡。有了老鼠，(它)就偷窃我的粮食，毁坏我的衣服，洞穿我的墙壁，破坏我的器具，我将会挨饿受冻。没有鸡吃又会怎么样啊！没有鸡的话，不吃鸡就可以了，离挨饿受冻还远着呢。如此怎么能驱除猫啊！"

烛之武退秦师

"课内巩固"参考答案

1. B(A项应为"《史记》是我国第一部纪传体史书，系西汉司马迁所著"；C项应为"《左传》相传为春

秋末年鲁国史官左丘明所著，是我国古代第一部叙事详细完备的编年体史书"；D项，班固是东汉著名史学家、文学家)

2. D(A."东道主"古义为"东方道路上招待过客的主人"，今义泛指设宴请客的主人；B."夫人"古义为"那个人"，今义是"尊称一般人的妻子"；C."乏困"古义指缺少的资粮，今义指精神或身体劳累；D."专攻"即"专门研究"，与现代汉语意思相同)

3. A(古代男子三十为"壮")

4. C(假如，如果)

5. C(A项的"乏困"是形容词活用作名词，缺少的资粮；B项的"夜"是名词作状语，在晚上；C项的"亡"与例句的"退"都是动词的使动用法。亡，使……灭亡；退，使……退却；D项的"赐"是动词活用作名词，恩惠)

6. B(A项第一个句子中的"而"意思是"就"，连词，表顺承，第二个句子中的"而"意思是"但是，却"，连词，表转折；B项两个句子中的"以"都是连词，意思是"来"，表目的；C项第一个句子中的"焉"意思是"哪里"，疑问代词，第二个句子中的"焉"是句末语气助词，不译；D项第一个句子中的"其"意思是"它，指郑国"，代词，第二个句子中的"其"意思是"还是"，语气副词，表祈使)

7. D(A."之"是助词，的；B."之"是助词，宾语前置的标志；C."之"是助词，用在主谓之间，取消句子的独立性；D."之"是代词，指"阙秦以利晋"这件事)

8. C(A. 省略句，省略介词"于"；B. 状语后置句；C项与例句都是判断句；D. 宾语前置句)

9. A(A项与例句都是状语后置句；B项是判断句；C项是省略句；D项是宾语前置句)

10. A(第一段写"秦晋围郑"，而非"秦郑围晋")

11. (1)我年轻时，尚且不如别人；现在老了，也不能干什么了。

(2)依靠别人的力量，又反过来损害他，这是不合乎仁的。

"课外拓展"参考答案

1. C(案件)

2. B(B项中的"以"与例句中的"以"用法相同，都是介词，把；A项中的"以"是连词，来，表目的；C项中的"以"是介词，拿，用；D项中的"以"是连词，因为)

3. C(例句中的"鼓"是名词用作动词，击鼓进攻；C项中的"军"是名词用作动词，驻扎；A项中的"远"是形容词活用作名词，远地，指郑国；B项中的"阙"是动词的使动用法，使……削减；D项中的"朝"是名词作状语，在早上)

4. A (A项与例句都是宾语前置句，B项是省略句，C项是判断句，D项是状语后置句)

5. C("肉食者谋之"中的"之"是代词，指这件事；"小大之狱"中的"之"是结构助词，的；"公将鼓之""公将驰之"两句中的"之"都是音节助词，无实意；"登轼而望之"中的"之"是代词，指齐军的队形；"故克之"中的"之"是代词，指齐军)

6. (这才是)尽力做好你本分的一类事情啊。凭(这一点)，可以打一仗。作战时请允许我跟随(您)一同去。

参考译文：

鲁庄公十年春天，齐国军队攻打鲁国。鲁庄公准备应战。曹刿请求拜见。他的同乡说："都是得高官厚禄的人，又为什么要参与呢?"曹刿说："有权势的人目光短浅，缺少见识，不能深谋远虑。"于是上朝去拜见鲁庄公。曹刿问："您凭什么应战呢?"庄公说："衣服、食品这些养生的东西，我不敢独自专有，一定把它们分给一些臣子。"曹刿回答说："小恩小惠没有遍及于老百姓，老百姓是不会听从的。"庄公说："用来祭祀的牛、羊、猪、玉器和丝织品，我不敢虚报，一定凭着一片至诚，告诉神。"曹刿回答说："这点儿小诚意，不能被神信任，神不会赐福的。"庄公说："轻重不同的案件，我即使不善于明察详审，一定依据实情处理。"曹刿回答说："(这才是)尽力做好你本分的一类事情啊。凭(这一点)，可以打一仗。作战时请允许我跟随(您)一同去。"

庄公同他共坐一辆战车。鲁国齐国的军队在长勺作战。庄公打算击鼓命令进军。曹刿说:"不行。"齐国军队敲了三次鼓。曹刿说:"可以进攻了。"齐国的军队大败。庄公准备驱车追去。曹刿说:"不行。"于是向下观察齐军车轮留下的痕迹,又登上车前的横木瞭望齐军,说:"可以了。"就追击齐国军队。

战胜了齐国军队后,庄公问这样做的原因。曹刿回答说:"作战是靠勇气的。第一次击鼓振作了勇气,第二次击鼓勇气就会低落,第三次击鼓勇气就消失了。他们的勇气消失了,我军的勇气正旺盛,所以战胜了他们。大国,是不容易估计的,怕有伏兵在那里。我看见他们的车轮痕迹混乱了,望见他们的旗帜倒下了,所以就追击齐军。"

廉颇蔺相如列传(节选)

"课内巩固"参考答案

1. D("史学双璧")
2. C(A. 第二年;B. 走上前进献;D. 侍从)
3. C(孰,哪一个、谁)
4. A(窃,私下里)
5. C(A."前",名词用作动词,走上前;B."刃",名词用作动词,杀;D."廷",名词用作状语,在朝廷上)
6. B("鼓"和"衣"都是名词用作动词;A. 使动用法,使……破;C. 名词作状语,抄小路;D. 形容词作动词,尊重)
7. B(B项中的"之"为代词,我;A、C、D项中的"之"均为助词,的)
8. C(C项中的"于"为介词,在;A.①凭借,介词 ②来,目的连词;B.①副词,趁机 ②介词,通过;D.①连词,于是,就 ②副词,才)
9. D(均为被动句;A. 宾语前置句;B. 状语后置句;C. 定语后置句)
10. C(表现了秦赵两国的矛盾)
11. (1)比较这两个对策,宁可答应(给秦国璧),使秦国承担理屈(的责任)。
(2)现在您却从赵国逃跑去投靠燕国,燕国害怕赵国,他们势必不敢收留您,反而会把您绑起来送回赵国。

"课外拓展"参考答案

1. C(使,假如)
2. B(均为"因为"之意;A. 凭;C. 用;D. 连词,来)
3. D(D项为使动用法;A、B、C项都是意动用法:以……为羞;把……当粪土;把……当宝贝)
4. A(例句与A项均为判断句;B. 定语后置句;C. 宾语前置句;D. 省略句)
5. A
6. 古代的人大都会书法,但只有那些品格高尚的人(的书法)才能流传得久远。

参考译文:

我曾经说过,诗文书画都是因为人的品德才变得贵重起来,苏轼、黄庭坚的墨迹流传到今天,一个字的价值等于平常金子的好几倍。章惇、蔡京、蔡卞之流的字难道写得不好吗?但是后世的人都把他们的字当成粪土一样,一钱不值。欧阳修曾经说过这样的话,古时候的人大多会书法,但只有那些廉洁贤能的人的书法才能够流传久远,就算颜鲁公(颜真卿)的字写得不好,后世的人见了也会把他的字当成宝贝一样。并不单单是书法(这样),诗与文章之类都是这个道理。

赤壁赋

"课内巩固"答案

1. B(A."属"读 zhǔ,"窕"读 tiǎo;C."渺"读 miǎo,"扁"读 piān;D."樵"读 qiáo)
2. B(肴核,菜肴和果品)
3. C(①"凌"意为"越过";②"溯"逆着水流的方向而上;③"斯"意为"这";④"缕"意为"细的丝线")
4. D(①"于"意思是"在";②"于"意为"被";③"夫"是指示代词"那";④"夫"为发语词,引起下文议论)
5. A(①⑥判断句,②⑤状语后置句,③宾语前置句,④定语后置句,⑦被动句)
6. B(B 项均为"遥望,眺望"之意,动词;A 项:歌唱,动词;歌词,名词;C 项:下面,名词;攻下,动词;D 项:往,动词;好像,动词)
7. B(①②均为名词活用作动词,③为意动用法,④名词作状语,⑤为使动用法,⑥名词作动词)
8. D(①"乎"相当于"于",在;②"乎",句末语气助词,相当于"呢";③"之"代词;④"之"助词"的")
9. B(A."虽"古义为即使;C."茫然"的古义是浩荡渺远的样子;D."可怜"古义是"可爱")
10. C("两次游"不恰当,应是"常常游"。另外与《前赤壁赋》同期的作品是《念奴娇·赤壁怀古》,《后赤壁赋》是《前赤壁赋》三个月后的作品)
11.(1)(我们)如同蜉蝣置身于广阔的天地中,像沧海中的一颗粟米那样渺小。(唉,)哀叹我们的一生只是短暂的片刻,(不由)羡慕长江没有穷尽。

(2)可见,从事物易变的一面看来,天地间没有一瞬间不发生变化;而从事物不变的一面看来,万物与自己的生命同样无穷无尽,又有什么可羡慕的呢!

"课外拓展"答案

1. D(厌,满足)
2. D(D 项表顺承;其余都是表转折)
3. D("耻","以……为耻",形容词的意动用法;A、B、C 项均为名词作动词;B 项"渔樵"译为"打鱼砍柴";C 项"下""东",方位名词作动词,"下"译成"攻占","东"译成"向东进军";D 项为意动用法,"以……为侣""以……为友")
4. C(例句为宾语前置,"莫逾厌自";B 项,状语后置句,"于周郎"作状语;C 项,宾语前置,"羡何乎";D 项,定语后置句,"茫然"作定语)
5. D(本文中心是赞扬耐心教导传授他人学习之法的人)
6. 如果你现在不这样,等你年纪大了,贻误了岁月,即使想改过自勉,恐怕也来不及了!

参考译文:

王生喜欢学习,却得不到方法。他的朋友李生问他说:"有人说你不善于学习,确实是这样吗?"王生不高兴了,说:"凡是老师所讲的,我都能记住,这难道不是善于学习吗?"李生劝他说:"孔子说'只学习而不思考就会迷惑而无所得',学习贵在于善于思考,你只是记住老师所讲的知识,但没有去思考,最终一定不会有什么成就,怎么能说你善于学习呢?"王生更加生气,不回答李生的话转身就跑开了。过了五天,李生特意找到王生,告诉他说:"那些善于学习的人不把向地位比自己低的人请教当成耻辱,选择并学习别人的优点,是希望听到真理啊!我一段话还没有说完,你就变了脸色离开了。几乎想要把人挡在千里之外,这是区别于善于学习的人所应该有的吗?学习最忌讳的事,莫过于满足自己所学的知识,你为什么不改正呢?如果你不改正,等到你年纪大了,即使想改过自勉,恐怕也来不及了!"王生这才醒悟过来，道歉说："我真不聪明，这才知道你说得对。请允许我把你的话刻在我座位的右侧，当作座右铭，来展示明显的警戒。"

项脊轩志

"课内巩固"参考答案

1. D(明代散文家)
2. B(B项中的"容"的意思是"容纳"与现代汉语的"容"相同；A. 归宁：古义"出嫁的女子回家省亲"，今义"回归宁静"；B. 束发：古义"男孩十五岁时束发为髻，指十五岁"，今义"扎起头发"；C. 再：古义"两次"，今义"第二次")
3. D(探望)
4. C(难道)
5. A(A项中的"乳"为名词作动词，喂奶、哺育；B、C、D项均为名词作状语)
6. C(C项中的"以"均为介词，用；A. ①连词，表修饰②同"尔"，你的；B. ①动词，修建②介词，向、对；D. ①介词，在②介词，和)
7. B(例句与B项中的"之"均为代词；A. 助词，的；C. 助词，主谓之间；D. 助词，补充音节)
8. D(D项为状语后置句；A、B、C项均为被动句)
9. A(A项与例句均为宾语前置句；B. 状语后置句；C. 一般疑问句；D. 判断句)
10. A
11. (1)这是我祖父太常公宣德年间拿着去朝见皇帝用的，以后你一定会用到它！
(2)又过了两年，我很长时间生病卧床没有什么(精神上的)寄托，就派人再次修缮南阁子，格局跟过去稍有不同。

"课外拓展"参考答案

1. C(建造)
2. D(D项中的"以"与例句中的均是连词，表目的，来；A、B项中均为介词，用；C项中的为介词，凭)
3. C(C. 名词作状语，亲手；A、B、D项均为名词作动词)
4. D(例句与D项均为被动句；A. 判断句；B、C项均为状语后置句)
5. B(应为"在南京去世")
6. 走上这个厅堂，追思玉岩公，怎能不感慨万千！

参考译文：

杏花书屋，是我的朋友周孺允建造的读书室。孺允自己曾说他的先父玉岩公担任御史，在玉岩公谪戍到沅、湘一带时，曾梦到自己居住在一间房子里，室外杏花烂漫，自己的几个儿子在房子里读书，琅琅的读书声传到户外。嘉靖初年，玉岩公被朝廷起用后升任御史，于是他的家从原先住的地方迁到县的东门，也就是他现在居住的房子。玉岩公曾经指着房子后面的一块空地对孺允说："他日应当在那里建造一栋房子，命名为杏花书屋，以此来记录我昔日的梦。"

玉岩公后来升官至南京刑部右侍郎，还没有来得及荣归故里就死在了南京。玉岩公死后，孺允兄弟多次被侵害欺侮，免不了有动荡不安、很不稳定的祸患。像这样好几年，才得以安定地生活。到了嘉靖二十年，孺允修葺玉岩公的居室，趁此机会在园中建造了五间房屋，藏书达万卷，用玉岩公昔日命的名，悬挂在门楣之上，在院落的四周，种植花果竹木。当春天到来时，杏花烂漫，整个院落如玉岩公当年的梦中之境。再回想玉岩公昔日谪戍在沅、湘一带的情景，真可谓是醒来所见的现实是虚妄的，而梦中所想做的才是真实的。走上这个厅堂，追思玉岩公，怎能不感慨万千！

过秦论

"课内巩固"参考答案

1. B(A."东汉"应为"西汉",《二京赋》应为《鹏鸟赋》；C."郭沫若"应为"鲁迅"；D."淮河"应为"黄河")
2. A(《过秦论》共有上、中、下三篇,其中写得最好、影响最大的是上篇)
3. B(A. 爱：吝惜／爱护,尊重；B. 兵：兵器；C. 弱：形容词的使动用法,使……弱,削弱／形容词活用作动词,变弱；D. 致：招引,招纳,动词／达到,动词)
4. B(名词作状语／使动用法／动词作名词／名词作动词／形容词作动词)
5. B(山东：古义,崤山以东；今义,指山东省)
6. C(A. 定语后置句；B. 判断句；C. 被动句；D. 状语后置句)
7. D(A. 表修饰,连词；B. 表转折,连词；C. 表目的,连词；D. 表并列,连词)
8. C(代词,他(们)／助词,的／代词,这些)
9. A(A. 以为："以之为"的省略,把它作为、设为；B. 利：形容词活用作名词,有利的形势／形容词,锋利,锐利；C. 遗：遗留下来,动词／丢失,丢掉,动词；D. 度：制度,名词／量长短,动词)
10. C(A. 用,介词；B. 用,介词；C. 表目的,来,用来,连词；D. 凭借,介词)
11. (1)秦孝公占据着崤山和函谷关的险固地势,拥有雍州一带(辽阔)的领地,君臣牢固地守卫着,来窥视并伺机夺取周王室(的权力)。(秦孝公)有席卷天下、占领天下的意图,并吞八方荒远之地的野心。
    (2)(然而)陈涉一人起义,天子七庙就毁掉了(秦王朝政权就灭亡了),秦王自己都死在人家手里,被天下人耻笑,这是为什么呢？是因为不施行仁义而使攻取天下和守住天下的形势发生变化了啊。

"课外拓展"参考答案

1. D(诸,兼词,"之于"的合音。)
2. A(A. 以为：认为；B. 而：表承接,连词／表并列,连词；C. 之：的,助词／它,指琴,代词；D. 其：大概,表推测的语气副词／他,指工之侨,代词)
3. C(A、B、D项均为名词活用作动词；C项为动词的使动用法)
4. C(C项与例句都是状语后置句；A项是定语后置句；B项是判断句；D项是宾语前置句)
5. B(文章比较详细地叙述了工之侨伪装古琴的过程,先请漆工绘制"断纹",再请刻字工匠刻上"古窾",然后装在匣子里埋在地下,过了一年才拿出来。献琴的方法也很巧妙,他不直接去献,而"抱以适市",让别人重价买了去献,结果真的得到了极高的评价,成了"希世之珍"。以上内容都是工之侨第二次献琴的经过,而非第一次献琴的经过)
6. 可悲啊,这个世道！难道只是一张琴的遭遇如此吗？没有什么不是这样啊！

参考译文：

有一个名字叫工之侨的人得到一块上好的桐木,砍来做成了一把琴,装上琴弦弹奏起来,发声和应声如金玉之声。他自认为这是天下最好的琴,就把琴呈送给太常寺(的主管人)。(主管人)让优秀的乐师来看,乐师说："(这个琴)不是古琴。"于是便把琴退还回来。工之侨拿着琴回到家,跟漆匠商量,把琴身画上残断不齐的花纹；又跟刻工商量,在琴上雕刻古代的款式；把它装在匣子里埋在泥土中。过了一年挖出来,抱着它到集市上。有个达官贵人路过集市看到了琴,就用很多黄金(向工之侨)换了它,把它献到朝廷上。乐官们传递着观赏它,都说："这琴真是世上少有的珍品啊！"工之侨听到这种情况,感叹道："这个社会真可悲啊！难道仅仅是一把琴有这个遭遇吗？没有什么不是这样的啊！如果不早做打算,就要和这国家一同灭亡了啊！"于是离去,至宕冥附近的山,不知道他最终去哪儿了。

张衡传

"课内巩固"参考答案

1. D(A."通史"应为"断代史";B.《左传》应为《春秋》;C."拜",指授予官职)
2. D(A."禽"同"擒";B."尊"同"樽";C."傍"同"旁")
3. C("奇"和"羞"都为形容词的意动用法;A.形容词作名词,正确的道理;B.名词作状语,像兄弟一样;D.使动用法,使……承担)
4. D(例句和D项都为宾语前置句;A.状语后置句,省略句;B.定于后置句;C.判断句)
5. D(例句和D项中的"乃"字都是"才"的意思;A.于是;B.竟然;C.你的)
6. C(C项中的"之"为助词,的;A、B、D项中的"之"均为代词)
7. C(A.游:游历,游学,指考察、学习;B.举:被举荐;D.去:卸去,离开)
8. D(合契:符合,相符)
9. D(A."目"名词作动词;B."善"形容词作动词;C."下和东"名词作动词)
10. C(原文"讽谏"是讽喻规劝之意,故"无情的讽刺"不对)
11. (1)他被推举为孝廉,却不应荐,屡次被公府征召,都没有就任。
(2)大将军邓骘认为他的才能出众,屡次征召他,他也不去应召。

"课外拓展"参考答案

1. C(妻子:妻子儿女)
2. C(例句和C项中的"之"都是代词;A、D项中的"之"为"……的";B项中的"之"取消句子独立性,无实义)
3. D(例句"义"是形容词的意动用法,认为……义;A项为名词作状语;B项为名词作状语;C项为名词作动词;D项为形容词的意动用法)
4. B(例句与B项都是省略兼状语后置;A项为判断句;C项为被动句;D项为省略兼被动句)
5. B(没有交换)
6. 如果母子各在一方,就是永远的诀别,我和刘禹锡是好朋友,怎么忍心看他落到这种地步呢?

参考译文:

柳宗元,字子厚,河东人,是后魏侍中济阴公的远世子孙。曾伯祖父柳奭,是唐高祖时的宰相。父亲柳镇,是太常博士,终于侍御史一职。

元和十年(公元815年),柳宗元按旧例被调任柳州刺史。那时期州司马刘禹锡得到播州刺史的任命,诏书下达后,柳宗元同自己所亲近的人说:"刘禹锡的母亲健在,但年龄已大,如今他要到蛮地去做刺史,那里是西南边陲,来回有上万里的路程,哪能让他和老母一起去。如果母子各在一方,就是永远的诀别,我和刘禹锡是好朋友,怎么忍心看他落到这种地步呢?"于是起草奏章,请求把柳州投给刘禹锡,自己到播州上任。恰巧裴度也上奏说这事,刘禹锡最终改授连州刺史。

柳州当地有种风俗,用男孩或女孩作为抵押去借钱,如果过期没还钱(人质)便被债主没收为奴婢,柳宗元革除了这种风俗,那些已经被债主没收的,柳宗元自己出私钱将他们赎回,归还给他们的父母。江岭之间凡是想考进士的人,不远千里都来跟随柳宗元学习;凡是在柳宗元门下学习的人,一定会成为名士。柳宗元著述很多,名声震动当时。那时他的号是"柳州"。著有文集四十卷,元和十四年(公元819年)十月五日去世,终年四十七岁。观察使裴行立帮柳宗元办理丧事并护送他的灵柩和妻子儿女返回京师,当时的人都赞扬他很有义气。

阿房宫赋

"课内巩固"参考答案

1. D(杜牧是晚唐诗人)

2. B(骄横顽固)

3. B(依靠)

4. B(深远)

5. C(C项为名词作状语,乘辇车;A."虹",名词用作动词,出现虹;B."焦土",名词用作动词,变成焦土;D."歌""弦",名词用作动词,唱歌、弹琴)

6. D(D项中的"为"均是动词,做;A. 形容词尾/句末语气词;B. 表承接,连词/表转折,连词;C. 介词,到/介词,比)

7. A(A项中的"之"为代词,代珍宝;B、C、D项中的"之"均为助词,的)

8. C(例句与C项均为被动句;A. 宾语前置句;B. 判断句;D. 状语后置句)

9. A(例句与A项均为状语后置句;B、C项均为判断句;D项为省略句)

10. A(用排除法)

11. (1)戍边的陈胜、吴广一声呼喊,函谷关被攻下;楚人项羽放一把火,可惜(华丽的阿房宫)化为了一片焦土。

(2)假使秦王朝又爱护六国的人民,那就顺次传到三世还可以传到万世做皇帝,谁能够族灭它呢?

"课外拓展"参考答案

1. A(属文:写文章)

2. C(例句中的"之"与C项中的"之"均为代词;A. 动词,到;B、D项中的"之"均为助词,的)

3. C(例句与C项均为名词作状语;其他均为名词作动词)

4. B(B项与例句均为定语后置句,"三十六年"作定语,例句中"十数辈"作定语;A. 判断句;C. 省略句;D. 状语后置句)

5. B("一起推荐了他"不对,应该是"吴武陵向崔郾推荐了杜牧")

6. 这个人有辅佐君王的才能。

参考译文:

杜牧,字牧之,京城长安地区人。擅长写文章。当初没有考取进士的时候,他来到东都洛阳(参加进士科考试)。当时任主考官的礼部侍郎是崔郾,太学博士吴武陵骑跛足驴慢腾腾地来拜见崔郾说:"您凭着崇高德行,巨大声望,为圣明的君王选举人才,我怎敢不略给予如微尘滴露般的微小帮助。以前我偶然见到十几个文士,情绪极其兴奋激昂,一起读一卷文章。我看了文卷,是进士杜牧的《阿房宫赋》。此人有辅佐君王的大才。"于是就拿出《阿房宫赋》的文卷,把笏插在腰带上,(腾出手来双手持卷)朗读起来。崔郾大加赞赏。吴武陵说:"请您点他为头名状元。"崔郾说:"第一名已有人了。"吴武陵说:"如果不能当状元,就请让他为第五名进士。如果还不行的话,就把这篇赋还给我!"语气和表情都很激烈严厉。崔郾说:"学生们很多都说杜牧为人放纵旷达,不拘小节,但是我恭敬地按照您的指教,不敢改变。"后来杜牧又应试考中了贤良方正科。沈传师(江西观察使)上奏章推荐他到江西当团练巡官,后来杜牧担任了牛僧孺(淮南节度)的淮南节度府掌书记。后来又被朝廷任为侍御史,逐步升到左补阙,又历任黄州、池州、睦州三州刺史,以考功郎中的职务为皇帝起草诏书,后调任中书舍人。杜牧性格刚强正直,有不平凡的节操,敢于一一论述国家大事,指明和陈述国事的利弊尤其急切。五十岁的时候去世,临死的时候自己写了墓志,把自己写的很多文章都烧掉了。他的诗很豪迈,用语都很惊人。赏识他的人把他和杜甫相比,所以称"大杜""小杜"来分别他们。

登泰山记

"课内巩固"答案

1. D(创始人是方苞)
2. D(在山顶上远望和俯视)
3. C(漫:磨灭)
4. A(B."至于"是动词到达,今表示另提一事;C."晦"农历每月的最后一天,今指昏暗;D."平方"并且呈方形,今常用为数学名词)
5. A(例句中的"烛"与A项中的"道"均为名词活用作动词)
6. B(A. 代指"其子";B. 的,助词;C. 代指"东谷"代词;D. 代指"日",代词)
7. D(D项为陈述句)
8. D((树)生石罅,(树)皆平顶)
9. D("桐城"指籍贯。)
10. C("绛皓驳色"指有的被日光照着,有的没有照着,或红或白,颜色错杂;"红装素裹"是形容雪后初晴,皑皑白雪上面覆盖着一层稍稍偏紫的红色绒光,红日与白雪交相辉映的景象)
11. (1)等到已经登上山顶,只见青山上覆盖着白雪,雪光照亮了南面的天空。

(2)回头看日观峰以西的山峰,有的被日光照到,有的没照到,或红或白,颜色错杂,都像弯腰曲背鞠躬致敬的样子。

"课外拓展"参考答案

1. A(错、过错)
2. C(例句中的"以"与C项中的"以"均为动词,认为;A、B、D项中的"以"均为介词,用)
3. D(D项中的"道"为名词作动词,走,走路;例句中的"东"也是名词作动词,为"向东耕田";A. 使动用法,使……起;B. 形容词作名词,贤人;C. 名词作状语,向西)
4. A(A. 判断句,"皆"表判断;例句"者也"表判断;B. 定语后置句,"崖限当道者"即"限当道者崖";C. 省略句;D. 状语后置句)
5. D(不合文意,家贫也养不了大豕,为后文的讽喻铺垫造势)
6. 大猪不肯被套上轭,一套上就又被挣脱,一天也不能耕一小块田。

参考译文:

商於子家很贫穷,又没有牛耕田,他就牵一头大猪自西向东耕田。大猪不肯被套上轭,一套上又被挣脱,一天也不能耕一小块田。宁毋先生经过时责备他说:"你错啦!耕地应当用牛,凭借牛巨大的力气能够使土块翻起,凭借牛坚硬有力的蹄子可以站立于泥淖之中。猪再大,怎么能耕地呢?"商於子怒目而视但没搭理他。

宁毋先生说:"如今您用猪来代牛耕地,不是差不多弄颠倒了吗?我同情你才告诉你,你却发怒还不搭理我,是为什么啊?"商於子说:"您认为我颠倒是非,我还认为您颠倒是非呢。我难道不知道侍弄田地必须用牛,也就如同治理百姓必须用贤人一样。不用牛,虽然侍弄不好田地,它的害处小;不用贤人,那么天下遭受祸害,它的害处大。您怎么不用责备我的话去责备治理百姓的人啊?"宁毋先生回头对弟子说:"这原来是对现实有不平之气的人。"

[14]下：不如，名词作动词。
[15]耻学于师：以向老师学习为耻。耻，以……为耻。
[16]是故圣益圣，愚益愚：因此圣人更加圣明，愚人更加愚昧。益，更加、越发。
[17]其：副词，大概，猜测，表揣测语气。
[18]于其身：对于他自己。身，自己。
[19]惑矣：(真是)糊涂啊！
[20]授之书而习其句读(dòu)者：教给他书，(帮助他)学习其中的文句。之，指童子。其，其中，指书。句读，也叫句逗，古人指文辞停顿处。
[21]句读之不知：不知句读。与下文"惑之不解"结构相同。之，宾语前置句的标志。
[22]或师焉，或不焉：有的从师，有的不从师。不，同"否"。
[23]小学而大遗：在小的方面学习却在大的方面丢弃了。遗，丢弃，放弃。
[24]族：类。
[25]年相若：年岁相近。
[26]位卑则足羞，官盛则近谀(yú)：以地位低的人为师就感到羞耻，以高官为师就近乎谄媚。足，可，够得上。盛，高大。谀，谄媚。
[27]复：恢复。
[28]不齿：不屑一提，即看不起。
[29]乃：竟，竟然。
[30]其可怪也欤：难道不是很奇怪吗！其，副词，难道，表反问。欤，语气词，表感叹。

【翻译】

　　唉，(古代)从师(学习)的风尚不流传已经很久了，想要人没有疑惑难啊！古代的圣人，他们超出一般人很远，尚且跟从老师而请教；现在的一般人，他们(的才智)低于圣人很远，却以向老师学习为耻。因此圣人就更加圣明，愚人就更加愚昧。圣人能成为圣人的原因，愚人能成为愚人的原因，大概都出于这吧？(人们)爱他们的孩子，就选择老师来教他，(但是)对于他自己呢，却以跟从老师(学习)为可耻，真是糊涂啊！那些孩子们的老师，是教他们读书，(帮助他们)学习断句的，不是我所说的能传授那些道理，解答那些疑难问题的人。不通晓句读，不能解决疑难问题，有的(句读)向老师学习，有的(疑惑)却不向老师学习；小的方面倒要学习，大的方面反而放弃(不学)，我没看出那种人是明智的。巫医乐师和各种工匠这些人，不以互相学习为耻。士大夫这类人，(听到)称"老师"称"弟子"的，就成群聚在一起讥笑人家。问他们(为什么讥笑)，(他们)就说："他和他年龄差不多，道德学问也差不多，(以)地位低(的人为师)，就觉得羞耻，(以)官职高(的人为师)，就近乎谄媚了。"唉！(古代那种)跟从老师学习的风尚不能恢复，(从这些话里就)可以明白了。巫医乐师和各种工匠这些人，君子们不屑一提，现在他们的见识竟反而赶不上(这些人)，难道不是很奇怪吗！

　　③圣人无常师[31]。孔子师郯子、苌弘、师襄、老聃。郯子之徒[32]，其贤不及孔子。孔子曰：三人行，则必有我师[33]。是故弟子不必不如师，师不必[34]贤于弟子，闻道有先后，术业有专攻[35]，如是而已。

【注释】

[31]常师：固定的老师。
[32]之徒：这类。
[33]三人行，则必有我师：三人同行，其中必定有我的老师。《论语·述而》原话："子曰：'三人

行,必有我师焉。择其善者而从之,其不善者而改之。'"

[34]不必:不一定。

[35]术业有专攻:在业务上各有自己的专门研究。攻,学习、研究。

【翻译】

圣人没有固定的老师。孔子曾以郯子、苌弘、师襄、老聃为师。郯子这些人,他们的贤能都比不上孔子。孔子说:"几个人一起走,(其中)一定有(可以当)我的老师(的人)。"因此学生不一定不如老师,老师不一定比学生贤能,懂得的道理有早有晚,学问技艺各有专长,如此罢了。

④李氏子蟠,年十七,好古文,六艺经传皆通习之[36],不拘于时[37],学于余。余嘉其能行古道[38],作《师说》以贻[39]之。

【注释】

[36]六艺经传(zhuàn)皆通习之:六艺,指六经,即《诗》《书》《礼》《乐》《易》《春秋》六部儒家经典。通,普遍。

[37]不拘于时:不受当时风气的束缚。时,时俗,指当时士大夫中耻于从师的不良风气。于,被。

[38]余嘉其能行古道:我赞许他能遵行古人从师学习的风尚。嘉,赞许。

[39]贻(yí):赠送。

【翻译】

李家的孩子蟠,年龄十七,喜欢古文,六经的经文和传文都普遍地学习了,不受时俗的拘束,向我学习。我赞许他能够遵行古人(从师学习)的风尚,写这篇《师说》来赠送他。

知识梳理

一、通假字

1. 师者,所以传道受业解惑也。 "受"同"授",传授。
2. 或师焉,或不焉。 "不"同"否"。

二、古今异义

例句	词语	今义	古义
1. 古之学者必有师	学者	学术上有成就的人	求学的人
2. 是故,弟子不必不如师	不必	用不着	不一定
3. 无贵无贱,无长无少	无	没有	无论
4. 吾从而师之	从而	连词	跟从,并且
5. 今之众人	众人	众多的人	一般人
6. 小学而大遗	小学	教育的一个阶段	小的方面学习
7. 师者,所以传道受业解惑也	所以	表因果关系的连词	用来……的
8. 授之书而习其句读者	句读	看字发出声音	文辞停顿处

三、一词多义

1. 师
①古之学者必有师。(老师,名词)
②师道之不传也久矣。(从师求学,动词)
③吾从而师之。(以……为师,名词的意动用法)
④吾师道也。(学习,动词)

2. 传
①师者,所以传道受业解惑也。(传授,动词)
②师道之不传也久矣!(流传,动词)
③六艺经传皆通习之。(解释经文的著作,名词)

3. 所以
①师者,所以传道受业解惑也。(用来……的)
②圣人之所以为圣。(……的原因)

4. 道
①传道受业解惑也。(道理,名词)
②师道之不传也久矣。(风尚,名词)
③道相似也。(道德学问,名词)
④余嘉其能行古道。(风尚,名词)

5. 惑
①惑之不解。(疑难问题,名词)
②于其身也,则耻师焉,惑矣。(糊涂,形容词)
③惑而不从师。(有疑难问题,动词)

6. 之
①人非生而知之者。(指代知识、道理,代词)
②授之书而习其句读者。(他,指代童子,代词)
③巫医乐师百工之人。(这、这一类,代词)
④古之学者必有师。(的,助词)
⑤作师说以贻之。(他,指代李蟠)
⑥句读之不知,惑之不解。(结构助词,宾语前置句的标志)
⑦师道之不传也久矣。(放在主谓之间,取消句子独立性,助词)
⑧道之所存,师之所存也。(放在主谓之间,取消句子独立性,助词)

7. 于
①而耻学于师。(向,介词)
②于其身也,则耻师焉。(对于,介词)
③其皆出于此乎。(从,介词)
④不拘于时,学于余。(被,介词;向,介词)

8. 而
①小学而大遗。(却,表转折,连词)
②群聚而笑之。(表修饰,连词)
③术业有专攻,如是而已。(罢了,语气助词)
④吾从而师之。(进而,表递进,连词)

⑤择师而教之。(来,表目的,连词)
⑥授之书而习其句读者。(并且,表并列,连词)

9. 其
①惑而不从师,其为惑也。(那些,指代疑难问题,代词)
②余嘉其能行古道。(他,代词)
③愚人之所以为愚,其皆出于此乎。(大概,表揣测语气,副词)
④今其智乃反不能及,其可怪也欤。(难道,表反问语气,副词)

四、词类活用

1. 名词作动词
①吾师道也。(学习)
②其下圣人也亦远矣。(低于)

2. 形容词作动词
惑而不从师。(有疑难问题)

3. 形容词作名词
①小学而大遗。(小的方面;大的方面)
②吾未见其明也。(明智的地方)
③是故圣益圣,愚益愚。(圣明的人;愚昧的人)

4. 意动用法
①吾从而师之。(以……为师,名词的意动用法)
②而耻学于师。(以……为耻,形容词的意动用法)
③孔子师郯子。(以……为师,名词的意动用法)
④位卑则足羞。(以……为羞,形容词的意动用法)

五、文言句式

1. 判断句
①师者,所以传道受业解惑也。("……者,……也",表判断)
②道之所存,师之所存也。("……也",表判断)

2. 省略句
①今其智乃反不能及(之)。
②吾从(之)而师之。

3. 状语后置句
①师不必贤于弟子。("于弟子"作状语)
②学于余。("于余"作状语)
③耻学于师。("于师"作状语)
④其闻道也固先乎吾。("乎吾"作状语)

4. 被动句
不拘于时。("于"表被动)

5. 宾语前置句
句读之不知,惑之不解。("句读""惑"作为宾语被前置)

师 说

课内巩固

1. 下列有关文学常识的表述，不正确的一项是(　　)。

A. 韩愈，字退之，世称"韩昌黎"，唐代杰出的文学家，著有《昌黎先生集》。

B. 韩愈是唐代古文运动的倡导者，被后人尊为"唐宋八大家"之首，与柳宗元并称"韩柳"。

C. "说"是古代的一种文体，多用于议论。《马说》《捕蛇者说》同《师说》一样都是论辩性文体。

D. "六艺经传"和"四书五经六艺"的"六艺"内容是相同的，即礼、乐、射、御、书和数六种技艺。

2. 加点的字意思相同的一组是(　　)。

A. 古之圣人，其出人也远矣　　　　其皆出于此乎

B. 人非生而知之者，孰能无惑　　　于其身也，则耻师焉，惑矣

C. 彼童子之师，授之书而习其句读者　六艺经传皆通习之

D. 生乎吾前，其闻道也固先乎吾　　师道之不复，可知矣

3. 加点的词古今意义相同的一项是(　　)。

A. 圣人之所以为圣　　　　　　　B. 余嘉其能行古道

C. 小学而大遗　　　　　　　　　D. 爱其子，择师而教之

4. 加点的词古今意义相同的一项是(　　)。

A. 古之学者必有师　　　　　　　B. 今之众人，其下圣人也亦远矣

C. 吾从而师之　　　　　　　　　D. 闻道有先后

5. 下列加点词语的解释，不正确的一项是(　　)。

A. 是故无贵无贱(没有)　　　　　B. 是故圣益圣(圣明)

C. 圣人无常师(固定的)　　　　　D. 师不必贤于弟子(一定)

6. 下列各句中加点字与"巫医乐师百工之人，不耻相师"中的"耻"用法不同的一项是(　　)。

A. 且庸人尚羞之，况于将相乎　　B. 于其身也，则耻师焉

C. 卒廷见相如，毕礼而归之　　　D. 孔子师郯子、苌弘、师襄、老聃

7. 下列各句中加点字与"巫医乐师百工之人"中的"之"词义和用法相同的一句是(　　)。

A. 人非生而知之者　　　　　　　B. 郯子之徒

C. 爱其子择师而教之　　　　　　D. 惑之不解

8. 下列选项中加点字的意义和用法完全相同的一项是(　　)。

A. ①师道之不复，可知矣　　　　②欲人之无惑也难矣

B. ①择师而教之　　　　　　　　②而耻学于师

C. ①其皆出于此乎　　　　　　　②生乎吾前

D. ①不拘于时　　　　　　　　　②学于余

9. 下列句式与"吾从而师之"相同的一项(　　)。

A. 道之所存，师之所存也　　　　B. 不拘于时

C. 句读之不知　　　　　　　　　D. 或师焉，或不焉

10. 下列表述不正确的一项是(　　)。

A. "师者，所以传道受业解惑也。"用判断句式提出了老师的三项职能。

B. "人非生而知之者，孰能无惑？惑而不从师，其为惑也，终不解矣。"论述了从师的意义。

C. 文中"古之圣人"的"从师而问"与"今之众人"的"耻学于师"的论述是对比论证。

D. 作者认为那些童子之师不是真正意义上的老师，只是"小学"而已。

11. 将下列句子翻译成现代汉语。

(1)是故无贵无贱，无长无少，道之所存，师之所存也。

(2)句读之不知，惑之不解，或师焉，或不焉，小学而大遗，吾未见其明也。

课外拓展

阅读下列文段，完成1～6题。

赵人患鼠，乞猫于中山，中山人予之。猫善捕鼠及鸡。月余，鼠尽而鸡亦尽。其子患之，告其父曰：盍去诸[1]？其父曰：是非若所知也。吾之患在鼠，不在乎无鸡。夫有鼠，则窃吾食，毁吾衣，穿吾垣墉[2]，坏伤吾器用，吾将饥寒焉。不病于无鸡乎！无鸡者，弗食鸡则已耳，去饥寒犹远。若之何而去夫猫也！

——明·刘基《郁离子·捕鼠》

注释：
[1]盍去诸：何不把它赶走呢？
[2]垣墉：墙壁。

1. 下列加点字解释错误的一项是（　　）。
A. 吾之患在鼠　　患：忧虑　　B. 是非若所知也　　是：这件事
C. 去饥寒犹远　　去：距离　　D. 不病于无鸡乎　　病：疾病

2. 下列句子中加点字的用法与"鼠尽而鸡亦尽"的"而"用法相同的一项是（　　）。
A. 小学而大遗　　　　　　　　B. 择师而教之
C. 授之书而习其句读者　　　　D. 群聚而笑之

3. 下列各句中加点字的用法与"其子患之"中的"患"用法相同的是（　　）。
A. 吾师道也，夫庸知其年之先后生于吾乎？
B. 小学而大遗
C. 吾从而师之
D. 是故圣益圣，愚益愚

4. 下列句式与"赵人患鼠，乞猫于中山"不相同的一项是（　　）。
A. 生乎吾后，其闻道也亦先乎吾　　B. 学于余
C. 句读之不知，惑之不解　　　　　D. 师不必贤于弟子

5. 下列对文段理解不正确的一项是（　　）。
A. 这则寓言告诉人们，若想解决问题，必须首先考虑自己的主要目标是什么，只要达到了这个目标，其他方面即使有些损失，也尚在所不惜。
B. 任何事物都有两面性，凡事有利也有弊。做事要善于抓住主要矛盾，解决主要问题，不能患得患失，因小失大。
C. 这则寓言告诉我们：评价任何事物，应看其主要方面是好是坏，不能吹毛求疵。
D. "有失才会有得"是本文的主旨。

6. 翻译原文中画线的句子。
夫有鼠，则窃吾食，毁吾衣，穿吾垣墉，坏伤吾器用，吾将饥寒焉。

烛之武退秦师

《左传》

作家作品

《左传》相传为春秋末年鲁国史官左丘明所作,是中国古代第一部叙事详细完备的编年体史书,同时也是儒家重要经典之一。

《左传》记史起于鲁隐公元年(公元前722年),迄于鲁哀公二十七年(公元前468年),主要记载了东周前期(春秋)二百四十多年的历史,涉及各国政治、经济、军事、外交和文化方面的一些主要事件,为后人提供了那个时代广阔多彩的社会生活画面。

《左传》不仅具有极高的史学价值,而且还具有极高的文学价值。《左传》善于描写战争和记述外交辞令,记事条理清楚,详略得当;写人简洁生动,人物形象栩栩如生,为后世叙事散文树立了典范。

《左传》即给儒家经典《春秋》所作的注释性文字。《左传》原名《左氏春秋》,又称《春秋左氏传》。

编年体,一种以年代为线索编排有关历史事件的史书体例。编年体史书以时间为中心,按年、月、日顺序记述史事。例如:《春秋》(我国第一部编年体史书)、《左传》(我国第一部叙事详细完备的编年体史书)、北宋司马光主编的《资治通鉴》(第一部编年体通史)等。

学习导引

1. 故事背景介绍

鲁僖公三十年(公元前630年),晋国和楚国大战于城濮,结果楚国大败,晋国的霸业完成。在城濮之战中,郑国曾协助楚国一起攻打晋国,而且晋文公年轻时流亡到郑国,受到冷遇,所以晋文公把新仇旧怨加到一块,于两年后联合秦国讨伐郑国。郑伯闻讯后,派烛之武面见秦穆公,劝他退兵。烛之武巧妙地利用秦、晋两国的矛盾,分析当时的形势,抓住利害关系,说明灭掉郑国对秦国不利的道理,终于说服秦国退兵。晋军失去盟军支持后,也被迫撤离了郑国。此文即是记叙了这一历史事件。

2. 课文内容浅析

《烛之武退秦师》记述的是秦晋联合攻打郑国之前开展的一场外交斗争,烛之武以一己之力,凭借对时局的洞察和过人的辩才,终于使郑国免于灭亡,其临危不惧、解除国难的精神以及能言善辩的杰出外

第一段：秦晋围郑，这是故事的开端。

第二段：临危受命，这是故事的发展。

第三段：智退秦师，这是故事的高潮。

烛之武三寸不烂之舌，强于百万之师。他劝说秦伯运用了高超的攻心术：第一步，欲扬先抑，以退为进(坦言知亡，避其锐气——郑既知亡矣)；第二步，阐明利害，动摇秦君(亡郑只对晋有利——邻之厚，君之薄也)；第三步，替秦着想，以利相诱(舍郑会对秦有益——君亦无所害)；第四步，引史为例，挑拨秦晋(君之所知也)；第五步，推测未来，劝秦谨慎(唯君图之)。

第四段：晋师撤离，这是故事的结尾。

3. 人物形象概括

(1)烛之武：①深明大义的爱国志士。②知难而上、义无反顾的勇士。③口若悬河、巧言善辩的辩士。

(2)郑伯：善于纳谏，勇于自责，善于言辩。

(3)佚之狐：慧眼识才的伯乐。

4. 写作特点归纳

(1)前有伏笔，后有照应。

这篇优秀的叙事散文，处处注意伏笔与照应。文章一开始便交代晋、秦围郑的原因是"以其无礼于晋，且贰于楚也"，说明秦、郑并没有多大的矛盾冲突，这就为下文烛之武说退秦军埋下了伏笔。"夜缒而出"照应了开头的"秦、晋围郑"，"国危矣"。"许君焦、瑕，朝济而夕设版"和"微夫人之力不及此"，又照应了上文秦晋虽是联合行动，但貌合神离，这就为秦、郑联盟提供了条件。

(2)起伏跌宕，曲折有致。

这篇文章充满了波澜，显得生动活泼。如，大军压境，郑国危在旦夕，而佚之狐的推荐，使郑伯看到了一线希望。谁知烛之武却因长期得不到重用而"辞曰"，打起了退堂鼓，使郑国的希望又趋渺茫。再如，秦国退兵后，子犯建议攻打秦军，秦、晋关系顿时又紧张起来，晋文公讲了一套"仁""知""武"的大道理，才平息了一场虚惊。

(3)辞令出色，说理透辟。

本文说辞重在说理，用语委婉却充满气势，说理极为透彻。全文共提九次"君"字，句句是替秦考虑，在有意无意之间，离间了晋秦联盟。本文被清人誉为"第一篇反间文字"。

文白对译

①晋侯、秦伯[1]围郑，以其无礼于晋[2]，且贰于楚[3]也。晋军函陵[4]，秦军氾南[5]。

【注释】

[1]晋侯、秦伯：指晋文公和秦穆公。春秋时期有公、侯、伯、子、男五等爵位。晋文公(公元前697—公元前628年)，名重耳，晋国国君。秦穆公(？—公元前621年)，名任好，秦国国君。

[2]以其无礼于晋：指晋文公早年出亡经过郑国时，郑国没有以应有的礼遇对待他。以，因为。

[3]且贰于楚：指郑国依附于晋的同时又亲附于楚。且，并且。贰，从属二主。

[4]晋军函陵：晋军驻扎在函陵。军，驻军。函陵，郑国地名，在今河南新郑北。

[5]氾(fán)南：氾水的南面，也属楚地。氾水，水名，今已湮没，故道在今河南中牟南。

【翻译】

(僖公三十年九月十日)，晋文公和秦穆公联合围攻郑国，因为郑国曾对文公无礼，并且依附于晋国

的同时又依附于楚国。晋军驻扎在函陵,秦军驻扎在氾水的南面。

②佚之狐[6]言于郑伯[7]曰:"国危矣,若使烛之武见秦君[8],师[9]必退。"公从之[10]。辞[11]曰:"臣之壮也[12],犹[13]不如人;今老矣,无能为也已[14]。"公曰:"吾不能早用[15]子[16],今急而求子,是寡人之过也[17]。然[18]郑亡[19],子亦有不利焉。"许之[20]。

【注释】

[6]佚(yì)之狐:郑国大夫。

[7]言于郑伯:言,说。于,对,介词。郑伯,指郑文公(?—公元前628年),名捷,郑国国君。

[8]若使烛之武见秦君:若,假如。使,派。见,进见。秦君,指秦伯。

[9]师:(秦国)军队。

[10]公从之:公,指郑伯。从,听从,同意。之,指佚之狐的建议。

[11]辞:推辞。

[12]臣之壮也:我壮年的时候。之,助词,用在主谓之间,取消句子独立性。壮,壮年。古代男子三十为"壮"。

[13]犹:尚且。

[14]无能为也已:不能干什么了。为,做。也已,语气助词,表示确定。

[15]用:任用。

[16]子:古代对男子的尊称,相当于现代汉语的"您",这里指烛之武。

[17]是寡人之过也:这是我的过错。是,这。寡人,寡德之人,古代诸侯的谦称。过,过错。

[18]然:然而。

[19]亡:灭亡。

[20]许之:答应这件事。许,答应。之,这件事。

【翻译】

佚之狐对郑伯说:"郑国处于危险之中了!假如让烛之武去见秦伯,(秦国的)军队一定会撤退。"郑伯同意了。烛之武推辞说:"我年轻时,尚且不如别人;现在老了,也不能干什么了。"郑文公说:"我早先没有重用您,现在危急之中求您,这是我的过错。然而郑国灭亡了,对您也不利啊!"烛之武就答应了这件事。

③夜缒而出[20],见秦伯,曰:"秦、晋围郑,郑既[21]知亡矣。若亡郑而有益于君[22],敢以烦执事[23]。越国以鄙远[24],君知其难也,焉用亡郑以陪邻[25]?邻之厚,君之薄也[26]。若舍郑以为东道主[27],行李之往来[28],共其乏困[29],君亦无所害。且君尝为晋君赐矣[30],许君焦、瑕[31],朝济而夕设版焉[32],君之所知也[33]。夫晋,何厌之有[34]?既东封郑[35],又欲肆其西封[36],若不阙秦[37],将焉取之[38]?阙秦以利晋,唯君图之[39]。"秦伯说[40],与郑人盟[41]。使杞子、逢孙、杨孙戍之[42],乃还[43]。

【注释】

[20]夜缒(zhuì)而出:夜,名词作状语,在晚上。缒,用绳子拴着人(或物)从上往下送。而,连词,表修饰。

[21]既:已经。

[22]若亡郑而有益于君:若,如果。亡郑,使郑亡,灭掉郑国。亡,动词的使动用法,使……灭亡。

[23]敢以烦执事：冒昧地用(亡郑这件事)麻烦您。这是客气的说法。敢，自言冒昧的谦辞。以，拿，用，介词。执事，办事的官员，不直称对方(秦穆公)，表示恭敬。

[24]越国以鄙(bǐ)远：越过别国而把远地(郑国)当作边邑。越，越过。国，指晋国，地处秦、郑之间。以，来，连词，表目的。鄙，边邑。这里作动词，把……当作边邑。远，形容词活用作名词，远地，指郑国。

[25]焉用亡郑以陪邻：哪里用得着灭掉郑国来给邻国(晋国)增加(土地)呢？焉，哪里，怎么。以，来，连词，表目的。陪，同"倍"，增加。邻，邻国，指晋国。

[26]邻之厚，君之薄也：邻国的势力雄厚了，您秦国的势力(就)相对削弱了。厚，形容词活用作动词，增益。薄，形容词活用作动词，减损。之，助词，用在主谓之间，取消句子独立性。

[27]若舍郑以为东道主：如果(您)放弃(围攻)郑国而把它作为东方道路上(招待过客)的主人。以，把，介词。

[28]行李之往来：行李，外交使者。之，助词，用在主谓之间，取消句子独立性。

[29]共(gōng)其乏困：供给他们缺少的资粮。共，同"供"，供给。乏困，形容词活用作名词，缺少的资粮。

[30]且君尝为晋君赐矣：而且您曾经给予晋君恩惠。尝，曾经。为，给予。赐，恩惠，这里指秦穆公曾派兵护送晋惠公回国的事。

[31]许君焦、瑕(xiá)：(晋惠公)答应给您焦、瑕两个地方。许，答应。焦、瑕，均在今河南三门峡一带。

[32]朝济而夕设版焉：(晋惠公)早上渡过黄河(回国)，晚上就修筑防御工事。朝，名词作状语，在早上。夕，名词作状语，在傍晚。朝、夕，极言两件事距离很近。济，渡河。设版，修筑防御工事。版，筑土墙用的夹板，这里指版筑的工事。

[33]君之所知也：之，助词，用在主谓之间，取消句子独立性。

[34]何厌之有：有什么满足呢？厌，满足。之，宾语前置的标志，不译，助词。

[35]东封郑：以郑为东面的疆界。封，疆界，这里作用动词，意思是"以……为疆界"。

[36]肆其西封：扩张它西边的疆界。意思是晋国灭了郑国以后，必将图谋进攻秦国。肆，延伸、扩张。

[37]阙(quē)秦：使秦国土地减少。阙，侵损、削减。

[38]将焉取之：将从哪里取得它所贪求的土地？焉，从哪里。之，代词，指土地。

[39]唯君图之：希望您考虑这件事。唯，句首语气词，表示希望、祈请。之，指"阙秦以利晋"这件事。

[40]秦伯说：秦伯很高兴。"说"同"悦"，高兴。

[41]盟：结盟。

[42]杞子、逢(páng)孙、杨孙戍之：杞子、逢孙、杨孙，三人都是秦国大夫。戍，戍守，即守卫郑国。

[43]乃还：于是秦国就撤军了。

【翻译】

夜晚(有人)用绳子(将烛之武)从城上放下去，见到了秦伯，烛之武说："秦、晋两国围攻郑国，郑国已经知道要灭亡了。假如灭掉郑国对您有好处，怎敢冒昧的拿这件事情来麻烦您手下的人。越过邻国把远方的郑国作为(秦国的)东部边邑，您知道这是困难的，(您)为什么要灭掉郑国而给邻国增加土地呢？邻国的势力雄厚了，您秦国的势力也就相对削弱了。如果您放弃围攻郑国而把它当作东方道路上接待过客的主人，外交使者来来往往，(郑国可以随时)供给他们缺少的资粮，对您也没有什么害处。而且您曾经给予晋惠公恩惠，惠公曾经答应给您焦、瑕二座城池。(然而)惠公早上渡过黄河回国，晚上就修筑防御工事，这是您知道的。晋国，有什么满足呢？(现在它)已经在东边使郑国成为它的边境，又想要扩大它西边的边界。如果不使秦国土地亏损，将从哪里得到它所贪求的土地呢？削弱秦国对晋国有利，希望您考虑这件事！"秦伯(听后)很高兴，就与郑国签订了盟约。派遣杞子、逢孙、杨孙守卫郑国，于是秦国就撤军了。

④子犯请击之[44]。公[45]曰："不可。微夫人之力不及此[46]。因人之力而敝之，不仁[47]；失其所与，不知[48]；以乱易整，不武[49]。吾其还也[50]。"亦去之[51]。

【注释】

[44]子犯请击之：子犯请求攻击秦军。子犯，晋国大夫狐偃(晋文公的舅舅)，字子犯。之，指秦军。

[45]公：指晋文公。

[46]微夫(fú)人之力不及此：如果没有那个人的力量，我是到不了这个地位的。晋文公曾在外流亡19年，得到秦穆公的帮助，才回到晋国做了国君。微，(如果)没有。夫人，那个人，指秦穆公。

[47]因人之力而敝之，不仁：依靠别人的力量，又反过来损害他，这是不合乎仁的。因，依靠。敝，损害。

[48]失其所与，不知(zhì)：失掉自己的同盟者，这是不明智的。与，结交，结盟。知，同"智"，明智。

[49]以乱易整，不武：用混乱相攻取代和谐一致，是不符合用武之道的。易，代替。武，指使用武力所应遵守的道义准则。不武，不符合用武之道。

[50]吾其还也：我们还是回去吧。其，还是，表祈使语气。

[51]去之：离开郑国。去，离开。之，指郑国，代词。

【翻译】

晋大夫子犯请求出兵攻击秦军，晋文公说："不行。没有那人的力量，我今天也到不了这一地位。依靠别人的力量，又反过来损害他，这是不合乎仁的；失去了自己所结盟的力量，这是不明智的；用混乱相攻取代和谐一致，是不符合用武之道的。我们还是回去吧！"晋军也就离开了郑国。

知识梳理

一、通假字

1. 共其乏困。　　　　　　"共"同"供"，供给。
2. 秦伯说，与郑人盟。　　"说"同"悦"，高兴。
3. 失其所与，不知。　　　"知"同"智"，明智。

二、古今异义

例句	词语	今义	古义
1. 贰于楚也	贰	"二"的大写，数词	两属，从属二主
2. 若舍郑以为东道主	东道主	泛指设宴请客的主人	东方道路上招待过客的主人
3. 行李之往来	行李	指外出之人随身携带的物品	外交使者
4. 微夫人之力不及此	夫人	尊称一般人的妻子	那个人

续表

例句	词语	今义	古义
5. 亦去之	去	往，到	离开
6. 共其乏困	乏困	指精神或身体劳累	指缺少的资粮
7. 若舍郑以为东道主	以为	认为	把……当作

三、一词多义

1. 贰

①国不堪贰，君将若之何？（"二"的大写）

②其内任卿贰以上。（副职）

③贰则疑惑。（不专一）

④夫诸侯之贿，聚于公室，则诸侯贰。（离心，背叛）

⑤不迁怒，不贰过。（再，重复）

⑥以其无礼于晋，且贰于楚也。（从属二主）

2. 鄙

①越国以鄙远。（边邑，意动用法，以……为边邑）

②蜀之鄙有二僧。（边邑，边远的地方，名词）

③人贱物亦鄙，不足迎后人。（轻贱，形容词）

④先帝不以臣卑鄙。（浅薄，鄙陋，形容词）

⑤鄙贱之人，不知将军宽之至此也。（庸俗，浅陋，鄙俗）

⑥鄙人不知忌讳。（鄙人，复合词，自称的谦辞）

⑦孔子鄙其小器/我皆有礼，夫犹鄙我。（轻视，看不起）

⑧肉食者鄙，未能远谋。（浅陋，眼光短浅）

3. 许

①均之二策，宁许以负秦曲。（答应，允许）

②许之/许君焦、暇。（答应，听从）

③杂然相许。（赞同）

④潭中鱼可百许头。（约数）

⑤先生，不知何许人也。（表处所）

⑥塞上长城空自许，镜中衰鬓已先斑。（期望）

4. 阙

①虢君闻之大惊，出见扁鹊于中阙。（古代宫殿前两边的高建筑物）

②天上宫阙。（古代城墙后的石台）

③（曹）操乃诣阙贡献。（朝廷，帝王所居之处）

④南渡桂水阙舟楫。（同"缺"，缺少，空缺）

⑤有弛慢之阙。（同"缺"，缺点，过错）

⑥若不阙秦。（侵损，削减）

⑦若阙地及泉。（挖掘）

5. 微

①微察公子，公子颜色愈和。（偷偷地，悄悄地）

②其文约，其辞微，其志洁，其行廉。（精妙，微妙）

③曹操比于袁绍，则名微而众寡。（名声小，身份卑微）
④动刀甚微。（轻微，轻）
⑤东坡现右足，鲁直现左足，各微侧。（稍微，略微）
⑦噫，微斯人，吾谁与归。（无，没有）
⑧夫祸患常积于忽微，而智勇多困于所溺。（喻指细小的事情）
⑨微太子言，臣愿得谒之。（不、不是，表否定）
⑩微夫人之力不及此。（如果没有）
⑪幽、厉之后，周室微。（弱，衰弱）

6. 敝
①狐裘虽敝。（破旧，破败）
②寡君闻吾子将步师出于敝邑。（表示自谦）
③曹操之众，远来疲敝。（疲惫，疲劳，困乏）
④因人之力以敝之。（损害）
⑤不敢敝其主。（同"蔽"，蒙蔽，欺骗）

7. 以
①以其无礼于晋。（因为，连词）
②敢以烦执事。（拿，用，介词）
③越国以鄙远。（来，连词，表目的）
④焉用亡郑以陪邻？（来，连词，表目的）
⑤若舍郑以为东道主。（把，介词）
⑥阙秦以利晋。（来，表目的，连词）

8. 而
①今急而求子。（才，表顺承，连词）
②夜缒而出。（表修饰，连词）
③若亡郑而有利于君。（表顺承，连词）
④朝济而夕设版焉。（就，表顺承，连词）
⑤因人之力而敝之。（但是，却，表转折，连词）

9. 焉
①子亦有不利焉。（啊，表感叹，句末语气词）
②焉用亡郑以陪邻？（为什么，疑问代词）
③若不阙秦，将焉取之。（哪里，疑问代词）
④朝济而夕设版焉。（句末语气助词，不译）

10. 其
①行李之往来，共其乏困。（指代"行李"，代词）
②越国以鄙远，君知其难也。（那，代词）
③失其所与，不知。（自己的，代词）
④又欲肆其西封。（它，指晋国，代词）
⑤以其无礼于晋。（它，指郑国，代词）
⑥吾其还也。（还是，表祈使，语气副词）
⑦其真无马也？（语气副词，表反问语气）
⑧其真不知马也？（语气副词，表推测语气）

⑨其皆出于此乎?(语气副词,表推测语气)

⑩其可怪也欤!(语气副词,表反问语气)

11. 之

①子犯请击之。(他们,指秦军,代词)

②是寡人之过也。(的,结构助词)

③臣之壮也。(用在主谓之间,取消句子独立性,不译,助词)

④夫晋,何厌之有。(宾语前置的标志,不译,助词)

⑤辍耕之垄上/吾欲之南海。(往、到,动词)

⑥公从之。(指佚之狐的建议,代词)

⑦邻之厚,君之薄也。(用在主谓之间,取消句子独立性,不译,助词)

⑧因人之力而敝之。(他,指秦穆公,代词)

⑨使杞子、逢孙、杨孙戍之。(指郑国,代词)

⑩唯君图之。(指"阙秦以利晋"这件事,代词)

⑪君之所知也。(用在主谓之间,取消句子独立性,不译,助词)

12. 于

①以其无礼于晋。(对,介词)

②佚之狐言于郑伯曰。(对,介词)

③且贰于楚也。(引出二主之一的"楚",介词)

④若亡郑而有益于君。(对,介词)

四、词类活用

1. 名词作状语

①夜缒而出。(在晚上,表时间)

②朝济而夕设版焉。(在早上,表时间;在傍晚,表时间)

③既东封郑。(在东边,表处所)

2. 名词作动词

①晋军函陵/秦军氾南。(驻扎)

②与郑人盟。(结盟、订立同盟)

3. 意动用法

①越国以鄙远。(把……当作边邑)

②既东封郑。(以……为疆界)

4. 动词作名词

且君尝为晋君赐矣。(恩惠)

5. 使动用法

①若不阙秦。(使……削减)

②若亡郑而有益于君。(使……灭亡)

③烛之武退秦师。(使……退却)

④阙秦以利晋。(使……得利)

6. 形容词作名词

①越国以鄙远。(远地,指郑国)

②共其乏困。(缺少的资粮)

7. 形容词作动词

①因人之力而敝之，不仁。（损害）
②邻之厚，君之薄也。（变雄厚；变薄弱）

8. 数词活用

且贰于楚也。（数词"贰"活用为动词，从属二主）

五、文言句式

1. 判断句

①是寡人之过也。（用"也"表判断）
②因人之力而敝之，不仁。（通过语意直接表判断）
③失其所与，不知。（通过语意直接表判断）
④以乱易整，不武。（通过语意直接表判断）
⑤君之所知也。（用"也"表判断）

2. 宾语前置句

①夫晋，何厌之有？（"之"作宾语前置的标志）
②微斯人，吾谁与归？（疑问句中，代词宾语"谁"前置）

3. 状语后置句

①以其无礼于晋。（"于晋"作"无礼"的后置状语）
②若亡郑而有益于君。（"于君"作"有益"的后置状语）
③佚之狐言于郑伯。（"于郑伯"作"言"的后置状语）

4. 省略句——省主语

①(晋惠公)许君焦、瑕。
②(烛之武)辞曰："臣之壮也，犹不如人；……"
③(烛之武)夜缒而出。
④(烛之武)许之。
⑤(秦伯)使杞子、逢孙、杨孙戍之。

5. 省略句——省宾语

①敢以(之)烦执事。
②若舍郑以(之)为东道主。

6. 省略句——省介词

晋军(于)函陵，秦军(于)氾南。

课内巩固

1. 下列有关文学常识的表述，正确的一项是(　　)。
A.《国语》是我国最早的国别体史书；《史记》是我国第一部纪传体通史，系东汉司马迁所著。
B.《春秋》是我国第一部编年体史书，北宋司马光主编的《资治通鉴》是第一部编年体通史。
C.《烛之武退秦师》选自《左传》。《左传》原名《左氏春秋》，又称《春秋左氏传》，相传为战国末年鲁国史官左丘明所著，是我国古代第一部叙事详细完备的纪传体史书。
D.《汉书》是我国第一部断代体史书，作者系西汉著名史学家、文学家班固。

2. 下列句中加点的词语与现代汉语意思相同的一项是(　　)。

A. 若舍郑以为东道主　　　　　　　B. 微夫人之力不及此

C. 共其乏困　　　　　　　　　　　D. 闻道有先后，术业有专攻。

3. 下列加点词语的解释，不正确的一项是(　　)。

A. 臣之壮也(壮年，古代男子二十为"壮")　　B. 失其所与(结交，结盟)

C. 以乱易整(代替)　　　　　　　　　　　　D. 焉用亡郑以陪邻(增加)

4. 对下列句子中加点词的解释，不正确的一项是(　　)。

A. 子亦有不利焉(古代对男子的尊称，相当于现代汉语的"您"，这里指烛之武。)

B. 肆其西封(延伸，扩展)

C. 若使烛之武见秦君(你)

D. 许君焦、瑕(答应)

5. 下列语句中加点字的词类活用与例句相同的一项是(　　)。

例句：烛之武退秦师

A. 共其乏困　　　　　　　　　　　B. 夜缒而出

C. 若亡郑而有益于君　　　　　　　D. 且君尝为晋君赐矣

6. 下列语句加点的虚词意义和用法相同的一组是(　　)。

A. ①朝济而夕设版焉。　　②因人之力而敝之

B. ①焉用亡郑以陪邻?　　②阙秦以利晋

C. ①若不阙秦，将焉取之　　②朝济而夕设版焉

D. ①以其无礼于晋　　②吾其还也

7. 下列加点"之"字用法与其他三项不同的一项是(　　)。

A. 是寡人之过也　　　　　　　　　B. 夫晋，何厌之有

C. 邻之厚，君之薄也　　　　　　　D. 唯君图之

8. 下列文言句式与"是寡人之过也"相同的一项是(　　)。

A. 晋军函陵　　　　　　　　　　　B. 佚之狐言于郑伯

C. 君之所知也　　　　　　　　　　D. 微斯人，吾谁与归

9. 下列文言句式与"若亡郑而有益于君"相同的一项是(　　)。

A. 以其无礼于晋　　　　　　　　　B. 失其所与，不知

C. 敢以烦执事　　　　　　　　　　D. 夫晋，何厌之有

10. 选出对课文内容理解，不正确的一项(　　)。

A. 第一段写秦郑围晋，这是故事的开端。开篇便渲染紧张气氛，并为下文埋下伏笔。

B. 第三段写烛之武说服秦伯订立秦郑盟约，秦国驻兵守郑，这是故事的高潮。

C. 本文说辞重在说理，用语委婉却充满气势，层层进逼，说理极为透彻。

D. 本文是一篇优秀的叙事散文，在叙述故事时，处处注意伏笔与照应。这样使文章有头有尾，相互照应，结构严谨。

11. 将下列句子翻译成现代汉语。

(1)臣之壮也，犹不如人；今老矣，无能为也已。

(2)因人之力而敝之，不仁。

 课外拓展

阅读下列文段，完成1～6题。

十年[1]春，齐师伐我[2]。公[3]将战。曹刿[4]请见。其乡人曰："肉食者谋之，又何间焉？"刿曰："肉食者鄙，未能远谋。"乃入见。问："何以战？"公曰："衣食所安，弗敢专也，必以分人。"对曰："小惠未徧[5]，民弗从也。"公曰："牺牲玉帛，弗敢加也，必以信。"对曰："小信未孚，神弗福也。"公曰："小大之狱，虽不能察，必以情。"对曰："忠之属也。可以一战。战则请从。"

公与之乘。战于长勺[6]。公将鼓之。刿曰："未可。"齐人三鼓。刿曰："可矣。"齐师败绩。公将驰之。刿曰："未可。"下视其辙，登轼而望之，曰："可矣。"遂逐齐师。

既克，公问其故。对曰："夫战，勇气也。一鼓作气，再而衰，三而竭。彼竭我盈，故克之，夫大国，难测也，惧有伏焉。吾视其辙乱，望其旗靡，故逐之。"

——先秦·左丘明《曹刿论战》

注释：

[1]十年：鲁庄公十年（公元前684年）。

[2]我：指鲁国。《左传》根据鲁史而写，故称鲁国为"我"。

[3]公：诸侯的通称，这里指鲁庄公。

[4]曹刿(guì)，春秋时鲁国大夫，著名的军事理论家。《曹刿论战》选自《左传·庄公十年》，题目是后人加的。

[5]徧：同"遍"，遍及。

[6]长勺：鲁国地名，今山东莱芜东北。

1. 下列加点文言实词解释有误的一项是（　　）。

A. 吾视其辙乱　　辙：车轮碾出的痕迹

B. 肉食者鄙　　鄙：浅薄，鄙陋，目光短浅

C. 小大之狱　　狱：监狱

D. 牺牲玉帛　　牺牲：祭祀用的猪、牛、羊等

2. 下列各句中"以"的用法与"必以分人"中的"以"相同的一项是（　　）。

A. 焉用亡郑以陪邻　　　　B. 若舍郑以为东道主

C. 敢以烦执事　　　　　　D. 以其无礼于晋

3. 下列各句中加点字与例句加点字的词类活用现象相同的一项是（　　）。

例句：公将鼓之。

A. 越国以鄙远　　　　　　B. 若不阙秦

C. 秦军氾南　　　　　　　D. 朝济而夕设版焉

4. 下列语句中，句式与例句相同的一项是（　　）。

例句：何以战？

A. 夫晋，何厌之有？　　　B. 乃入见

C. 夫战，勇气也　　　　　D. 佚之狐言于郑伯

5. 下列对课文内容理解不正确的一项是（　　）。

A. 作者在刻画曹刿这个人物形象时巧妙地运用了比照、映衬的手法。以曹刿与"乡人"的对比突出曹刿抗敌御侮的责任感。以庄公的驽钝、浮躁反衬曹刿的机敏、持重。

B. 文章叙事重点突出，详略得当。全文紧扣"论战"选材，突出"远谋"二字。全文只用四句话直接写

战斗场面。凡与"论战"无关的内容一概摒弃。

C. "肉食者谋之""小大之狱""公将鼓之""公将驰之""登轼而望之""故克之",这六句话中的"之"的意义和用法完全不相同。

D. 为了突出"论战",第三段作者用补叙笔法写战役之后曹刿论述克敌制胜的原因——善于把握战机。

6. 翻译原文中画线的句子。

忠之属也。可以一战。战则请从。

廉颇蔺相如列传(节选)

司马迁

作家作品

司马迁,字子长,西汉史学家、散文家,被后世尊称为"太史公""历史之父"。与北宋司马光并称"史界两司马",与西汉辞赋家司马相如并称"文章西汉两司马"。他以其"究天人之际,通古今之变,成一家之言"的史识创作了中国第一部纪传体通史《史记》(原名《太史公书》)。

学习导引

《史记》记载了从上古传说中的黄帝时期,到汉武帝太初四年,长达三千多年的历史,是"二十四史"之首,与《资治通鉴》并称为"史学双璧",被鲁迅誉为"史家之绝唱,无韵之离骚"。全书包括十二"本纪"、三十"世家"、七十"列传"、十"表"和八"书",共五个部分。

本文通过"完璧归赵""渑池之会""廉蔺交欢"三个故事,记叙了蔺相如的大智大勇以及"先国家之急而后私仇"的动人事迹,也叙述了廉颇英勇豪爽、知过善改的性格。

文白对译

①廉颇者,赵之良将也。赵惠文王十六年,廉颇为赵将伐[1]齐,大破之,取阳晋,拜[2]为上卿,以勇气闻[3]于诸侯。

②蔺相如者,赵人也,为赵宦者令缪贤舍人。

【注释】

[1]伐:攻打。

[2]拜:授予官职。

[3]闻:闻名,出名。

【翻译】

廉颇是赵国的优秀将领。赵惠文王十六年,廉颇担任赵国的大将去攻打齐国,把齐国打得大败,夺取了阳晋,被任命做上卿,凭他的勇猛善战在诸侯各国之间闻名。

蔺相如是赵国人,是赵国宦官头目缪贤的门客。

③赵惠文王时,得楚和氏璧。秦昭王闻之,使人遗[4]赵王书,愿以十五城请易[5]璧。赵王与大将军廉颇诸大臣谋:欲予秦,秦城恐不可得,徒见欺[6];欲勿予,即[7]患[8]秦兵之来。计未定,求人可使[9]报秦者,未得。

【注释】

[4]遗(wèi):送给。

[5]易:交换。

[6]徒见欺:白白地被欺骗。

[7]即:则,就。

[8]患:忧虑,担心。

[9]使:出使。

【翻译】

赵惠文王的时候,(赵国)得到了楚国的和氏璧。秦昭王听说了这件事,派人送给赵王一封信,愿意用十五座城池换取这块宝玉。赵王跟大将军廉颇以及一班大臣商议:想把这块宝玉让给秦国吧,恐怕秦国的那些城池得不到手,白白地受欺骗;想不给秦国(和氏璧)吧,又担心秦国的大军马上打过来。商量不出结果来,想找个可以出使去回复秦国的人,也没有找到。

④宦者令缪贤曰:"臣舍人蔺相如可使。"王问:"何以知之?"对曰:"臣尝[10]有罪,窃计[11]欲亡走燕,臣舍人相如止[12]臣,曰:'君何以知燕王?'臣语[13]曰,臣尝从大王与燕王会境上,燕王私握臣手曰,'愿结友'。以此知之,故欲往。相如谓臣曰:'夫赵强而燕弱,而君幸于赵王[14],故燕王欲结于君[15]。今君乃亡赵走燕[16],燕畏赵,其势必不敢留君,而束君归赵矣。君不如肉袒伏斧质请罪,则幸得脱矣。'臣从其计,大王亦幸赦臣。臣窃以为其人勇士,有智谋,宜[17]可使。"

【注释】

[10]尝:曾经。

[11]窃计:私下打算。

[12]止:阻止。

[13]语(yù):告诉。

[14]幸于赵王:被赵王宠幸。

[15]结于君:同您结交。

[16]亡赵走燕:从赵国逃跑到燕国。

[17]宜:应该。

【翻译】

宦官头目缪贤说:"我的门客蔺相如可以担任这个差使。"赵王问:"凭借什么知道他可以呢?"缪贤回答说:"我曾经犯了罪,私下打算逃跑到燕国去。我的门客蔺相如阻止我说:'您凭什么了解燕王?'我告

诉他说,我曾跟着大王到边境上与燕王相会,燕王私下握着我的手说'愿意交个朋友',因此我了解他,所以打算投奔去。相如对我说:'赵国强大而燕国弱小,而您又被赵王宠幸,所以燕王想和您交朋友。现在您却从赵国逃跑去投靠燕国,燕国害怕赵国,他们势必不敢收留您,反而会把您绑起来送回赵国。您不如解衣露体伏在刑具上请求大王处罚,或许侥幸能得到赦免。'我按照他的办法去做,(果然)大王恩赦了我的罪。我私下认为他这个人是个勇士,又有智谋,应该可以担当这个差使。"

⑤于是王召见,问蔺相如曰:"秦王以十五城请易寡人之璧,可予不[18]?"相如曰:"秦强而赵弱,不可不许。"王曰:"取吾璧,不予我城,奈何?"相如曰:"秦以城求璧而赵不许,曲[19]在赵。赵予璧而秦不予赵城,曲在秦。均之二策[20],宁许以负秦曲[21]。"王曰:"谁可使者?"相如曰:"王必无人,臣愿奉[22]璧往使。城入赵而璧留秦;城不入,臣请完璧归赵[23]。"赵王于是遂遣相如奉璧西入秦。

【注释】

[18]不:同"否"。
[19]曲:理屈,理亏。
[20]均之二策:衡量这两个计策。均,衡量。之,这。
[21]宁许以负秦曲:宁可答应(秦国),让秦国承担理亏的责任。
[22]奉:捧着。
[23]完璧归赵:使璧完整无损地归还赵国。

【翻译】

于是赵王召见(蔺相如),问蔺相如说:"秦王要用十五座城池换我的和氏璧,可以给他吗?"相如说:"秦国强大,赵国弱小,不能不答应。"赵王说:"(秦王)拿了我的璧,(却)不给我城池,怎么办?"相如说:"秦王用城池来换宝玉,但是赵国不答应,理屈的是赵国;赵国给了宝玉,但秦国不给赵国城池,理屈的是秦国。比较这两个对策,宁可答应(给秦国璧),使秦国承担理屈(的责任)。"赵王问:"谁可以担当这个使者呢?"相如说:"大王如果实在找不到合适的人,我愿捧着和氏璧出使秦国。(如果)城池给了赵国,就让它留在秦国;(如果)城池不给赵国,我一定使璧完完整整地回到赵国。"于是赵王就派蔺相如带着和氏璧向西出发,进入秦国。

⑥秦王坐章台见相如,相如奉璧奏[24]秦王。秦王大喜,传以示[25]美人[26]及左右,左右[27]皆呼万岁。相如视秦王无意偿赵城,乃前[28]曰:"璧有瑕[29],请指示王。"王授璧,相如因持璧却[30]立,倚柱,怒发上冲冠[31],谓秦王曰:"大王欲得璧,使人发书至赵王,赵王悉召群臣议,皆曰'秦贪,负[32]其强,以空言求璧,偿城恐不可得。'议不欲予秦璧。臣以为布衣之交[33]尚不相欺,况大国乎?且以一璧之故逆[34]强秦之欢,不可。于是赵王乃斋戒五日,使臣奉璧,拜送书于庭[35]。何者?严[36]大国之威以修敬[37]也。今臣至,大王见臣列观[38],礼节甚倨[39];得璧,传之美人,以戏弄臣。臣观大王无意偿赵王城邑,故臣复取璧。大王必欲急[40]臣,臣头今与璧俱碎于柱矣!"

【注释】

[24]奏:进献。
[25]传以示:传给……看。
[26]美人:指秦王的妃嫔。

[27]左右:侍从。

[28]前:上前,动词。

[29]瑕(xiá):玉上的斑点或裂痕。

[30]却:倒退几步。

[31]怒发上冲冠:愤怒得头发直竖,顶起了头冠。

[32]负:倚仗。

[33]布衣之交:平民间的交往,布衣借代百姓。

[34]逆:拂逆,触犯。

[35]拜送书于庭:在朝堂上举行送出国书的典礼,"庭"同"廷",国君听政的朝堂。

[36]严:尊重,敬畏。

[37]修敬:致敬。

[38]列观(guàn):一般的台观,指章台。

[39]倨(jù):傲慢。

[40]急:逼迫。

【翻译】

秦王在章台宫接见蔺相如。蔺相如捧着和氏璧献给秦王。秦王高兴极了,把璧递给宫中美人以及左右侍从们看,大家高呼万岁。蔺相如看出秦王没有把城池抵偿给赵国的意思,就走上前去说:"这宝玉有些斑点,请让我指出来给大王看。"秦王把璧交给他。蔺相如趁机握着璧后退几步,靠殿柱站着,气得头发都要竖起来了,对秦王说:"大王想得到和氏璧,派人送信给赵王,赵王召集所有的大臣来商议,都说:'秦王贪婪,仗着他势力强,用空话来诈取宝玉,那些说要交换的城池恐怕得不到手。'商量不打算给秦国和氏璧。我认为普通人交往尚且互不欺骗,何况大国呢?而且为了一块宝玉的缘故惹得强大的秦国不高兴,也不好。于是赵王就斋戒了五天,派我来献和氏璧,在朝廷上亲自拜送了国书。为什么这样呢?为的尊重(你们)大国的威严以表示敬意啊。现在我来了,大王只在一般的宫殿上接见我,态度十分傲慢;得到了宝玉,把它传给美人看,用来戏弄我。我看大王没有诚意把城池交给赵王,所以又把宝玉取回了。您如果一定要逼我,我的脑袋今天就与和氏璧一齐在柱子上碰个粉碎!"

⑦相如持其璧睨[41]柱,欲以击柱。秦王恐其破璧,乃辞谢[42]固请[43],召有司案图[44],指从此以往十五都[45]予赵。

【注释】

[41]睨(nì):斜视。

[42]辞谢:婉言道歉。

[43]固请:坚决请求。

[44]案图:查明地图,"案",同"按",审察,察看。

[45]都:城邑。

【翻译】

蔺相如拿着那块宝玉斜睨着殿柱,准备拿它去撞击殿柱。秦王怕他撞坏宝玉,就向他道歉,坚决地请他(不要这样做),(同时)召来管版图的官吏察看地图,指着从这里到那里的十五座城池划归赵国。

⑧相如度秦王特[46]以诈佯为[47]予赵城,实不可得,乃谓秦王曰:"和氏璧,天下所共传宝也,赵王恐,不敢不献。赵王送璧时,斋戒五日,今大王亦宜斋戒五日,设九宾[48]于

廷，臣乃敢上璧。"秦王度之，终不可强夺，遂许斋五日，舍[49]相如广成传舍。

【注释】

[46]特：只，只是。

[47]佯为：假装做。

[48]宾：同"傧"，引导宾客者。

[49]舍：安置。

【翻译】

蔺相如估计秦王只不过用这种欺诈手段，假装划给赵国城池，其实不能到手，就对秦王说："和氏璧是天下所公认的宝玉，赵王敬畏（大王），不敢不献它出来。他送宝玉的时候曾斋戒了五天，现在大王也应当斋戒五天，在朝廷上举行设有九个迎宾赞礼官吏的大典，我才敢献上宝玉。"秦王估量了一下，知道终究不能强夺，就答应斋戒五天，安置蔺相如住在广成宾馆里。

⑨相如度秦王虽斋，决负约不偿城，乃使其从者衣褐[50]，怀其璧，从径道[51]亡，归璧于赵。

【注释】

[50]衣(yì)褐：穿着粗麻布衣服，指化装成平民百姓。

[51]径道：小路。

【翻译】

蔺相如估计秦王即使答应斋戒，也必定会负约不把城池给赵国，就派他的随从穿上粗布便服，怀里藏着宝玉，从小路逃走，使和氏璧回到赵国。

⑩秦王斋五日后，乃设九宾礼于廷，引赵使者蔺相如。相如至，谓秦王曰："秦自缪公以来二十余君，未尝有坚明约束[52]者也。臣诚恐见欺于王而负赵，故令人持璧归，间[53]至赵矣。且秦强而赵弱，大王遣一介之使[54]至赵，赵立奉璧来。今以秦之强而先割十五都予赵，赵岂敢留璧而得罪于大王乎？臣知欺大王之罪当诛，臣请就汤镬[55]，唯大王与群臣孰[56]计议之。"

【注释】

[52]坚明约束：坚决明确地遵守信约。约束，信约。

[53]间(jiàn)：抄小路，与上文"从径道亡"相应。

[54]一介之使：一个使臣。

[55]就汤镬(huò)：指接受烹刑。汤，沸水。镬，大锅。

[56]孰(shú)：同"熟"，仔细。

【翻译】

秦王斋戒五天后，就在朝廷上设了有九个迎宾赞礼官吏的大典，延请赵国使者蔺相如。相如到来，对秦王说："秦国自从穆公以来的二十多个国君，从来没有坚守信约的。我实在怕被大王欺骗而对不起赵国，所以派人带着宝玉回去，已从小路回赵国了。况且秦国强大，赵国弱小，大王派一个使者到赵国去，赵国马上就把宝玉送来。现在凭借秦国的强盛先割十五座城池给赵国，赵国哪敢留着宝玉不给而得罪大王呢？我知道欺骗了大王应得死罪，我愿意受汤镬之刑。希望大王与大臣们仔细商量这件事。"

⑪秦王与群臣相视而嘻。左右或欲引相如去[57]，秦王因曰："今杀相如，终不能得璧也，而绝秦赵之欢。不如因而厚遇之[58]，使归赵。赵王岂以一璧之故欺秦邪！"卒廷见相如[59]，毕礼而归之。

【注释】

[57]引相如去：拉相如离开。

[58]因而厚遇之：趁此优厚地款待他。

[59]卒(zú)廷见相如：最终在朝堂上召见蔺相如。

【翻译】

秦王和群臣们你看着我，我看着你，气得发出惊呼的声音。左右的侍从想把相如拉出去（处死），秦王就说："现在杀死相如，还是得不到宝玉，反而断绝了秦赵两国的交情。不如就此好好地招待他，让他回赵国去。赵王难道会因一块宝玉的缘故欺骗秦国吗？"秦王最终在朝廷上召见了蔺相如，举行仪式后送他回国。

⑫相如既归，赵王以为贤大夫，使不辱于诸侯[60]，拜相如为上大夫。

⑬秦亦不以城予赵，赵亦终不予秦璧。

【注释】

[60]使不辱于诸侯：出使诸侯之国，能不受欺辱。

【翻译】

蔺相如已经回国以后，赵王认为他是个能干的官员，出使到外国却不被诸侯欺辱，（于是）任命他做上大夫。

（这以后）秦国也没有把那些城池给赵国，赵国也到底没有给秦国那块和氏璧。

⑭其后秦伐赵，拔[61]石城。明年[62]，复攻赵，杀二万人。秦王使使者告赵王，欲与王为好会于西河外渑池。赵王畏秦，欲毋行。廉颇、蔺相如计曰："王不行，示赵弱且怯也。"赵王遂行，相如从。廉颇送至境，与王诀[63]曰："王行，度道里会遇之礼毕，还，不过三十日。三十日不还，则请立太子为王，以绝秦望。"王许之。遂与秦王会渑池。

【注释】

[61]拔：攻取。

[62]明年：第二年。

[63]诀(jué)：告别，有准备不再想见的意味。

【翻译】

在这之后，秦国攻打赵国，夺取了石城。第二年又攻打赵国，杀了两万人。秦国派使者告诉赵王，想与赵王联欢，在西河以外的渑池相会。赵王害怕秦国，想不去。廉颇与蔺相如商量说："大王（如果）不去，显得赵国软弱并且胆小。"赵王于是决定赴会，蔺相如随从同去。廉颇送到边境上，跟赵王告别说："大王这一去，估计一路行程和会见的礼节完毕回来，不会超过三十天。（如果）三十天不回来，就请容许我们拥立太子为赵王，以打消秦国要挟的念头。"赵王答应了他，于是就和秦王在渑池相会。

⑮秦王饮酒酣，曰："寡人窃闻赵王好音，请奏瑟[64]。"赵王鼓瑟。秦御史前书曰："某

年月日,秦王与赵王会饮,令赵王鼓瑟。"蔺相如前曰:"赵王窃闻秦王善为秦声[65],请奉盆缻[66]秦王,以相娱乐。"秦王怒,不许。于是相如前进缻,因跪请秦王。秦王不肯击缻。相如曰:"五步之内,相如请得以颈血溅大王矣!"左右欲刃[67]相如,相如张目叱之,左右皆靡[68]。于是秦王不怿[69],为一击缻。相如顾[70]召赵御史书曰:"某年月日,秦王为赵王击缻。"秦之群臣曰:"请以赵十五城为秦王寿[71]。"蔺相如亦曰:"请以秦之咸阳为赵王寿。"

【注释】

[64]奏瑟:弹瑟,与下文"鼓瑟"同义。

[65]善为秦声:擅长演奏秦地音乐。

[66]缻(fǒu):同"缶"。

[67]刃:刀锋,这里是杀的意思。

[68]靡:倒下,这里指后退。

[69]怿(yì):愉快。

[70]顾:回头。

[71]为秦王寿:给秦王献礼。

【翻译】

秦王喝酒喝得高兴,说:"我私下听说赵王爱好音乐,请赵王弹瑟吧。"秦国的御史走上前来,写道:"某年某月某日,秦王与赵王会面饮酒,命令赵王弹瑟。"蔺相如走上前说:"赵王私下听说秦王擅长演奏秦国的音乐,请(允许我)捧着盆缻(给)秦王,(请秦王敲一敲)以此互相娱乐。"秦王生气了,不答应。于是相如上前捧着盆缻,趁势跪下要求秦王(敲打)。秦王不肯敲缻。相如说:"在这五步之内,请允许我把颈项里的鲜血溅到大王身上!"(秦王)左右的侍从要杀相如,相如瞪起两眼大喝一声,左右的侍从吓得直倒退。于是秦王很不高兴地为赵王敲了一下缻。蔺相如回头招来赵国的御史写下:"某年某月某日,秦王为赵王击缻。"秦国的群臣说:"请用赵国的十五座城池替秦王祝酒。"蔺相如也说:"请用秦国的咸阳替赵王祝酒。"

⑯秦王竟酒[72],终不能加胜于赵。赵亦盛设兵[73]以待秦,秦不敢动。

⑰既罢[74],归国,以相如功大,拜为上卿,位在廉颇之右[75]。

【注释】

[72]竟酒:直到酒宴完毕。

[73]盛设兵:多布置军队。

[74]既罢:已经结束以后。

[75]右:上。古人以右为尊。

【翻译】

秦王到宴会完毕,始终不能占赵国的上风。赵国也准备了许多兵马来防备秦国,秦国不敢妄动。(渑池之会)结束之后,回到赵国,(赵王)因为蔺相如功劳大,任命他做上卿,职位在廉颇之上。

⑱廉颇曰:"我为赵将,有攻城野战之大功,而蔺相如徒以口舌为劳[76],而位居我上。且相如素贱人[77],吾羞,不忍为之下!"宣言[78]曰:"我见相如,必辱之。"相如闻,不肯与会。相如每朝时,常称病,不欲与廉颇争列[79]。已而相如出,望见廉颇,相如引车避匿[80]。

【注释】

[76]徒以口舌为劳：只凭言词立下功劳。徒，只，不过。口舌，借代言语。

[77]素贱人：向来微贱。素，素来，向来。

[78]宣言：扬言。

[79]争列：争位次的高下。

[80]引车避匿(nì)：将车子调转躲避。

【翻译】

廉颇说："我当赵国的大将，有攻城野战的大功劳，可是蔺相如只凭着言词立下功劳，如今职位却比我高。况且蔺相如本来就出身卑贱，我感到羞耻，不能忍受(自己的职位)在他之下的屈辱！"扬言说："我碰见蔺相如，一定要羞辱他。"蔺相如听见这话，不肯和廉颇见面。相如每到上朝时，常说有病，不愿和廉颇争高低。过了些日子，蔺相如出门，远远望见廉颇，就叫自己的车子绕道躲开。

⑲于是舍人相与[81]谏曰："臣所以去亲戚而事君者，徒慕君之高义[82]也。今君与廉颇同列，廉君宣恶言，而君畏匿之，恐惧殊甚[83]，且庸人尚羞之[84]，况于将相乎！臣等不肖[85]，请辞去。"蔺相如固止之，曰："公之视廉将军孰与[86]秦王？"曰："不若也。"相如曰："夫以秦王之威，而相如廷叱之，辱其群臣，相如虽驽[87]，独畏廉将军哉？顾[88]吾念之，强秦之所以不敢加兵于赵者，徒以吾两人在也。今两虎共斗，其势不俱生。吾所以为此者，以先国家之急而后私仇也[89]。"

⑳廉颇闻之，肉袒负荆，因[90]宾客至蔺相如门谢罪。曰："鄙贱之人，不知将军宽之至此也！"

㉑卒相与欢，为刎颈之交[91]。

【注释】

[81]相与：一起，共同。

[82]高义：高尚的品德。

[83]殊甚：太过分。殊，很，极。甚，过分。

[84]庸人尚羞之：平庸的人尚且对这种情况感到羞耻。羞之，以之为羞。

[85]不肖：不才。

[86]孰与：与……相比，谁更……。孰，谁，哪一个。

[87]驽(nú)：愚劣，无能。

[88]顾：但。

[89]先国家之急而后私仇也：以国家之急为先，而以私仇为后。

[90]因：通过。

[91]刎(wěn)颈之交：指能够共患难、同生死的朋友。刎颈，杀头。刎，割。

【翻译】

于是他的门客一起劝谏(相如)，说："我们离开家人前来投靠您的原因，只是因为仰慕您的高尚品德啊。现在您和廉颇将军职位一样高，廉将军在外面扬言讲您的坏话，您却害怕并且躲避他，非常恐惧。况且一个平常人尚且对这种情况感到羞愧，何况对于身为将相的您呢！我们实在没有才干，请让我们告辞离开吧！"蔺相如坚决制止他们，说："你们看廉将军和秦王哪个厉害？"回答说："(廉将军)自然不如(秦王)。"相如说："像秦王那样威风，而我还敢在秦国的朝廷上叱责过他，羞辱他的群臣。我虽然无能，

难道唯独畏惧一个廉将军吗？只是我考虑到这样的问题，强大的秦国不敢发兵攻打我们赵国的原因，只是因为有我们两人在。现在两虎相斗，势必不能同时并存。我这样做的原因，是由于把国家的安危放在前面，而把个人的恩怨放在后面啊。"

廉颇听到了这些话，便解衣赤背，背上荆条，由宾客引着到蔺相如府上谢罪，说："我是见识浅薄的人啊，不知道将军您宽厚待我到这个地步啊！"

两人终于互相交好，成为誓同生死的朋友。

 知识梳理

一、通假字

1. 肉袒伏斧质。	"质"同"锧"，铁砧。
2. 可与不？	"不"同"否"，表疑问语气。
3. 臣愿奉璧西入秦。	"奉"同"捧"，用手托。
4. 拜送书于庭。	"庭"同"廷"，朝廷。
5. 召有司案图。	"案"同"按"，察看。
6. 设九宾礼于廷。	"宾"同"傧"，接引宾客的人，或赞礼的人。
7. 秦自缪公以来，未尝有坚明约束者也。	"缪"同"穆"。
8. 唯大王与群臣孰计议之。	"孰"同"熟"，仔细。

二、古今异义

例句	词语	今义	古义
1. 拜为上卿	拜	表示敬意的礼节	授予官职
2. 不过三十日	不过	但是，只是	不超过
3. 请以咸阳为赵王寿	寿	年岁，生日	向人敬酒或献礼
4. 臣所以去亲戚而事君者	去	到别处，与"来"相对	离开
	亲戚	与自己有血缘或婚姻关系的人	近亲及姻亲，内亲外戚
5. 请指示王	指示	上级对下级的命令	指出来给……看
6. 于是相如前进缻	前进	向前走	走上前进献
7. 宣言曰：我见相如，必辱之	宣言	政党团体等发出的重大文告	扬言，到处说
8. 布衣之交	布衣	麻布衣服	平民
9. 左右欲刃相如	左右	左边和右边的方位	左右的侍从
10. 鄙贱之人，不知将军宽之至此也	鄙贱	下劣低贱	见识浅薄

三、一词多义

1. 负

①秦贪，负其强。（倚仗，动词）
②臣诚恐见欺于王而负赵。（辜负，动词）
③均之二策，宁许以负秦曲。（使……承担，动词）
④廉颇闻之，肉袒负荆。（背着，动词）

⑤相如度秦王虽斋,决负约不偿城。(违背,动词)

2. 使

①秦昭王闻之,使人遗赵王书。(派,动词)

②其人勇士,有智谋,宜可使。(出使,动词)

③大王乃遣一介之使。(使臣,名词)

④乃使其从者衣褐。(让,动词)

3. 引

①引赵使者蔺相如。(延请,动词)

②左右欲引相如去。(拉,动词)

③相如引车避匿。(牵,引申为掉转,动词)

4. 幸

①而君幸赦臣。(幸而,副词)

②而君幸于赵王。(宠幸,动词)

③则幸得脱。(侥幸,副词)

5. 以

①以勇气闻于诸侯。(凭借,介词)

②愿以十五城请易璧。(用,拿,介词)

③严大国之威以修敬也。(来,连词)

④则请立太子为王,以绝秦望。(用来,连词)

⑤以先国家之急而后私仇也。(因为,连词)

6. 徒

①徒见欺。(白白地,副词)

②徒以口舌为劳。(只,仅仅,副词)

7. 于

①君幸于赵王。(被,介词)

②故燕王欲结于君。(同,和,介词)

③况于将相乎。(对于,介词)

④以勇气闻于诸侯。(在,介词)

8. 见

①徒见欺。(被,介词)

②大王见臣列观。(召见,动词)

③我见相如。(遇见,动词)

9. 因

①不如因而厚遇之。(趁机,介词)

②因宾客至蔺相如门谢罪。(通过,介词)

③因跪请秦王。(趁势,介词)

10. 顾

①相如顾召赵御史书曰。(回头,动词)

②顾吾念之。(只是,连词)

11. 乃

①今君乃亡赵走燕。(竟然,副词)

②乃前曰。(于是，就，副词)

③臣乃敢上璧。(才，副词)

四、词类活用

1. 名词作动词

①舍相如广成传舍。(安置住宿)

②左右欲刃相如。(杀)

③乃使从者衣褐。(穿)

④臣语曰。(告诉)

⑤乃前曰。(走上前)

⑥臣乃敢上璧。(献上)

⑦令赵王鼓瑟。(弹奏)

⑧为秦王寿。(向人敬酒或献礼)

2. 名词作状语

①而相如廷斥之。(在朝廷上)

②间至赵矣。(从小路)

③相如奉璧西入秦。(向西)

④怒发上冲冠。(向上)

3. 使动用法

①秦王恐其破璧。(使……破碎)

②毕礼而归之。(使……完毕；使……回去)

③宁许以负秦曲。(使……承担)

④完璧归赵。(使……完好)

4. 意动用法

①且庸人尚羞之。(以……为羞)

②先国家之急而后私仇也。(以……为先；以……为后)

5. 形容词作动词

①严大国之威以修敬也。(尊重)

②不知将军宽之至此也。(宽待)

③大王必欲急臣。(逼迫)

6. 形容词作名词

①而绝秦赵之欢。(友好关系)

②宁许以负秦曲。(理亏之责)

五、文言句式

1. 判断句

①廉颇者，赵之良将也。("……者，……也"，表判断)

②和氏璧，天下共传宝也。("……，……也"，表判断)

③我为赵将。("为"，表判断)

2. 被动句

①而君幸于赵王。("于"表被动)

②秦城恐不可得，徒见欺。("见"表被动)

③臣诚恐见欺于王而负赵。("见……于"表被动)

3. 状语后置句

①拜送书于庭。("于庭"作状语)

②以勇气闻于诸侯。("于诸侯"作状语)

③故燕王欲结于君。("于君"作状语)

4. 定语后置句

求人可使报秦者。("可使报秦者"作定语)

5. 省略句

①(赵王)拜(之)为上卿。

②传(之)以(之)示美人及左右。

③今君乃亡(于)赵走(于)燕。

④(缪贤)对曰:"臣尝有罪……"

⑤(赵王)遂与秦王会(于)渑池。

6. 宾语前置句

何以知之。("何以"即"以何")

课内巩固

1. 下列有关文学常识的表述,不正确的一项是(　　)。

A. 司马迁,字子长,西汉史学家、散文家,被后世尊称为"太史公"。

B. 司马迁写《史记》的目的是"究天人之际,通古今之变,成一家之言"。

C. 《史记》是中国第一部纪传体通史。

D. 《史记》与《资治通鉴》并称为"乐府双璧"。

2. 下列句中加点的词语与现代汉语意思相同的一项是(　　)。

A. 明年复攻赵,杀二万人　　　　B. 于是相如前进缶,因跪请秦王

C. 请奉盆缶秦王,以相娱乐　　　D. 相如张目叱之,左右皆靡

3. 下列加点字词的解释,不正确的一项是(　　)。

A. 蔺相如徒以口舌为劳　　　　　口舌:言辞

B. 臣所以去亲戚而事君者　　　　去:离开

C. 公之视廉将军孰与秦王　　　　孰:熟悉

D. 鄙贱之人,不知将军宽之至此也　　鄙贱:见识浅薄

4. 对下列句子中加点字的解释,不正确的一项是(　　)。

A. 寡人窃闻赵王好音,请奏瑟　　窃:偷偷地

B. 秦王不怿,为一击缶　　　　　怿:高兴

C. 某年月日,秦王为赵王击缶　　为:替,给

D. 相如顾召赵御史　　　　　　　顾:回头

5. 下列语句中没有词类活用的一项是(　　)。

A. 秦御史前书曰　　　　　　　　B. 左右欲刃相如

C. 赵亦盛设兵以待秦　　　　　　D. 而相如廷叱之

6. 下列语句加点字词类活用与"赵王鼓瑟"的"鼓"用法相同的一项是(　　)。

A. 秦王恐其破璧　　　　　　　　B. 乃使从者衣褐

C. 故令人持璧，间至赵矣　　　　D. 严大国之威以修敬也

7. 下列加点"之"字用法与其他三项不同的一项是（　　）。

A. 我为赵将，有攻城野战之大功　　B. 不知将军宽之至此也

C. 夫以秦王之威　　　　　　　　　D. 以先国家之急而后私仇也

8. 下列各项加点虚词用法相同的一项是（　　）。

A. ①以勇气闻于诸侯　　　　　　　②宁许以负秦曲

B. ①相如因持璧却立　　　　　　　②因宾客至蔺相如门谢罪

C. ①拜书送于庭　　　　　　　　　②臣头今与璧俱碎于柱矣

D. ①相如视秦王无意偿赵城，乃前曰　②臣乃敢上璧

9. 下列句式与"秦城恐不可得，徒见欺"相同的一项是（　　）。

A. 何以知之　　　　　　　　　　　B. 拜送书于廷

C. 求人可使报秦者　　　　　　　　D. 而君幸于赵王

10. 下列表述不正确的一项是（　　）。

A. 负荆请罪的成语出自《史记·廉颇蔺相如列传》，另外的成语有价值连城、怒发冲冠、口舌之劳和刎颈之交等。

B. 蔺相如能以国家利益为重，不计个人恩怨；廉颇有知错能改的品格。

C. "完璧归赵""渑池之会"表现了廉颇和蔺相如之间的矛盾。

4. 渑池会上，蔺相如与秦君臣针锋相对，寸步不让，表现了他的忠勇和足智多谋。

11. 将下列句子翻译成现代汉语。

(1) 均之二策，宁许以负秦曲。

_____

(2) 今君乃亡赵走燕，燕畏赵，其势必不敢留君，而束君归赵矣。

_____

课外拓展

阅读下列文段，完成1~6题。

予尝谓诗文书画皆以人重，苏、黄遗墨流传至今，一字兼金[1]；章、京、卞[2]岂不工书，后人粪土视之，一钱不直。永叔有言，<u>古之人率皆能书，独其人之贤者传遂远</u>，使颜鲁公[3]书虽不工，后世见者必宝之。非独书也，诗文之属莫不皆然。

——清·王世禛《诗画皆以人重》

注释：

[1] 兼金：价值等于平常金子几倍。

[2] 章、京、卞：指章惇、蔡京、蔡卞，三人都是北宋朝廷大臣，擅长书法。

[3] 颜鲁公，即颜真卿。封鲁国郡公，人称"颜鲁公"。工书法，自创一体，对后世影响很大，人称"颜体"。

1. 对下列句子中加点字的解释，不正确的一项是（　　）。

A. 岂不工书　　　　　　工：精通

B. 一钱不直　　　　　　直：同"值"，价值

C. 使颜鲁公书虽不工　　使：让

D. 诗文之属莫不皆然　　属：类

2. 下列句子中加点字的用法与"予尝谓诗文书画皆以人重"的"以"用法相同的一项是(　　)。

A. 何以知燕王
B. 以先国家之急而后私仇也
C. 请以赵十五城为秦王寿
D. 严大国之威以修敬也

3. 下列句子中加点的字词类活用不同的一项是(　　)。

A. 且庸人尚羞之
B. 粪土当年万户侯
C. 后世见者必宝之
D. 毕礼而归之

4. 下列语句中，句式与例句相同的一项是(　　)。

例句：非独书也，诗文之属莫不皆然。

A. 廉颇者，赵之良将也。
B. 求人可使报秦者。
C. 何以知之。
D. 传以示美人及左右。

5. 下列对原文内容的分析和概括，不正确的一项是(　　)。

A. 作者认为颜真卿的书法其实不好，主要是因为他品德高尚。
B. 章、京、卞虽然擅长书法，但祸国乱政，陷害忠臣，最终为人唾弃。
C. 作者认为苏轼、黄庭坚的书法绘画作品流传下来不只是因为他们技艺高。
D. 诗歌、文章、书法、绘画是否受人重视都与品格有关。

6. 翻译原文中画线的句子。

古之人率皆能书，独其人之贤者传遂远。

赤壁赋

苏 轼

作家作品

苏轼,字子瞻,号东坡居士,世称苏东坡,眉州眉山(四川省眉山市)人,北宋时期著名散文家、书画家、词人、诗人,是豪放派词人的代表。和父亲苏洵、弟弟苏辙合称为"三苏",其中以苏轼的文学成就最高。

苏轼是北宋中期文坛领袖,擅诗、词、散文、书、画。其诗题材广阔,清新豪健,善用夸张比喻,独具风格,与黄庭坚并称"苏黄";词开豪放一派,与辛弃疾同是豪放派代表,并称"苏辛";文纵横恣肆,散文著述宏富,豪放自如,与欧阳修并称"欧苏",为"唐宋八大家"之一;善书画,与黄庭坚、米芾和蔡襄合称"宋四家"。作品有《东坡七集》《东坡易传》《东坡乐府》等。

"唐宋八大家",唐代两人,中唐的韩愈和柳宗元,宋代六人,北宋的欧阳修、苏洵、苏轼、苏辙、王安石、曾巩,此八人称"唐宋散文八大家"。

学习导引

此赋作于宋神宗元丰五年(公元1082年)。当时,苏轼因"乌台诗案"被贬为黄州团练副使,不得签署公事、擅离安置地,故而心情苦闷。本文描写了赤壁月夜的美好景色,作者从泛舟大江的舒畅到怀古伤今的哀喟,再到自我解惑后的乐观旷达。由游起兴,因景生情,由情入理,文章脉络清晰,流畅自如。赋是一种文体,起源于汉赋,以主客问答形式展开,故而关于文中"客"是否存在,历来未有定论,一种认为"客"是虚拟的,如金圣叹就说"忽然赋洞箫,为生起下文也;不因此一纵,几无行文处矣";一种认为"客"确有其人,如《苏东坡全集》正文补遗中提到:"今日李委秀才来相别,因以小舟载酒饮赤壁下。"

学习本文,旨在了解苏轼的文学成就,感悟其乐观、旷达、豪放的文风,辩证评价苏轼在文中所反映的人生感慨和生活态度。

文白对译

①壬戌[1]之秋,七月既望[2],苏子与客泛舟游于赤壁之下。清风徐[3]来,水波不兴[4]。举酒属[5]客,诵明月之诗,歌窈窕之章。少焉[6],月出于东山之上,徘徊于斗牛之间。白露[7]横江[8],水光接天。纵一苇之所如,凌万顷之茫然[9]。浩浩乎如冯虚御风[10],而不知其所止;飘飘乎如遗世独立[11],羽化而登仙。

【注释】

[1]壬(rén)戌(xū):宋神宗元丰五年。
[2]既望:既,已经。望,农历十五日。"既望"指农历十六日。
[3]徐:舒缓地。
[4]兴:起,作。
[5]属(zhǔ):同"嘱",致意,此处引申为"劝酒"的意思。
[6]少焉:一会儿。
[7]白露:白茫茫的水汽。
[8]横江:笼罩江面。横,横贯。
[9]纵一苇之所如,凌万顷之茫然:任凭小船在宽广的江面上飘荡,越过苍茫万顷的江面。纵,任凭。一苇,像一片苇叶那么小的船,比喻极小的船。如,往,去。凌,越过。万顷,形容江面极为宽阔。茫然,旷远的样子。
[10]冯(píng)虚御风:(像长出羽翼一样)驾风凌空飞行。冯,同"凭",乘。虚,太空。御,驾御(驭)。
[11]遗世独立:遗弃尘世,独自存在。

【翻译】

壬戌年秋天,七月十六日,我与友人在赤壁下泛舟游览。清风徐徐吹来,江面波澜不起。(我)举起酒杯劝客人共饮,吟诵着与明月有关的诗篇,歌咏《月出》中"窈窕"这一章。不一会儿,明月从东山后升起,在斗宿与牛宿之间徘徊。白茫茫的水气笼罩着江面,水上浮光远接天际。(我们)任凭一片苇叶似的小船在宽广的江面上随意漂荡,越过那茫茫万顷的江面。(我的情思)浩浩森森好像乘风凌空而行,却不知道到哪里才会停止;飘飘摇摇好像要离开尘世,超然独立,羽化成仙进入仙境。

②于是饮酒乐甚,扣舷[12]而歌之。歌曰:"桂棹兮兰桨,击空明兮溯流光[13]。渺渺兮予怀[14],望美人[15]兮天一方。"客有吹洞箫者,倚歌而和之[16]。其声呜呜然,如怨如慕,如泣如诉[17],余音袅袅,不绝如缕[18]。舞幽壑之潜蛟[19],泣孤舟之嫠妇[20]。

【注释】

[12]扣舷(xián):敲打着船边,指打节拍。舷,船的两边。
[13]击空明兮溯(sù)流光:船桨拍打着月光浮动的清澈的水,溯流而上。溯,逆流而上。空明、流光,指月光浮动着的清澈的江水和江面上随波浮动的月光。
[14]渺渺兮予怀:我的心思飘得很远很远。主谓倒装。渺渺,悠远的样子。
[15]美人:此为苏轼借鉴的屈原的文体。用美人代指君主。古诗文多以指自己所怀念向往的人。
[16]倚歌而和(hè)之:合着节拍应和。倚,随,循。和,应和。
[17]如怨如慕,如泣如诉:像是哀怨,像是思慕,像是啜泣,像是倾诉。怨,哀怨。慕,眷恋。

[18]余音袅袅,不绝如缕:余音,尾声。袅袅,形容声音婉转悠长。缕,细丝。
[19]舞幽壑(hè)之潜蛟:使深谷的蛟龙感动得起舞。幽壑,这里指深渊。
[20]泣孤舟之嫠(lí)妇:使孤舟上的寡妇伤心哭泣。嫠,孤居的妇女,在这里指寡妇。

【翻译】
在这时喝酒喝得非常高兴,敲着船边唱起歌来。歌中唱道:"桂木船棹啊香兰船桨,击打着月光下的清波,在泛着月光的水面逆流而上。我的情思啊悠远茫茫,眺望美人啊,却在天的另一方。"有会吹洞箫的客人,按着歌曲的声调和节拍吹箫伴奏。那箫声呜呜咽咽,有如哀怨有如思慕,像啜泣也像倾诉;余音在江上回荡,婉转悠扬像一缕不断的细丝。使深谷中的蛟龙为之起舞,使孤舟上的寡妇为之饮泣。

③苏子愀然[21],正襟危坐[22]而问客曰:"何为其然也[23]?"客曰:"'月明星稀,乌鹊南飞[24]',此非曹孟德之诗乎?西望夏口,东望武昌,山川相缪[25],郁乎苍苍[26],此非孟德之困于周郎者乎?方其破荆州,下江陵,顺流而东也,舳舻[27]千里,旌旗蔽空,酾酒[28]临江,横槊[29]赋诗,固一世之雄也,而今安在哉?况吾与子渔樵于江渚之上,侣鱼虾而友麋鹿[30],驾一叶之扁舟[31],举匏樽以相属。寄蜉蝣于天地[32],渺沧海之一粟[33]。哀吾生之须臾[34],羡长江之无穷。挟飞仙以遨游,抱明月而长终[35]。知不可乎骤[36]得,托遗响[37]于悲风[38]。"

【注释】
[21]愀(qiǎo)然:容色改变的样子。
[22]正襟(jīn)危坐:整理衣襟,严肃地端坐着。危坐,端坐。
[23]何为其然也:曲调为什么会这么悲凉呢?
[24]月明星稀,乌鹊南飞:所引是曹操《短歌行》中的诗句。
[25]缪(liáo):同"缭",盘绕。
[26]郁乎苍苍:树木茂密,一片苍绿繁茂的样子。郁,茂盛的样子。
[27]舳(zhú)舻(lú):战船前后相接。这里指战船。
[28]酾(shī)酒:斟酒。
[29]横槊(shuò):横执长矛。
[30]侣鱼虾而友麋(mí)鹿:以鱼虾为伴侣,以麋鹿为友。侣,以……为伴侣,这里是名词的意动用法。麋,鹿的一种。
[31]扁(piān)舟:小舟。
[32]寄蜉(fú)蝣(yóu)于天地:寄,寓托。蜉蝣,一种昆虫,夏秋之交生于水边,生命短暂,仅数小时。此句比喻人生之短暂。
[33]渺沧海之一粟(sù):渺,小。沧海,大海。此句比喻人类在天地之间极为渺小。
[34]须臾(yú):片刻,时间极短。
[35]长终:至于永远。
[36]骤:数次。
[37]遗响:余音,指箫声。
[38]悲风:秋风。

【翻译】
我的神色也忧愁凄怆起来,整好衣襟端坐,向客人问道:"箫声为什么这样悲凉呢?"客人回答:"'月

明星稀,乌鹊南飞',这不是曹操的诗吗?这里向西可以望到夏口,向东可以望到武昌,山河接壤连绵不绝,(目力所及,)一片郁郁苍苍。这不正是曹孟德被周瑜围困的地方吗?当初他攻陷荆州,夺得江陵,沿长江顺流东下,麾下的战船首尾相连延绵千里,旌旗将天空全都蔽住,面对大江斟酒,横执长矛吟诗,本来是当世的一位英雄人物,然而现在又在哪里呢?何况我与你在江边的小洲上打渔砍柴,以鱼虾为侣,以麋鹿为友,在江上驾着这一叶小舟,举起杯盏相互敬酒。如同蜉蝣置身于广阔的天地中,像沧海中的一粒粟米那样渺小。(唉,)哀叹我们生命的短暂,(不由)羡慕长江流水的没有穷尽。想要与仙人携手遨游宇宙,与明月相拥而永存世间。知道这些终究不能(很快)实现,只得将憾恨化为箫音,托寄在悲凉的秋风中罢了。"

④苏子曰:"客亦知夫水与月乎?逝[39]者如斯[40],而未尝往也;盈虚者如彼[41],而卒[42]莫消长[43]也。盖将自其变者而观之,则天地曾不能以一瞬[44];自其不变者而观之,则物与我皆无尽也,而又何羡乎!且夫天地之间,物各有主,苟非吾之所有,虽一毫而莫取。惟江上之清风,与山间之明月,耳得之而为声,目遇之而成色,取之无禁,用之不竭,是造物者之无尽藏也[45],而吾与子之所共适[46]。"

【注释】

[39]逝:流逝。

[40]斯:此,指水。

[41]盈虚者如彼:指月亮的圆缺。

[42]卒(zú):最终。

[43]消长:增减。长,增长。

[44]则天地曾不能以一瞬:以,用。一瞬,一眨眼的工夫。

[45]是造物者之无尽藏(zàng)也:造物者,天地自然。无尽藏,佛家语,指无穷无尽的宝藏。

[46]共适:共享。原文是"共食",明代以后多用"共适"。

【翻译】

我问道:"客人你可也知道这水与月?时间流逝就像这江水,其实并没有真正流走;时圆时缺就像这月,终究没有增减。(可见,)从事物易变的一面看来,那么天地间万事万物时刻在变动,连一眨眼的工夫都不停止;而从事物不变的一面看来,万物同我们来说都是无穷无尽的,又有什么可羡慕的呢?何况天地之间,万物各有主宰,若不是自己应该拥有的,即使一分一毫也不敢求取。只有江上的清风,以及山间的明月,耳朵听到的成了声音,眼睛看到的成为美景,取得这些不会有人禁止,感受这些也不会有竭尽的忧虑。这是大自然恩赐的没有穷尽的宝藏,而我和你可以共同享用它们。"

⑤客喜而笑,洗盏更酌[47]。肴核既尽[48],杯盘狼藉[49]。相与枕藉[50]乎舟中,不知东方之既白[51]。

【注释】

[47]更酌(zhuó):再次饮酒。

[48]肴(yáo)核既尽:肴核,荤菜和果品。既,已经。

[49]狼藉(jí):凌乱的样子。

[50]枕藉(jiè):相互枕着、垫着。

[51]既白:已经显出白色(指天明了)。

【翻译】

客人高兴地笑了,洗净酒杯重新斟酒。菜肴果品都已吃完,杯子盘子杂乱一片。大家互相枕着、垫着睡在船上,不知不觉东方已经露出白色的曙光。

知识梳理

一、通假字

1. 举酒属客/举匏樽以相属。　　"属"同"嘱",劝酒。
2. 浩浩乎如冯虚御风。　　　　"冯"同"凭",乘。
3. 山川相缪。　　　　　　　　"缪"同"缭",盘绕。

二、古今异义

例句	词语	今义	古义
1. 白露横江,水光接天	白露	白露,"二十四节气"之一	白茫茫的水汽
2. 凌万顷之茫然	茫然	完全不知道的样子,失意的样子	浩荡缥缈的样子

三、一词多义

1. 望

①七月既望。(阴历的每月十五日,名词)

②望美人兮天一方。(眺望,向远处看,动词)

2. 如

①纵一苇之所如。(往,到,动词)

②浩浩乎如冯虚御风。(像,动词)

3. 然

①其声呜呜然。(……的样子,象声词词尾)

②何为其然也。(这样,代词)

4. 于

①苏子与客泛舟游于赤壁之下。(在,介词)

②月出于东山之上。(从,介词)

③徘徊于斗牛之间。(在,介词)

④此非孟德之困于周郎者乎?(被,介词)

⑤托遗响于悲风。(给,介词)

5. 而

①羽化而登仙。(表承接,连词)

②扣舷而歌。(表修饰,连词)

③倚歌而和之。(表修饰,连词)

④正襟危坐而问之。(表修饰,连词)

⑤侣鱼虾而友麋鹿。(表并列,连词)

⑥逝者如斯,而未尝往也。(表转折,连词)

⑦耳得之而为声。(表因果,连词)

⑧目遇之而成色。(表因果,连词)

6. 之

①凌万顷之茫然。(定语后置句的标志词,助词)

②扣舷而歌之。(句末音节助词)

③倚歌而和之。(代词,代"歌")

④哀吾生之须臾。(放在主谓之间,取消句子的独立性,助词)

⑤惟江上之清风,与山间之明月。(助词,的)

7. 其

①而不知其所止。(它,指"一苇",代词)

②其声呜呜然。(那,指示代词)

③何为其然也?(它,指箫声,代词)

④方其破荆州。(他,指曹孟德,代词)

四、词类活用

1. 名词作动词

①歌窈窕之章。(唱,吟唱)

②况吾与子渔樵于江渚之上。(打鱼砍柴)

③方其破荆州,下江陵,顺流而东也。(下,攻占;东,向东进军)

2. 名词作状语

①月明星稀,乌鹊南飞。(向南)

②西望夏口,东望武昌。(向西;向东)

3. 使动用法

舞幽壑之潜蛟,泣孤舟之嫠妇。(使……起舞;使……哭泣)

4. 意动用法

侣鱼虾而友麋鹿。(以……为伴;以……为友)

5. 形容词作动词

正襟危坐。(整理)

五、文言句式

1. 判断句

①固一世之雄也。("……也",表判断)

②是造物之无尽藏也。("……也",表判断)

2. 被动句

此非孟德之困于周郎者乎?("于",被动句标志)

3. 主谓倒装句

渺渺兮予怀。("予怀"作主语,即"予怀渺渺兮")

4. 宾语前置句

①何为其然也。("何"作宾语)

②而今安在哉?("安"作宾语)

③而又何羡乎?("何"作宾语)

5. 状语后置句

①苏子与客泛舟游于赤壁之下。("于赤壁之下"作状语)

②月出于东山之上。("于东山之上"作状语)
③徘徊于斗牛之间。("于斗牛之间"作状语)
④此非孟德之困于周郎者乎?("于周郎"作状语)
⑤寄蜉蝣于天地。("于天地"作状语)
⑥托遗响于悲风。("于悲风"作状语)
⑦相与枕藉乎舟中。("乎舟中"作状语)

6. 定语后置句
①凌万顷之茫然。("茫然"作定语)
②客有吹洞箫者。("有吹洞箫者"作定语)

课内巩固

1. 下列加点字词的注音全部正确的一项是(　　)。
A. 壬戌(rén xū)　举酒属客(shǔ)　窈窕(yǎo tiāo)　旌旗(jīng)
B. 桂棹(zhào)　冯虚御风(píng)　嫠妇(lí)　横槊(shuò)
C. 渺渺(miǎo)　倚歌而和(hè)　扁舟(biān)　用之不竭(jié)
D. 枕藉(jiè)　酾酒临江(shī)　渔樵(jiāo)　山川相缪(liáo)

2. 下列加点词语解释有误的一组是(　　)。
A. 愀然(忧郁的样子)　横槊(长矛)　匏樽(葫芦)
B. 肴核(菜肴)　相与枕藉(枕着,垫着)　斗牛之间(指斗宿、牛宿)
C. 倚歌(循、依)　扣舷(船的两边)　下江陵(攻占)
D. 盈虚(满)　嫠妇(寡妇)　危坐(端正)

3. 对加点的实词解释无误的一项是(　　)。
①凌万顷之茫然　②击空明兮溯流光　③逝者如斯　④余音袅袅,不绝如缕
A. ①凌驾　②逆流而上　③靠着　④细丝
B. ①越过　②顺水而下　③靠着　④一条
C. ①越过　②逆流而上　③这　④细丝
D. ①凌驾　②逆流而上　③这　④一条

4. 下面句子中,加点字的用法判断正确的一项是(　　)。
①苏子与客泛舟游于赤壁之下　②此非孟德之困于周郎者乎?
③客亦知夫水与月乎　④夫人之相与,俯仰一世
A. ①和②相同,③和④不同
B. ①和②相同,③和④相同
C. ①和②不同,③和④相同
D. ①和②不同,③和④不同

5. 将下列各句按句式特点分类,正确的一项是(　　)。
①固一世之雄也　②月出于东山之上　③而今安在哉　④客有吹洞箫者　⑤况吾与子渔樵于江渚之上　⑥是造物者之无尽藏也　⑦此非孟德之困于周郎者乎
A. ①⑥/②⑤/③/④/⑦
B. ①/②③/⑤⑥/④⑦
C. ①⑥/②③/⑤/④⑦
D. ①⑥/②⑤/⑤/③④/⑦

6. 下列各组句子中,加点字的含义完全相同的一项是(　　)。
A. 歌窈窕之章　　　　　　　　歌曰
B. 望美人兮天一方　　　　　　西望夏口

C. 苏子与客泛舟游于赤壁之下　　　　　　方其破荆州，下江陵

D. 纵一苇之所如　　　　　　　　　　　　如泣如诉

7. 下列各句中，加点字的词类活用情况解说正确的一项是(　　)。

①顺流而东也　　　　②况吾与子渔樵于江渚之上　　③侣鱼虾而友麋鹿

④西望夏口，东望武昌　⑤舞幽壑之潜蛟　　　　　　⑥扣舷而歌之

A. ①和②不同，③和④相同，⑤和⑥相同

B. ①和②相同，③和④不同，⑤和⑥不同

C. ①和③相同，②和④相同，⑤和⑥不同

D. ①和③不同，②和③相同，⑤和⑥相同

8. 比较下列句子中加点字的意义和用法，判断正确的一项是(　　)。

①相与枕藉乎舟中　　　　　②则物与我皆无尽也，而又何羡乎

③自其不变者而观之　　　　④是造物者之无尽藏也

A. 两个"乎"字相同，两个"之"字也相同

B. 两个"乎"字相同，两个"之"字不同

C. 两个"乎"字不同，两个"之"字相同

D. 两个"乎"字不同，两个"之"字也不同

9. 下列各句中不含古今异义词的一项是(　　)。

A. 徘徊于斗牛之间　　　　虽一毫而莫取

B. 杯盘狼藉　　　　　　　如怨如慕

C. 凌万顷之茫然　　　　　客亦知夫水与月乎

D. 驾一叶之扁舟　　　　　可怜体无比

10. 下列表述不正确的一项是(　　)。

A. 壬戌，古代历法中的干支纪年法。既望，农历十六。望，农历每月十五日。

B. 苏轼，北宋文学家，字子瞻，号东坡居士。唐宋八大家之一，其散文明白畅达、汪洋恣肆，其词豪迈奔放，开豪放派一代词风。

C. 苏轼被贬黄州团练副使期间，曾两次游览三国魏吴大战的赤壁，写下了著名的《前赤壁赋》和《后赤壁赋》。

D. 作者以主客问答的形式，在借景抒情的同时，抒发了人生的感叹。一方面感叹人生苦短，现实苦闷；另一方面，又能从苦闷中摆脱出来，表现了一种旷达乐观的人生态度。

11. 将下列句子翻译成现代汉语。

(1)寄蜉蝣于天地，渺沧海之一粟。哀吾生之须臾，羡长江之无穷。

(2)盖将自其变者而观之，则天地曾不能以一瞬；自其不变者而观之，则物与我皆无尽也，而又何羡乎！

 课外拓展

阅读下列文段，完成1~6题。

王生好学而不得法。其友李生问之曰："或谓君不善学，信乎?"王生不说，曰："凡师之所言，吾悉能志之，是不亦善学乎?"李生说之曰："孔子云'学而不思则罔'，盖学贵善思，君但志之而不思之，终必

无所成，何以谓之善学也？"王生益愠，不应而还走。居五日，李生故寻王生，告之曰："夫善学者不耻下问，择善而从之，冀闻道也。余一言未尽，而君变色以去。几欲拒人千里之外，岂善学者所应有邪？学者之大忌，莫逾自厌，盍改之乎？<u>不然，迨年事蹉跎，虽欲改励，恐不及矣！</u>"王生惊觉，谢曰："余不敏，今日始知君言之善。请铭之坐右，以昭炯戒。"

——唐·佚名《李生论善学者》

1. 下列各项加点词语的解释，不正确的一项是（　　）。
A. 吾悉能志之　　　志：记　　　　B. 或谓君不善学　　或：有人
C. 李生故寻王生　　故：特意　　　D. 莫逾自厌　　　　厌：厌烦

2. 下列各项中"而"的用法不同于其他三项的是（　　）。
A. 王生好学而不得法　　　　　　　B. 逝者如斯，而未尝往也
C. 君但志之而不思之　　　　　　　D. 择善而从之

3. 下列语句中，与例句加点词类活用现象相同的一项是（　　）。
例句：不耻下问。
A. 歌窈窕之章　　　　　　　　　　B. 况吾与子渔樵于江渚之上
C. 方其破荆州，下江陵，顺流而东也　D. 侣鱼虾而友麋鹿

4. 下列语句中，句式与例句相同的一项是（　　）。
例句：学者之大忌，莫逾自厌。
A. 固一世之雄也。　　　　　　　　B. 此非孟德之困于周郎者乎？
C. 而又何羡乎？　　　　　　　　　D. 凌万顷之茫然。

5. 下列对文章内容的理解不正确的一项是（　　）。
A. 李生认为学习贵在善于思考，一定要将学习和思考结合起来。
B. 规劝朋友的过错，要有李生的勇气、责任与担当，要有耐心，尽心尽责地帮助朋友进步。
C. 李生认为在学习中有不明白的地方，除了向师长请教外，还要勇于向同辈甚至比自己地位低的人请教，并不以此为耻。
D. 本文中心是赞颂王生知错能改。

6. 翻译原文中画线的句子。
不然，迨年事蹉跎，虽欲改励，恐不及矣！

项脊轩志

归有光

作家作品

归有光，字熙甫，号震川，又号项脊生，汉族，明代散文家，江苏昆山人。嘉靖十九年(公元1540年)举人。会试落第八次，徙居嘉定安亭江上，读书谈道，六十岁方成进士，历长兴知县、顺德通判、南京太仆寺丞，留掌内阁制敕房，与修《世宗实录》，卒于南京。由于归有光在散文创作方面的极深造诣，在当时被称为"今之欧阳修"。他的散文取法于唐宋八大家，被誉为"明文第一"(黄宗羲语)。著有《震川先生集》《三吴水利录》等。

学习导引

项脊轩，归有光的书斋名。轩，小的房室。归有光的远祖曾居住在江苏太仓的项脊泾。作者把小屋命名为项脊轩，有纪念意义。"志"即"记"，是古代记叙事物、抒发感情的一种文体。借记物、事来表达作者的感情。他的风格"不事雕琢而自有风味"，借日常生活和家庭琐事来表现母子亲情，表现人物的风貌，寄托自己的深情。此文是归有光抒情散文的代表作。

文章紧扣项脊轩来写，用或喜或悲的感情作为贯穿全文的意脉，将生活琐事串为一个整体。善于撷取生活中的细节和场面来表现人物。不言情而情无限，言有尽而意无穷。

 文白对译

①项脊轩[1]，旧[2]南阁子也。室仅方丈[3]，可容一人居。百年老屋，尘泥渗漉[4]，雨泽下注[5]；每移案[6]，顾视[7]无可置者。又北向，不能得日[8]，日过午已昏[9]。余稍为修葺[10]，使不上漏。前辟[11]四窗，垣墙周庭[12]，以当[13]南日，日影反照，室始洞然[14]。又杂植兰桂竹木于庭，旧时栏楯[15]，亦遂增胜[16]。借书满架，偃仰[17]啸歌[18]，冥然兀坐[19]，万籁有声[20]；而庭阶寂寂，小鸟时来啄食，人至不去。三五之夜[21]，明月半墙，桂

影斑驳，风移影动，珊珊[22]可爱。

【注释】

[1]轩：小的房室。
[2]旧：旧日的，原来的。
[3]方丈：一丈见方。
[4]尘泥渗漉：(屋顶墙头上的)泥土漏下。渗，透过。漉，漏下。渗漉，从小孔慢慢漏下。
[5]雨泽下注：雨水往下倾泻。下，往下。雨泽，雨水。
[6]案：几案，桌子。
[7]顾视：环看四周。顾，环视。
[8]不能得日：不能照到阳光。得日，照到阳光。
[9]昏：光线不明。
[10]修葺：修缮、修理，修补。
[11]辟：开。
[12]垣墙周庭：庭院四周砌上围墙。垣，在这里是名词作动词，指砌矮墙。垣墙，砌上围墙。周庭，(于)庭子周围。
[13]当：迎接。
[14]洞然：明亮的样子。
[15]栏楯(shǔn)：栏杆。纵的叫栏，横的叫楯。
[16]增胜：增添了光彩。胜，光彩。
[17]偃仰：安居。偃，伏下。仰，仰起。
[18]啸歌：长啸或吟唱。这里指吟咏诗文，显示豪放自若。啸，口里发出长而清越的声音。
[19]冥然兀坐：静静地独自端坐着。兀坐，端坐。
[20]万籁有声：自然界的一切声音都能听到。万籁，指自然界的一切声响。籁，孔穴里发出的声音，也指一般的声响。
[21]三五之夜：农历每月十五的夜晚。
[22]珊珊：舒缓的样子，这里指树影缓缓摇曳的样子。

【翻译】

项脊轩，是过去的南阁楼。屋里只有一丈见方，可以容纳一个人居住。百年老屋，(屋顶墙上的)泥土从上边漏下来，积聚的水一直往下流淌；我每次动书桌，环视四周没有可以安置桌案的地方。屋子又朝北，不能照到阳光，太阳过了中午就已经昏暗。我稍稍修理了一下，使它不从上面漏土漏雨。在前面开了四扇窗子，在院子四周砌上围墙，用(北墙)对着南边射来的日光(使其反照室内)。日光反射照耀，室内才明亮起来。我在庭院里随意地种上兰花、桂树、竹子等，往日的栏杆，也增加了新的光彩。借来的书摆满了书架，我安居室内，吟诵诗文，有时又静静地独自端坐，听到自然界各种各样的声音；庭院、台阶前静悄悄的，小鸟不时飞下来啄食，人走到它跟前也不离开。十五的夜晚，明月高悬，照亮半截墙壁，桂树的影子交杂错落，微风吹过影子摇动，可爱极了。

②然余居于此，多可喜，亦多可悲。先是庭中通南北为一。迨诸父异爨[23]，内外多置小门墙，往往而是[24]。东犬西吠[25]，客逾庖而宴[26]，鸡栖于厅。庭中始为篱，已[27]为墙，凡再变矣[28]。家有老妪，尝居于此。妪，先大母婢也，乳二世，先妣抚之甚厚。室西连于中闺，先妣尝一至。妪每谓余曰："某所，而母立于兹。"妪又曰："汝姊在吾怀，呱呱而泣；

娘以指叩门扉曰：'儿寒乎？欲食乎？'吾从板外相为应答[29]。"语未毕，余泣，妪亦泣。余自束发[30]读书轩中，一日，大母过余曰："吾儿，久不见若影，何竟日[31]默默在此，大类女郎也？"比去，以手阖[32]门，自语曰："吾家读书久不效，儿之成，则可待乎！"顷之，持一象笏至，曰："此吾祖太常公宣德间执此以朝，他日汝当用之！"瞻顾遗迹[33]，如在昨日，令人长号不自禁。

【注释】

[23]迨(dài)诸父异爨(cuàn)：等到伯、叔们分了家。迨，及，等到。诸父，伯父、叔父的统称。异爨，分灶做饭，意思是分了家。

[24]往往而是：往往，到处，处处。而，修饰关系连词。是，这(样)。

[25]东犬西吠：东边的狗对着西边叫。意思是分家后，狗把原住同一庭院的人当作陌生人。

[26]逾庖而宴：越过厨房而去吃饭。庖，厨房。

[27]已：已而，随后不久。

[28]凡再变矣：凡，总共。再，两次。

[29]相为应答：一一回答。相，指她(先母)。

[30]束发：古代男孩十五岁时束发为髻，象征着儿童进入少年阶段。

[31]竟日：一天到晚。竟，从头到尾。

[32]阖(hé)：同"合"，合上。

[33]瞻顾遗迹：回忆旧日事物。瞻，向前看。顾，向后看。瞻顾，泛指看，有瞻仰、回忆的意思。

【翻译】

然而我住在这里，有许多值得高兴的事，也有许多值得悲伤的事。在这以前，庭院南北相通成为一体。等到伯父叔父们分了家，在室内外设置了许多小门，墙壁到处都是。分家后，狗把原住同一庭院的人当作陌生人，客人得越过厨房去吃饭，鸡在厅堂里栖息。庭院中开始是篱笆隔开，然后又砌成了墙，一共变了两次。家中有个老婆婆，曾经在这里居住过。这个老婆婆，是我死去的祖母的婢女，给两代人喂过奶，先母对她很好。房子的西边和内室相连，先母曾经经常来。老婆婆常常对我说："这个地方，你母亲曾经站在这儿。"老婆婆又说："你姐姐在我怀中，呱呱地哭泣；你母亲用手指敲着房门说：'孩子是冷呢？还是想吃东西呢？'我隔着门一一回答……"话还没有说完，我就哭起来，老婆婆也流下了眼泪。我从十五岁起就在轩内读书，有一天，祖母来看我，说："我的孩子，好久没有见到你的身影了，为什么整天默默地呆在这里，像个女孩子呢？"等到离开时，用手关上门，自言自语地说："我们家读书人很久没有得到功名了，(我)孩子的成功，就指日可待了啊！"不一会，拿着一个象笏过来，说："这是我祖父太常公宣德年间拿着去朝见皇帝用的，以后你一定会用到它！"回忆起旧日这些事情，就好像发生在昨天一样，真让人忍不住放声大哭。

③轩东故尝为厨，人往，从轩前过。余扃牖[34]而居，久之，能以足音辨人。轩凡四遭火，得不焚，殆[35]有神护者。

【注释】

[34]扃(jiōng)牖(yǒu)：关着窗户。扃，(从内)关闭。牖，窗户。

[35]殆：恐怕，大概，表示揣测的语气。

【翻译】

项脊轩的东边曾经是厨房，人们到那里去，必须从轩前经过。我关着窗子住在里面，时间长了，能够根据脚步声辨别是谁。项脊轩一共遭过四次火灾，能够不被焚毁，大概是有神灵在保护着吧。

④余既为此志，后五年，吾妻来归[36]，时至轩中，从余问古事，或凭几学书[37]。吾妻归宁[38]，述诸小妹语曰："闻姊家有阁子，且何谓阁子也？"其后六年，吾妻死，室坏不修。其后二年，余久卧病无聊，乃使人复葺南阁子，其制[39]稍异于前。然自后余多在外，不常居。

【注释】

[36]来归：嫁到我家来。归，古代女子出嫁。
[37]凭几学书：伏在几案上学写字。几，小或矮的桌子。书，写字。
[38]归宁：出嫁的女儿回娘家省亲。
[39]制：指建造的格式和样子。

【翻译】

我写了这篇文章之后，过了五年，我的妻子嫁到我家来，她时常来到轩中，向我问一些旧时的事情，有时伏在桌旁学写字。我妻子回娘家探亲，回来转述她的小妹妹们的话说："听说姐姐家有个小阁楼，那么，什么叫小阁楼呢？"这以后六年，我的妻子去世，项脊轩破败没有整修。又过了两年，我很长时间生病卧床没有什么（精神上的）寄托，就派人再次修缮南阁子，格局跟过去稍有不同。这之后我多在外边，不常住在这里。

⑤庭有枇杷树，吾妻死之年所手植[40]也，今已亭亭如盖[41]矣。

【注释】

[40]手植：亲手种植。手，亲手。
[41]亭亭如盖：高高挺立，树冠像伞盖一样。亭亭，直立的样子。盖，古称伞。

【翻译】

庭院中有一株枇杷树，是我妻子去世那年我亲手种植的，现在已经高高挺立，枝叶繁茂像伞一样了。

知识梳理

一、通假字

1. 而母立于兹。　　　　　"而"同"尔"，你的。
2. 以手阖门。　　　　　　"阖"同"合"，合上。
3. 以当南日　　　　　　　"当"同"挡"，遮挡。

二、古今异义

例句	词语	今义	古义
1. 室仅方丈	方丈	指寺庙里的住持	一丈见方
2. 墙往往而是	往往	经常	到处
3. 余自束发	束发	扎头发	表示古代男孩成年时束发为髻

三、一词多义

1. 始
①室始洞然。(才，副词)
②庭中始为篱，已为墙。(起初，起先，副词)

2. 过
①日过午已昏。(偏过，动词)
②大母过余曰。(探望，动词)
③从轩前过。(走过，动词)

3. 置
①顾视无可置者。(放置，动词)
②内外多置小门。(设置，动词)

4. 而
①余扃牖而居。(表修饰，连词)
②万籁有声，而庭阶寂寂。(表并列，连词)
③墙往往而是。(表修饰，连词)
④某所，而母立于兹。(同"尔"，你的，代词)
⑤呱呱而哭泣。(表修饰，连词)

5. 为
①始为篱，已为墙。(扎/砌，动词)
②轩东故尝为厨。(是，判断词)
③庭中通南北为一。(是，判断词)
④吾从板外相为应答。(向，对，介词)
⑤余稍为修葺。(为，给，介词)

6. 以
①以当南日。(用，介词)
②能以足音辨人。(凭借，介词)
③执此以朝。(相当于"而"，表修饰，连词)

7. 谓
①且何谓阁子也。(叫作)
②妪每谓余曰。(告诉，对……说)

8. 一
①庭中通南北为一。(整体)
②先妣尝一至。(时而，副词)

9. 日
①不能得日。(阳光)
②日过午已昏。(太阳)
③一日，大母过余曰。(天，一昼夜为日)

10. 先
①先是，庭中通南北为一。(在……之前)
②先大母婢也。(去世的，已故的)

项脊轩志

11. 之
①吾妻死之年所手植也。(的,助词)
②他日汝当用之。(指象笏,代词)
③儿之成。(主谓之间取消句子独立性,助词)
④顷之。(调节音节,助词)

12. 西
①东犬西吠。(向西边,名词作状语)
②室西连于中闺。(西边)

13. 得
①不能得日。(照到)
②得不焚。(能够)

14. 已
①日过午已昏。(已经,副词)
②已为墙。(不久,副词)

15. 当
①以当南日。(挡住)
②他日汝当用之。(应当)

16. 然
①室始洞然。(……的样子,形容词词尾)
②然余居于此。(然而,但是,连词)

17. 书
①借书满架。(书籍)
②或凭几学书。(写字)

18. 食
①小鸟时来啄食。(食物)
②欲食乎。(吃)

19. 大
①大类女郎也。(很,非常,副词)
②先大母婢也。(大母,指祖母)

20. 所
①某所,而母立于兹。(地方)
②吾妻死之年所手植也。(所……的……,动词前的指示代词)

21. 从
①吾从板外相为应答。(由,自,介词)
②从余问古事。(跟从,动词)

22. 归
①吾妻来归。(女子出嫁,动词)
②吾妻归宁。(返回,动词)

23. 每
①每移案,顾视无可置者。(每次,副词)
②妪每谓予曰:"某所,而母立于兹。"(常常,副词)

三、词类活用

1. 名词作动词

①乳二世。(用乳汁喂养)

②客逾庖而宴。(吃饭)

③执此以朝。(上朝)

④吾家读书久不效。(有成效,此指考取功名)

⑤或凭几学书。(写字)

⑥垣墙周庭。(砌上围墙)

2. 名词作状语

①雨泽下注;使不上漏。(下,朝下;上,从上面)

②前辟四窗。(在前面)

③东犬西吠。(向西面)

④吾妻死之年所手植也。(亲自)

⑤内外多置小门。(在内外)

⑥时至轩中。(不时)

3. 数词作名词

庭中通南北为一。(整体)

四、文言句式

1. 判断句

项脊轩,旧南阁子也。(……也,表判断)

2. 省略句

束发读书(于)轩中。

3. 状语后置句

①又杂植兰桂竹木于庭。(即"于庭杂植兰桂竹木")

②尝居于此。(即"尝于此居")

③室西连于中闺。(即"室西于中闺连")

④鸡栖于厅。(即"鸡于厅栖")

⑤其制稍异于前。(即"其制于前稍异")

4. 被动句

得不焚。(能够不被焚毁)

5. 宾语前置句

令人长号不自禁。("自"为"禁"的前置宾语)

 课内巩固

1. 下列有关文化常识的表述,不正确的一项是( )。

A. "诸父"即伯父、叔父的统称;"先大母",即已去世的祖母。

B. "三五之夜"即农历每月十五的夜晚,"十五"又称"望",如"丁卯三月之望",即丁卯三月十五。

C. "象笏"即象牙做的笏,笏,就是封建时代官员上朝时所用的手板,有事可记于上,以备忘。

D. 归有光,字熙甫,号震川,清代散文家。

2. 下列句中加点的词语与现代汉语意思相同的一项是( )。
A. 吾妻归宁　　　　　　　　　　B. 可容一人居
C. 余自束发读书轩中　　　　　　D. 凡再变矣

3. 下列加点词语的解释，不正确的一项是( )。
A. 往往而是（到处）　　　　　　B. 亦遂增胜（美）
C. 大类女郎也（像）　　　　　　D. 大母过余（过问）

4. 对下列句子中加点词的解释，不正确的一项是( )。
A. 每移案，顾视无可置者（向四周看）　B. 三顾臣于草庐之中（拜访）
C. 人之立志，顾不如蜀鄙之僧哉（顾惜）　D. 瞻顾遗迹，如在昨日（瞻视）

5. 下列语句中加点词的词类活用与其他三项不同的一项是( )。
A. 妪，先大母婢也，乳二世　　　B. 尘泥渗漉，雨泽下注
C. 东犬西吠，客逾庖而宴　　　　D. 余稍为修葺，使不上漏

6. 下列语句加点的虚词意义和用法相同的一组是( )。
A. ①汝姊在吾怀，呱呱而泣　　　②而母立于兹
B. ①庭中始为篱　　　　　　　　②吾从室外相为应答
C. ①比去，以手阖门　　　　　　②娘以指叩门扉曰
D. ①家有老妪，尝居于此　　　　②室西连于中闺

7. 下列加点"之"字用法与"他日汝当用之"中的"之"相同的一项是( )。
A. 三五之夜，明月半墙　　　　　B. 先妣抚之甚厚
C. 儿之成，则可待乎　　　　　　D. 久之，能以足音辨人

8. 下列文言句式与"轩凡四遭火，得不焚"不相同的一项是( )。
A. 秦城恐不可得，徒见欺　　　　B. 戍卒叫，函谷举
C. 而君幸于赵王　　　　　　　　D. 瓦缝参差，多于周身之帛缕

9. 下列文言句式与"令人长号不自禁"相同的一项是( )。
A. 何为其然也　　　　　　　　　B. 鸡栖息于厅
C. 何竟日默默在此　　　　　　　D. 庭有枇杷树，吾妻死之年所手植也

10. 下列语句编成四组，全部表现"然余居于此，多可喜"的一组是( )。
①桂影斑驳，风移影动，珊珊可爱　　②迨诸父异爨，内外多置小门墙，往往而是
③吾妻来归，时至轩中，从余问古今，或凭几学书　④借书满架，偃仰啸歌
⑤某所，而母立于兹　　　　　　　⑥庭中始为篱，已为墙，凡再变矣
A. ①③④　　B. ①④⑤　　C. ②③⑥　　D. ②⑤⑥

11. 将下列句子翻译成现代汉语。
(1)此吾祖太常公宣德间执此以朝，他日汝当用之！

(2)其后二年，余久卧病无聊，乃使人复葺南阁子，其制稍异于前。

课外拓展

阅读下列文段，完成1～6题。

杏花书屋，余友周孺允所构读书之室也。孺允自言其先大夫玉岩公为御史，谪沅、湘时，尝梦居一

室，室旁杏花烂漫，诸子读书其间，声琅然出户外。嘉靖初，起官陟宪使，乃从故居迁县之东门，今所居宅是也。公指其后隙地谓孺允曰："他日当建一室，名之为杏花书屋，以志吾梦云。"

公后迁南京刑部右侍郎，不及归而没于金陵。孺允兄弟数见侵侮，不免有风雨飘摇之患。如是数年，始获安居。至嘉靖二十年，孺公葺公所居堂，因于园中构屋五楹，贮书万卷，以公所命名，揭之楣间，周环艺以花果竹木。方春时，杏花粲发，恍如公昔年梦中矣。而回思洞庭木叶[1]、芳洲杜若[2]之间，可谓觉之所见者妄而梦之所为者实矣。登其室，思其人，怎不慨然矣乎！

——《杏花书屋记·归有光》

注释：

[1]洞庭木叶：语出屈原《九歌·湘夫人》"袅袅兮秋风，洞庭波兮木叶下"。
[2]芳洲杜若：语出屈原《九歌·湘君》"采芳洲兮杜若"。

1. 选出加点词语解释，不正确的一项是(　　)。

   A. 谪沅、湘时，尝梦居一室　　　　谪：封建时代特指官吏降职，调往边外的地方
   B. 嘉靖初，起官陟宪使　　　　　　陟：晋升
   C. 余友周孺允所构读书之室也　　　构：买
   D. 周环艺以花果竹木　　　　　　　艺：种植

2. 下列句中加点的词与"贮书万卷，以志吾梦云"中的"以"用法相同的一项是(　　)。

   A. 以公所命名　　　　　　　　B. 周环艺以花果竹木
   C. 能以足音辨人　　　　　　　D. 作《师说》以贻之

3. 下列语句中，与例句词类活用现象不相同的一项是(　　)。

   例句：名之为杏花书屋。

   A. 左右欲刃相如　　　　　　　B. 顺流而东也
   C. 吾妻死之年所手植也　　　　D. 假舟楫者，非能水也

4. 下列语句中，句式与例句相同的一项是(　　)。

   例句：孺允兄弟数见侵侮。

   A. 杏花书屋，余友周孺允所构读书之室也　　B. 不及归而没于金陵
   C. 以勇气闻于诸侯　　　　　　　　　　　　D. 轩凡四遭火，得不焚

5. 下列对原文内容的分析和概括，不正确的一项是(　　)。

   A. 友人的父亲曾梦见自己居所附近，室外杏花烂漫，儿子在房里读书，书声琅琅。
   B. 友人的父亲曾被贬谪到沅、湘一带，后调往南京任职最终荣归故里。
   C. 本文先介绍杏花书屋的由来及其布置，然后用"登其室，思其人，能不慨然矣乎"引出议论。
   D. 全文围绕书屋的建造和命名，使得本来极为普通的书屋具有了不平凡的意义。

6. 翻译原文中画线的句子。

   登其室，思其人，怎不慨然矣乎！

过秦论

贾 谊

作家作品

贾谊，西汉初期的政论家、文学家，又称贾太傅、贾长沙、贾生，洛阳(今河南洛阳市东)人。贾谊的著作主要有散文和辞赋两类，深受庄子与列子的影响。散文的主要文学成就是政论文，评论时政，风格朴实峻拔，议论酣畅，说理透辟，逻辑严密，气势汹涌，词句铿锵有力，鲁迅称之为"西汉鸿文"，代表作有《过秦论》《论积贮疏》《陈政事疏》等。其辞赋皆为骚体，形式趋于散体化，是汉赋发展的先声，以《吊屈原赋》《鵩鸟赋》最为著名。

学习导引

《过秦论》是史论，"过秦"，即"言秦之过"，指出秦亡国的过失；"论"，一种文体，古文中的所谓"论"，是论断事理，它包括论政、论史等文字。名为"过秦"，实是"戒汉"。全文从各个方面分析秦王朝的过失，故名为《过秦论》。文章总论了秦的兴起、灭亡及其原因，鲜明地提出了本文的中心论点："仁义不施而攻守之势异也。"其目的是提供给汉文帝及汉王朝作为改革政治、建立制度、巩固统治的借鉴，是一组见解深刻而又极富艺术感染力的文章。

《过秦论》分上、中、下三篇，课文是上篇。

上篇先讲述秦自孝公以来迄始皇逐渐强大的原因：具有地理的优势、实行变法图强的主张、正确的战争策略、几世秦王的苦心经营等。行文中采用了排比式的句子和铺陈式的描写方法，富有气势；之后则写陈涉虽然本身力量微小，却能使强大的秦国覆灭，在对比中得出秦亡在于"仁义不施"的结论。

文白对译

①秦孝公据[1]崤函[2]之固[3]，拥雍州之地，君臣固[4]守以[5]窥[6]周室，有席卷[7]天下，包举宇内[8]，囊括四海之意，并吞八荒之心。当是[9]时也，商君佐[10]之，内[11]立法度，

— 117 —

务[12]耕织,修[13]守战之具[14];外[15]连衡[16]而斗[17]诸侯。于是秦人拱手[18]而[19]取西河[20]之外。

【注释】

[1]据:占据。

[2]崤(xiáo)函:崤山和函谷关。

[3]固:险固地势,形容词作名词。

[4]固:牢固地,形容词。

[5]以:来,表目的,连词。

[6]窥:窥视,指伺机夺取。

[7]席卷:并吞的意思,与下文的"包举""囊括"意思相同。席,名词作状语,像卷席子一样;包,名词作状语,像用包裹把东西包起来一样;囊,名词作状语,像用口袋把东西装起来一样。

[8]宇内:天下的意思,与下文的"四海""八荒"意思相同。八荒,原指八方荒远的地方。

[9]是:指示代词这,这个。

[10]佐:辅佐。

[11]内:名词作状语,对内。

[12]务:从事,致力于。

[13]修:整治,治理。

[14]具:器械。

[15]外:名词作状语,对外。

[16]衡:同"横"。

[17]斗:使……相斗,动词的使动用法。

[18]拱手:两手相合,比喻很轻松,不费力的样子。

[19]而:连词,表修饰。

[20]西河:黄河以西。

【翻译】

秦孝公占据着崤山和函谷关的险固地势,拥有雍州一带(辽阔)的领地,君臣牢固地守卫着,来窥视并伺机夺取周王室(的权力)。(秦孝公)有席卷天下,占领天下的意图,并吞八方荒远之地的野心。在这时,(有)商鞅辅佐他,对内建立法规制度,大兴耕作纺织,修造防守和进攻的器械;对外实行连横策略,使诸侯自相争斗。因此,秦人毫不费力地夺取了黄河以西的土地。

②孝公既没[21],惠文、武、昭襄蒙[22]故业,因[23]遗策,南取汉中,西举巴、蜀,东割膏腴之地,北收要害之郡[24]。诸侯恐惧,会盟而[25]谋弱[26]秦,不爱[27]珍器重宝肥饶之地,以[28]致[29]天下之士,合从缔交,相与为一[30]。当此之时,齐有孟尝,赵有平原,楚有春申,魏有信陵。此四君者,皆明智[31]而忠信[32],宽厚而爱人,尊贤而重士,约从离衡[33],兼韩、魏、燕、楚、齐、赵、宋、卫、中山之众[34]。于是[35]六国之士,有宁越、徐尚、苏秦、杜赫之属[36]为[37]之谋,齐明、周最、陈轸、召滑、楼缓、翟景、苏厉、乐毅之徒通[38]其意,吴起、孙膑、带佗、倪良、王廖、田忌、廉颇、赵奢之伦制[39]其兵[40]。尝以十倍之地,百万之众,叩关[41]而[42]攻秦。秦人开关延敌[43],九国之师[44],逡巡[45]而不敢进。秦无亡矢遗镞[46]之费,而[47]天下诸侯已困矣。于是从散约败[48],争割地而[49]赂秦。秦有余

力而制其弊[50]，追亡逐北[51]，伏尸百万，流血漂橹[52]；因利乘便[53]，宰割天下，分裂[54]山河。强国请服，弱国入朝[55]。延[56]及孝文王、庄襄王，享国[57]之日浅[58]，国家无事。

【注释】

[21] 没：同"殁"，死亡。
[22] 蒙：继承。
[23] 因：沿袭。
[24] 南取汉中，西举巴、蜀，东割膏腴之地，北收要害之郡："南、西、东、北"，均为名词作状语，分别为"向南、向西、向东、向北"之意。举，攻取、攻占。膏腴，指土地肥沃。要害之郡，(政治、经济、军事上)都非常重要的地区。
[25] 而：连词，表目的。
[26] 弱：使……弱，形容词的使动用法。
[27] 爱：吝惜。
[28] 以：用来，表目的，连词。
[29] 致：招纳。
[30] 合从(zòng)缔交，相与为一：采用合纵的策略缔结盟约，相互援助，成为一体。合从，是六国联合共同对付秦国的策略。从，同"纵"。与，帮助，援助。
[31] 明智：见识英明有智谋。
[32] 信：讲信用。
[33] 约从离衡：相约为合纵，离散秦国的连横策略。离，动词的使动用法，使……离散。
[34] 兼韩、魏……中山之众：兼，合并、聚集、联合。众，军队。
[35] 于是：在这时。
[36] 杜赫之属：之属，这一类人。之，代词，这。属，类。下文的"之徒、之伦"中的"之""徒""伦"的意义和用法同"之""属"。
[37] 为：替，介词。
[38] 通：沟通。
[39] 制：统帅，统领。
[40] 兵：军队。
[41] 叩关：攻打函谷关。叩，击。
[42] 而：表顺承，连词。
[43] 秦人开关延敌：开关，打开关隘。延，迎接，迎击。
[44] 师：军队。
[45] 逡巡(qūn xún)：有所顾虑而徘徊不前。
[46] 亡矢遗镞：亡、遗，丢失，丢掉。矢，箭。镞，箭头。
[47] 而：然而、可是、但是，表转折，连词。
[48] 从散约败：合纵解散，盟约毁弃。败，毁弃。
[49] 而：连词，表目的。
[50] 制其弊：制，制服。弊，困乏，疲惫。
[51] 追亡逐北：追逐逃走的败兵。亡、北，动词作名词，打了败仗逃跑的军队。
[52] 流血漂橹：血流成河，可以漂浮盾牌。漂，使动用法，使……漂浮。橹，盾牌。
[53] 因利乘便：因，趁着。利、便，形容词作名词，有利的形势，便利的条件。

[54]分裂:划分。

[55]入朝:前来向秦称臣,朝拜。

[56]延:延续。

[57]享国:帝王在位时间。享,享有,占有。

[58]浅:短。

【翻译】

秦孝公死后,惠文王、惠武王、昭襄王(先后)继承已有的基业,沿袭前代的策略,向南夺取汉中,向西攻占巴、蜀,向东割取肥沃的地盘,向北占领(政治、经济、军事上)都非常重要的地区。诸侯恐慌害怕,开会结盟,谋求削弱秦国的办法,不吝惜珍奇贵重的器物和肥沃富饶的土地,来招纳天下的志士能人,采用合纵的策略缔结盟约,互相援助,结为一体。在这个时期,齐国有孟尝君,赵国有平原君,楚国有春申君,魏国有信陵君。这四位封君,都见识英明有智谋,为人忠诚讲信用,待人宽仁厚道,爱护百姓,尊重贤才,重用士人,(他们)以合纵之约离散秦国的连横策略,将韩、魏、燕、楚、齐、赵、宋、卫、中山的部队结成联军。在这时,六国的贤能之士,有宁越、徐尚、苏秦、杜赫这一班人替他们谋划,有齐明、周最、陈轸、召滑、楼缓、翟景、苏厉、乐毅这一类人沟通他们的意见,有吴起、孙膑、带佗、倪良、王廖、田忌、廉颇、赵奢这一些人统率他们的军队。他们曾经凭着十倍于秦国的土地,上百万的军队,攻打函谷关,进攻秦国。秦国人打开函谷关迎敌,九国的军队却迟疑徘徊起来,不敢前进入关。秦国没有消耗一支箭、一个箭头,可是天下的诸侯各国已经困厄不堪、精疲力竭了。这样一来,合纵解散,盟约毁弃,各国争着割地去贿赂秦国。秦国有富余的力量趁各国困乏而制服他们,追逐逃走的败兵,使百万败兵尸横遍地,血流(成河),能让盾牌浮起;秦国进而趁着这有利的形势,分割天下的土地,重新划分山河的区域。强国请求降服,弱国前来朝拜。待到孝文王、庄襄王依次继位,他们在位的时间很短,秦国没有什么大事。

③及至始皇,奋六世之余烈[59],振长策而御宇内[60],吞二周而亡[61]诸侯,履至尊而制六合[62],执敲扑而鞭笞天下[63],威振[64]四海。南[65]取百越之地,以为[66]桂林、象郡;百越之君,俯首系颈[67],委命下吏[68]。乃[69]使蒙恬北[70]筑长城而守藩篱[71],却[72]匈奴七百余里;胡人不敢南下而牧马,士不敢弯弓而报怨[73]。于是废先王之道,焚百家之言[74],以愚黔首[75];隳名城,杀豪杰[76];收天下之兵[77],聚之咸阳,销锋镝[78],铸以为金人十二[79],以弱[80]天下之民。然后践华为城[81],因河为池[82],据亿丈之城,临不测之渊[83],以为固[84]。良将劲弩守要害之处,信臣精卒陈利兵而谁何[85]。天下已定,始皇之心,自以为关中之固,金城千里[86],子孙帝王万世之业也[87]。

【注释】

[59]奋六世之余烈:奋,发展。烈,事业,功绩。

[60]振长策而御宇内:用武力来统治各国。振,举起,挥动。策,马鞭子。御,驾驭、统治。

[61]亡:使……灭亡,动词的使动用法。

[62]履至尊而制六合:登上皇帝的宝座控制天下。履至尊,登帝位。六合,天地四方。履,登上,名词作动词。

[63]执敲扑而鞭笞(chī)天下:用严酷的刑罚来奴役天下的百姓。执,拿着。敲扑,刑具,短的叫"敲",长的叫"扑"。鞭笞,本意为用鞭子抽打,此处指奴役、役使。

[64]振:同"震",震慑。

[65]南:向南,名词作状语。

[66]以为："以之为"的省略，把它作为(设为)。

[67]俯首系颈：愿意服从，同意投降。俯首，低头，表示服从。系颈，颈上系绳，表示投降。

[68]委命下吏：(百越之君)把自己的生命交给狱吏。委，托付，交给。下吏，狱吏。

[69]乃：于是。

[70]北：在北面，名词作状语。

[71]藩(fān)篱：篱笆，引申为边境屏障，边疆。

[72]却：使……退却，击退，动词的使动用法。

[73]士不敢弯弓而报怨：弯，开弓，拉弓。报怨，报仇。

[74]百家之言：各学派的著作。言，言论，这里指著作。

[75]以愚黔(qián)首：以，来，表目的，连词。愚，使……愚昧，形容词使动用法。黔首，秦朝时对百姓的称呼。

[76]隳(huī)名城，杀豪杰：隳，毁坏。豪杰，才智出众的人物。

[77]兵：兵器。

[78]销锋镝(dí)：销毁兵器。锋，兵刃。镝，箭头。

[79]铸以为金人十二：以为，"以之为"的省略，用它们做成。金人十二，金人，铜人，即"十二金人"的倒装，定语后置句。

[80]以弱：以，表目的，来，用来，连词。弱，使……弱，削弱，形容词的使动用法。

[81]践华为城：践，凭借，依凭。华，华山。

[82]因河为池：因，凭借，依靠，介词。河，黄河。池，护城河。

[83]据亿丈之城，临不测之渊：据，凭借。临，从高处往下看。亿丈之城，指华山。不测之渊，指黄河。

[84]以为固：以为，"以之为"的省略，把它们作为。固，坚固的防御屏障，形容词作名词。

[85]良将劲弩守要害之处，信臣精卒陈利兵而谁何：弩，执弩，名词作动词。劲弩，手执强弩。信臣，可靠的大臣。何，同"呵"，呵问。谁何，呵问(他)是谁，缉查盘问的意思，"谁何"为宾语前置。

[86]自以为关中之固，金城千里：以为，认为，动词。金城，坚固的城池。金，比喻坚固。

[87]子孙帝王万世之业也：此句为判断句。子孙帝王，子子孙孙称帝称王。帝王，称帝称王，名词活用作动词。

【翻译】

等到秦始皇即位后，他发展前面六代君王遗留下来的功业，像挥动长鞭赶马那样，以武力来统治各国，吞并了东周公国和西周公国，相继灭掉了诸侯各国，登上最尊贵的皇帝宝座统治天下，用严酷的刑罚来奴役天下的百姓，威势震慑四海。向南方夺取了百越各部落的土地，把它设为桂林郡和象郡；百越各部落的头领，低头、颈上系绳前来投降，把自己的性命交给秦的下级官吏。于是秦始皇又派大将军蒙恬在北方筑起长城守卫边防，击退匈奴七百多里；胡人不敢再到南边来放牧，已亡六国的遗民不敢拉弓射箭来报仇雪恨。接着他就废除古代帝王的治国方法，焚烧各学派的著作，来使百姓变得愚昧；毁坏著名的城邑，杀害才智出众的人物；收缴天下的兵器，集中到都城咸阳，销毁兵刃和箭头，用它们铸造成十二个铜人，来削弱天下百姓的反抗力量。这样以后，依凭华山作为城墙，依靠黄河作为护城河，上凭借亿丈高的华山，下临着深不可测的黄河，把这作为坚固的防御屏障。(秦始皇派遣)优秀的将领手执强弩，把守非常重要的地方，(派)可靠的大臣和精锐的士卒，拿着锋利的兵器，盘问过往的行人。天下已经平定，秦始皇心里自认为险固的关中地区，坚固的城池方圆千里，这正是子孙万代称帝称王的基业。

④始皇既没，余威震于殊俗[88]。然陈涉瓮牖绳枢[89]之子，氓隶[90]之人，而迁徙之

徒[91]也;才能不及中人[92],非有仲尼、墨翟之贤,陶朱、猗顿之富;蹑足行伍[93]之间,而倔起阡陌[94]之中,率疲弊之卒,将[95]数百之众,转而攻秦;斩木为兵,揭[96]竿为旗,天下云集响应[97],赢粮而景从[98]。山东[99]豪俊遂并起而亡秦族[100]矣。

【注释】

[88]殊俗:不同的风俗,指边远地区。

[89]瓮牖(yǒu)绳枢:以破瓮做窗户,以草绳系户枢枢。形容家里穷。牖,窗户。枢,门上的转轴。文中"瓮、绳",名词作状语,用破瓮,用草绳;"牖、枢",名词活用作动词,做窗户,系户枢。

[90]氓(méng)隶:百姓中地位低下、充当隶役的种田人。氓,古时指农村种田的平民。隶,地位低贱被奴役的人。

[91]迁徙之徒:被征发的人。指陈涉被征发戍守渔阳。

[92]中人:平常的人。

[93]蹑足行(háng)伍:蹑足,用脚踏地,这里有"置身于……"的意思。行伍,古代军队编制。五人为伍,二十五人为行。后用行伍泛指军队。

[94]倔起阡陌:"倔起"同"崛起",突然兴起。阡陌,田间小路,这里指前往戍边的途中。

[95]将:带领,指挥。

[96]揭:举。

[97]云集响应:云,像云一样,名词作状语。响,像回声一样,名词作状语。

[98]赢粮而景从:担着干粮如影随形地跟着(陈涉)。赢,担负。"景"同"影",像影子一样,名词作状语。

[99]山东:指崤山以东。

[100]遂并起而亡秦族:遂,于是。并起,一并起义。亡,使……灭亡,动词使动用法。

【翻译】

秦始皇死后,他遗留下来的威力还震慑到边远的地方。然而陈涉不过是一个用破瓮做窗户、用草绳系门轴的穷苦人家的子弟,是一个地位低下、充当隶役的种田人,是一个被征发戍边的士卒;他的才能比不上平常的人,没有孔子、墨子那样的才能德行和陶朱、猗顿那样的财富;他置身于戍边的队伍当中,在戍卒中突然奋起发难,率领疲惫困乏的士兵,指挥几百人的队伍,掉转头来进攻秦王朝;他们砍削树木做武器,高举竹竿当旗帜,天下的百姓像云那样聚集起来,像回声那样应声而起,担着粮食,如影随形地跟着陈涉。崤山以东的英雄豪杰,于是一起起义,使秦王朝迅速覆灭了。

⑤且夫天下非小弱[101]也,雍州之地,崤函之固,自若[102]也。陈涉之位,非尊于齐、楚、燕、赵、韩、魏、宋、卫、中山之君也;锄櫌棘矜[103],非铦[104]于钩戟[105]长铩[106]也;谪戍[107]之众,非抗[108]于九国之师也;深谋远虑,行军用兵之道,非及向时[109]之士也。然而成败异变,功业相反,何也?试使山东之国与陈涉度长絜大[110],比权量力,则不可同年而语矣。然秦以区区之地,致万乘[111]之势,序八州而朝同列[112],百有余年矣;然后以六合为家,崤函为宫;一夫作难而七庙隳[113],身死人手,为天下笑者[114],何也?仁义不施而攻守之势异也[115]。

【注释】

[101]小弱:变小变弱,形容词作动词。

[102]自若:还是像从前那样。自,原来,从前。

[103]锄櫌(yōu)棘矜(qín):锄櫌,古时一种农具,似耙而无齿。棘矜,用酸枣木做的棍子。棘,酸枣木。这里的意思是农民军的武器,只有农具和木棍。

[104]铦(xiān):锋利。

[105]钩戟:钩,短兵器,似剑而曲。戟,以戈和矛合为一体的长柄兵器。

[106]铩(shā):长矛。

[107]谪戍:被贬谪征发戍守边远地区。

[108]抗:同"亢",高,强。

[109]向时:先前。

[110]度(duó)长絜(xié)大:度,量。絜,衡量。

[111]致万乘(shèng):致,达到,发展到。乘,古代称四匹马拉的车,一辆为一乘。

[112]序八州而朝(cháo)同列:序,排列顺序。八州,兖州、冀州、青州、徐州、豫州、荆州、扬州、梁州。古时天下分九州,秦居雍州,六国分别居于其他八州。而,连词,表并列。朝,使……朝拜,动词的使动用法。同列,六国诸侯。

[113]一夫作难而七庙隳:一夫作难,指陈涉起义。作难,起义。七庙隳,宗庙毁灭。七庙,天子的宗庙。隳,毁灭。

[114]身死人手,为(wéi)天下笑者:身死人手,指秦王子婴为项羽所杀。为,被,介词。

[115]攻守之势异也:攻和守的形势发生了变化。攻,指秦始皇攻打六国、夺取全国政权的时候。守,指秦始皇统一中国之后。

【翻译】

再说秦朝的天下并没有变小变弱,雍州的地势,崤山和函谷关的险固,还是像从前那样。陈涉的地位,并不比齐、楚、燕、赵、韩、魏、宋、卫、中山的国君尊贵;农具和木棍并不比钩戟长矛锋利;被征发守卫边塞的戍卒,不比九国的军队强大;计划周密,考虑长远,行军作战的策略,也比不上先前九国的那些谋士。但是成功和失败却大不相同,功绩事业也完全相反。这是为什么呢?假使让崤山以东的各诸侯国跟陈涉量量长短、比比大小,比量彼此的权势力量,那简直是不能相提并论的了。然而秦国凭借狭小的地盘,发展到拥有万辆兵车的国势,随意排列八州顺序,并且使六国诸侯都来朝见,已有一百多年历史;此后将天下作为一家私产,把崤山、函谷关作为宫墙;(然而)陈涉一人起义,天子七庙就毁掉了(秦王朝政权就灭亡了),秦王自己都死在人家手里,被天下人耻笑,这是为什么呢?是因为不施行仁义而使攻取天下和守住天下的形势发生变化了啊。

知识梳理

一、通假字

1. 外连衡而斗诸侯/约从离衡。   "衡"同"横"。
2. 孝公既没。   "没"同"殁",死亡。
3. 合从缔交/约从离衡/于是从散约败。"从"同"纵"。
4. 信臣精卒陈利兵而谁何。   "何"同"呵",呵问。
5. 俛起阡陌之中。   "俛"同"崛"。
6. 赢粮而景从。   "景"同"影",像影子一样。
7. 百有余年矣。   "有"同"又"。
8. 非抗于九国之师也。   "抗"同"亢",高,强。

9. 威振四海。　　　　　　　"振"同"震"，震慑。

二、古今异义

例句	词语	今义	古义
1. 于是秦人拱手而取西河之外	河	泛指河流	黄河
2. 惠文、武、昭襄，蒙故业	蒙	受	继承
3. 西举巴蜀	举	向上抬	攻取、攻占
4. 不爱珍器重宝肥饶之地	爱	对人或事有深挚的感情	吝惜
5. 以致天下之士	以致	用在下半句的开头，表示下文是上述情况造成的结果，多指不好的事情。	来，招纳
6. 九国之师	师	指隶属于军或集团军的一个编制单位；老师	军队
7. 流血漂橹	橹	划船工具	盾牌
8. 以为桂林、象郡	以为	认为	把……作为，"以"后省略了宾语"之"
9. 迁徙之徒也	迁徙	迁移，搬家	征发(守边)
10. 斩木为兵	兵	士兵	兵器
11. 赢粮而景从	赢	胜，获胜	担负，背负
12. 山东豪俊遂并起	山东	指山东省	崤山以东
13. 皆明智而忠信	明智	通达事理，有远见	英明智慧
14. 国家无事	国家	一个国家的整个区域	诸侯和大夫封地
15. 才能不及中人	中人	在两方之间调解、做见证或介绍买卖的人	平常的人
16. 于是六国之士，有宁越、徐尚、苏秦、杜赫之属为之谋	于是	表示后一事紧接着前一事，连词	在这时
17. 于是秦人拱手而取西河之外	于是	表示后一事紧接着前一事，连词	因此

三、一词多义

1. 固

①据崤函之固。(险固地势，名词)
②君臣固守以窥周室。(牢固地，形容词)
③临不测之渊，以为固。(坚固的防御屏障，名词)

2. 因

①因遗策。(沿袭，动词)
②因利乘便。(趁着，介词)
③因河为池。(凭借，依据，介词)
④不如因而厚遇之。(由此，趁此，介词)
⑤因宾客至蔺相如门谢罪。(通过、经由，介词)
⑥相如因持璧却立。(于是，就，副词)

3. 亡

①秦无亡矢遗镞之费。(丢失，损失，动词)

②追亡逐北。(逃亡的军队,名词)
③吞二周而亡诸侯。(使……灭亡,使动用法)

4. 制
①吴起……赵奢之伦制其兵。(统率,动词)
②秦有余力而制其弊。(制服、控制,动词)
③履至尊而制六合。(统治、控制,动词)

5. 兵
①赵奢之伦制其兵/行军用兵之道。(军队,名词)
②收天下之兵/信臣精卒陈利兵而谁何/斩木为兵。(兵器,名词)

6. 策
①蒙故业,因遗策。(策略、计策,名词)
②振长策而御宇内。(马鞭子,名词)

7. 致
①以致天下之士。(招引、招纳,动词)
②致万乘之势。(达到,动词)

8. 及
①非及向时之士。(比得上,动词)
②及至秦始皇。(到,等到,介词)

9. 北
①乃使蒙恬北筑长城而守藩篱。(在北方,方位名词作状语)
②追亡逐北。(败北的军队,名词)

10. 度
①内立法度。(制度,名词)
②试使山东之国与陈涉度长絜大。(量长短,动词)

11. 遗
①因遗策。(遗留下来的,形容词)
②秦无亡矢遗镞之费。(丢失,丢掉,动词)

12. 爱
①不爱珍器重宝肥饶之地。(吝惜,动词)
②宽厚而爱人。(爱护,尊重,动词)

13. 之
①不爱珍器重宝肥饶之地。(的,结构助词)
②赵奢之伦制其兵/杜赫之属/苏厉、乐毅之徒。(这,指示代词)
③商君佐之。(他,指秦孝公,代词)
④聚之咸阳。(代"天下之兵",代词)

14. 而
①外连衡而斗诸侯/会盟而谋弱秦/于是从散约败,争割地而赂秦/北筑长城而守藩篱。(表目的,连词)
②秦人拱手而取西河之外/振长策而御宇内/执敲扑而鞭笞天下/则不可同年而语矣/信臣精卒陈利兵而谁何/九国之师,逡巡而不敢进/胡人不敢南下而牧马/士不敢弯弓而报怨。(表修饰,连词)
③皆明智而忠信/宽厚而爱人/尊贤而重士/吞二周而亡诸侯/序八州而朝同列/然陈涉瓮牖绳枢之子,

氓隶之人,而迁徙之徒也。(表并列,连词)

④叩关而攻秦/履至尊而制六合/蹑足行伍之间,而倔起阡陌之中/将数百之众,转而攻秦/遂并起而亡秦族矣/一夫作难而七庙隳。(表顺承,连词)

⑤秦无亡矢遗镞之费,而天下诸侯已困矣/然而成败异变,功业相反也。(表转折,连词)

⑥仁义不施而攻守之势异也。(表因果,连词)

四、词类活用

1. 名词作动词

①履至尊而制六合。(登上)

②子孙帝王万世之业也。(称帝称王)

③然陈涉瓮牖绳枢之子。(牖,做窗户;枢,系户枢)

④过秦论。(指出……过失、过错)

2. 名词作状语

①有席卷天下,包举宇内,囊括四海之意。(像席子一样;像布包一样;像口袋一样)

②内立法度……外连衡而斗诸侯。(在国内,对内;对外)

③南取汉中,西举巴蜀,东割膏腴之地,北收要害之郡。(向南;向西;向东;向北)

④然陈涉瓮牖绳枢之子。(用破瓮;用绳子)

⑤南取百越之地,以为桂林、象郡。(向南)

⑥乃使蒙恬北筑长城而守藩篱。(在北方)

⑦天下云集响应,赢粮而景从。(像云一样;像回声一样;同"影",像影子一样)

3. 动词作名词

追亡逐北。(打了败仗逃跑的军队)

4. 形容词作动词

且夫天下非小弱也。(变小;变弱)

5. 形容词作名词

①尊贤而重士。(贤者,贤能的人)

②因利趁便。(有利的形势;便利的条件)

6. 使动用法

①外连衡而斗诸侯。(使……争斗)

②会盟而谋弱秦/以弱天下之民。(使……弱,削弱)

③约从离衡。(使……离散)

④伏尸百万,流血漂橹。(使……漂浮)

⑤吞二周而亡诸侯/山东豪俊遂并起而亡秦族矣。(使……灭亡)

⑥却匈奴七百余里。(使……退却)

⑦以愚黔首。(使……愚昧)

⑧序八州而朝同列。(使……朝拜)

7. 意动用法

尊贤而重士。(以……为重,看重,重用)

五、文言句式

1. 判断句

①自以为关中之固,金城千里,子孙帝王万世之业也。("……也",表判断)

②然陈涉瓮牖绳枢之子,甿隶之人,而迁徙之徒也。("……也",表判断)

③仁义不施而攻守之势异也。("……也",表判断)

2. 被动句

①一夫作难而七庙隳。("隳"表被动,被毁灭)

②为天下笑。("为"意思是"被……",表被动)

3. 省略句

①(九国)尝以十倍(于秦)之地。

②南取百越之地,以(之)为桂林、象郡。

③百越之君,俯首系颈,委命(于)下吏。

④聚之(于)咸阳。

⑤铸以(之)为金人十二。

⑥临不测之渊,以(之)为固。

⑦蹑足(于)行伍之间,而倔起(于)阡陌之中。

⑧身死(于)人手。

⑨威振(于)四海。

4. 宾语前置句

①信臣精卒陈利兵而谁何。("谁何"即"何谁"的倒装,"谁"作宾语)

②仁义不施而攻守之势异也。("仁义不施"即"不施仁义"的倒装,"仁义"作宾语)

5. 状语后置句

①陈涉之位,非尊于齐、楚、燕、赵、韩、魏、宋、卫、中山之君也。("于齐、楚、燕、赵、韩、魏、宋、卫、中山之君"作状语)

②锄櫌棘矜,非铦于钩戟长铩也。("于钩戟长铩"作状语)

③谪戍之众,非抗于九国之师也。("于九国之师"作状语)

6. 定语后置句

①伏尸百万。("百万"作定语)

②铸以为金人十二。("十二"作定语)

课内巩固

1. 下列有关文学文化常识的表述,正确的一项是(　　)。

A. 《过秦论》作者是东汉的政论家、文学家贾谊,世称贾生。贾谊的辞赋皆为骚体,形式趋于散体化,是汉赋发展的先声,以《吊屈原赋》《二京赋》最为著名。

B. 论,是一种议论文体,重在阐明自己的意见。古文中的所谓"论",是论断事理,它包括论政、论史等文字。

C. 贾谊散文的主要成就是政论文,评论时政,风格朴实峻拔,议论酣畅,郭沫若称之为"西汉鸿文",代表作有《过秦论》《论积贮疏》《陈政事疏》等。

D. 先秦著作中经常提到的"山东"指崤山以东,"河南"指淮河以南。

2. 下列关于《过秦论》相关内容表述,不正确的一项是(　　)。

A. 《过秦论》,"过",名词(过失、过错)作动词(指出……过失、过错);"过秦",即"言秦之过",指出秦亡国的过失。《过秦论》共有上、中、下三篇,其中写得最好、影响最大的是下篇。

B. 《过秦论》是史论,名为"过秦",实是"戒汉"。全文从各个方面分析秦王朝的过失,故名为《过秦

论》。其目的是给汉文帝提供改革政治、建立制度和巩固统治的借鉴。

C.《过秦论》总论了秦的兴起、灭亡及其原因，鲜明地提出了中心论点："仁义不施而攻守之势异也。"

D. 为了论证中心论点，作者无论在叙述还是在议论时，都采用了带有夸张意味的对比手法：一是秦国与六国对比，二是秦国与统一天下的秦朝对比，三是陈涉与六国的对比。文章通过层层深入的对比，使得结论越来越清晰，观点越来越鲜明。

3. 下列各组句子中，加点的实词意义与用法相同的一组是（　　）。
   A. ①不爱珍器重宝肥饶之地　　②宽厚而爱人
   B. ①收天下之兵　　　　　　　②斩木为兵
   C. ①会盟而谋弱秦　　　　　　②且夫天下非小弱也
   D. ①以致天下之士　　　　　　②然秦以区区之地，致万乘之势

4. 下列各句中加点字的活用现象，归类正确的一项是（　　）。
   ①内立法度，务耕织　　②序八州而朝同列　　③追亡逐北，伏尸百万　　④流血漂橹
   ⑤然陈涉瓮牖绳枢之子　　⑥子孙帝王万世之业也　　⑦以愚黔首　　⑧且夫天下非小弱也
   A. ①⑤/②/③④⑦/⑥/⑧   B. ①⑤/②④⑦/③/⑥/⑧
   C. ①③/②/④⑤/⑦/⑥⑧   D. ①⑤/②③/⑥⑦/④/⑧

5. 下列各句中加点的词语与现代汉语意思不相同的一项是（　　）。
   A. 然而成败异变，功业相反   B. 试使山东之国与陈涉度长絜大
   C. 然秦以区区之地   D. 逡巡而不敢进

6. 下列各句与"一夫作难而七庙隳"句式相同的一项是（　　）。
   A. 蚓无爪牙之利，筋骨之强
   B. 然陈涉瓮牖绳枢之子，氓隶之人，而迁徙之徒也
   C. 身死人手，为天下笑
   D. 故燕王欲结于君

7. 下列各句中"而"字的用法与"序八州而朝同列"一句中"而"字的用法相同的一项是（　　）。
   A. 秦人拱手而取西河之外   B. 秦无亡矢遗镞之费，而天下诸侯已困矣
   C. 外连衡而斗诸侯   D. 尊贤而重士

8. 下列语句中的"之"字用法归类正确的一项是（　　）。
   ①当是时也，商君佐之　　②北收要害之郡　　③有宁越……为之谋
   ④齐明……乐毅之徒通其意　　⑤焚百家之言　　⑥赵奢之伦制其兵
   A. ①⑥/②④/③⑤   B. ①③/④⑤/②⑥
   C. ①③/②⑤/④⑥   D. ①④/②⑤/③⑥

9. 下列各组句子中，加点的词意义和用法都相同的一项是（　　）。
   A. 南取百越之地，以为桂林、象郡   临不测之渊，以为固
   B. 因利乘便，宰割天下，分裂山河   信臣精卒陈利兵而谁何
   C. 惠文、武、昭襄蒙故业，因遗策   秦无亡矢遗镞之费
   D. 内立法度，务耕织，修守战之具   与陈涉度长絜大

10. 下列语句中的"以"字与例句中的"以"字的用法相同的一项是（　　）。
    例句：以致天下之士，合从缔交，相与为一。
    A. 尝以十倍之地，百万之众，叩关而攻秦   B. 铸以为金人十二
    C. 以弱天下之民   D. 然秦以区区之地，致万乘之势

11. 将下列句子翻译成现代汉语。

(1)秦孝公据崤函之固,拥雍州之地,君臣固守以窥周室,有席卷天下,包举宇内,囊括四海之意,并吞八荒之心。

(2)一夫作难而七庙隳,身死人手,为天下笑者,何也?仁义不施而攻守之势异也。

课外拓展

阅读下列文段,完成1~6题。

工之侨得良桐焉,斫而为琴,弦而鼓之,金声而玉应。自以为天下之美也,献之太常。使国工视之,曰:"弗古。"还之。

工之侨以归,谋诸漆工,作断纹焉;又谋诸篆工,作古窾焉。匣而埋诸土,期年出之,抱以适市。贵人过而见之,易之以百金,献诸朝。乐官传视,皆曰:"希世之珍也。"

工之侨闻之,叹曰:"悲哉世也!岂独一琴哉?莫不然矣!而不早图之,其与亡矣。"遂去,入于宕冥之山,不知其所终。

——明·刘基《郁离子·工之侨献琴》

1. 对下列句子中加点词的解释,不正确的一项是( )。

A. 斫而为琴(砍削) 　　　希世之珍也(同"稀",少有)

B. 献之太常(进献) 　　　抱以适市(到,往)

C. 期年出之(满一年,一整年) 　　曰:"弗古。"(不)

D. 谋诸漆工(众多,各个) 　　易之以百金(换,买)

2. 下列各组句子中,加点的词意义和用法都相同的一项是( )。

A. 自以为天下之美也 　　　自以为关中之固

B. 弦而鼓之 　　　皆明智而忠信

C. 希世之珍也 　　　使国工视之

D. 而不早图之,其与亡矣 　　入于宕冥之山,不知其所终

3. 下列句子中加点字的词类活用与其他三项不同的一项是( )。

A. 弦而鼓之 　　　　　　B. 匣而埋诸土

C. 却匈奴七百余里 　　　D. 然陈涉瓮牖绳枢之子

4. 下列语句中,句式与例句相同的一项是( )。

例句:易之以百金。

A. 铸以为金人十二。 　　　B. 希世之珍也。

C. 谪戍之众,非抗于九国之师也。 　D. 仁义不施而攻守之势异也。

5. 选出对短文内容理解不正确的一项是( )。

A. 本文表面上看写的是琴的遭遇,实际上是写人。作者借工之侨伪造古琴试探索世风的机智,讽刺了元末一帮缺乏见识,不重真才实学而只重虚名的虚伪之人。

B. 工之侨第一次献琴,琴虽好却遭到贬抑被退了回来。工之侨第二次献琴,因为琴经过伪装,又是由贵人献上,竟得到极高的评价。文章比较详细地叙述了工之侨第一次献琴的经过。

C. 文中"弗古,还之"与"世之珍也"的对比,很好地表现了当时败坏的社会风气,进一步讽刺了鼓励人们弄虚作假的封建统治者。

D. 本文以工之侨二次献琴的不同遭遇,揭露了社会上评价、判断事物优劣仅凭外表,而非依据内在

品质的现象，告诫人们切不可被表象所迷惑、蒙蔽。

6. 翻译原文中画线的句子。

悲哉世也！岂独一琴哉？莫不然矣！

张衡传

范 晔

作家作品

范晔,字蔚宗,南朝宋顺阳人,南北朝时期著名史学家。《后汉书》是范晔根据前人撰述的几十种有关东汉的著作写成的,是继《汉书》之后的又一部纪传体断代史,与《史记》《汉书》《三国志》并称为"四史"。《后汉书》语言质朴简练,叙事简明而周详,对后世影响极大。本文节选自《后汉书·张衡传》。

学习导引 »»»

传即传记,记叙的内容是一个人的生平事迹。传记要突出传的特点,除了介绍人物姓名、籍贯外,还必须选择人物一生中最具代表性的事件,叙述其为人及对社会的影响。其基本特点是翔实而典型的文字记录和朴实而形象的文学色彩。传记种类有自传、传、小传、评传、别传、外传等。

《张衡传》是一篇典型的人物传记,作者以翔实的文笔全面记述了张衡的一生,文章以时间作为叙事线索,以张衡"善属文""善机巧""善理政"为纲组织全文,显示了张衡作为文学家、科学家、政治家的才干与成就。

文章可分为三部分。第一部分即文章的第一段,记述张衡的学业、品德和文学上的成就。第二部分即文章第二段到第四段,介绍张衡在科学技术上的成就。第三部分即文章的第五段和第六段,介绍张衡在政治上的才干。文章层次清晰,条理分明,详略突出,语言凝练平实,一位博学多才、从容淡泊的文人学者形象如在眼前。

文白对译

①张衡字平子,南阳西鄂人也。衡少善属文[1],游[2]于三辅,因入京师,观太学,遂通五经[3],贯六艺。虽才高于世,而无骄尚之情。常从容淡静,不好交接俗人。永元中,举孝廉不行[4],连辟[5]公府不就[6]。时天下承平日久,自王侯以下,莫不逾侈。衡乃拟班

固《两都》作《二京赋》，因以讽[7]谏。精思傅会，十年乃成。大将军邓骘奇其才，累召不应[8]。

【注释】

[1]属文：写文章。属，连缀，字句成文。
[2]游：游历，游学。指考察，学习。
[3]五经：指《诗》《书》《礼》《易》《春秋》五部经书。
[4]不行：不去(应荐)。
[5]辟(bì)：征召。
[6]就：就职。
[7]讽：用委婉的语言暗示，劝告或指责。
[8]不应：不去应诏。

【翻译】

张衡，字平子，是南阳郡西鄂县人。张衡年轻时就擅长写文章，曾到"三辅"一带游学，趁机进了京都洛阳，在太学学习，于是通晓五经，贯通六艺。虽然才华比一般的人高，但并不因此而骄傲自大。(他)平时举止从容，态度平静，不喜欢与世俗之人交往。永元年间，他被推举为孝廉，却不应荐，屡次被公府征召，都没有就任。此时社会长期太平无事，从王公贵族到一般官吏，没有不过度奢侈的。张衡于是模仿班固的《两都赋》写了《二京赋》，用它来(向朝廷)讽喻规劝。(他)精心构思润色，用了十年才完成(这篇赋)。大将军邓骘认为他的才能出众，屡次征召他，他也不去应召。

②衡善机巧，尤致思[9]于天文阴阳历算。安帝雅闻衡善术学，公车[10]特征[11]拜[12]郎中，再迁[13]为太史令。遂乃研核阴阳，妙尽璇玑之正，作浑天仪，著《灵宪》《算罔论》，言甚详明。

【注释】

[9]致思：用心研究。致，极，引申为钻研、研究。
[10]公车：官署名称。
[11]特征：特地征召。
[12]拜：授给官职。
[13]迁：调升官职。

【翻译】

张衡善于器械制造方面的巧思，尤其在天文、气象和历法的推算等方面很用心。汉安帝常听说他擅长术数方面的学问，命公车特地征召他，任命他为郎中，两次迁升为太史令。于是，张衡就精心研究考核阴阳之学(包括天文气象历法诸种学问)，精辟地研究出测天文仪器的正确道理，制作浑天仪，著成《灵宪》《算罔论》等书籍，论述极其详尽。

③顺帝初，再[14]转复为太史令。衡不慕当世[15]，所居之官辄积年不徙[16]。自去史职，五载复还。

【注释】

[14]再：两次。
[15]当世：当道，即权臣大官。

[16]徙：迁升，提拔。

【翻译】

(汉)顺帝初年，(张衡)两次转任，又做了太史令之职。张衡不趋附当时的那些达官显贵，他所担任的官职，总是多年得不到提升。自他从太史令上离任后，过了五年，又回到这里。

④阳嘉元年，复造候风地动仪。以精铜铸成，员[17]径八尺，合盖隆起，形似酒尊，饰以篆文山龟鸟兽之形。中有都[18]柱，傍[19]行八道，施[20]关发机。外有八龙，首衔铜丸，下有蟾蜍，张口承之。其牙机巧制，皆隐在尊中，覆盖周密无际。如有地动，尊则振龙，机发吐丸，而蟾蜍衔之。振声激扬，伺者因此觉知。虽一龙发机，而七首不动，寻其方面[21]，乃知震之所在。验之以事，合契若神。自书典所记，未之有也。尝一龙机发而地不觉动，京师学者咸怪其无征[22]。后数日驿至，果地震陇西，于是皆服其妙。自此以后，乃令史官记地动所从方起。

【注释】

[17]员：同"圆"。
[18]都：大。
[19]傍：旁边。
[20]施：设置，安装。
[21]方面：方位，朝向。
[22]征：应验。

【翻译】

顺帝阳嘉元年(公元132年)，张衡又制造了候风地动仪。(这个地动仪)是用纯铜铸造的，圆球直径有八尺，上下两部分相合盖住，中央凸起，样子像个大酒樽，(外面)用篆体文字和山龟鸟兽的图案装饰。内部中央有根粗大的铜柱，铜柱的周围伸出八条滑道，还装置着枢纽，用来拨动机件。外面有八条龙。龙口各含一枚铜丸，龙头下面各有一个蛤蟆，张着嘴巴，准备接住龙口吐出的铜丸。仪器的枢纽和机件制造得很精巧，都隐藏在酒樽形的仪器中，覆盖严密得没有一点缝隙。如果发生地震，仪器外面的龙就震动起来，机关发动，龙口吐出铜丸，下面的蛤蟆就把它接住。铜丸震击的声音清脆响亮，守候机器的人因此得知发生地震的消息。地震发生时只有一条龙的机关发动，但另外七个龙头丝毫不动，按照震动的龙头所指的方向去寻找，就能知道地震的方位。用实际发生的地震来检验仪器，彼此完全相符，真是灵验如神。从古籍的记载中，还看不到曾有这样的仪器。曾经有一次，一条龙的机关发动了，可是洛阳并没有感到地震，京城的学者都奇怪它这次没有应验。后来过了几天，驿站上传送文书的人来了，证明果然在陇西地区发生地震，大家这才都叹服地动仪的绝妙。从此以后，朝廷就责成史官根据地动仪记载每次地震发生的方位。

⑤时政事渐损，权移于下[23]，衡因上疏陈事。后迁侍中，帝引在帷幄[24]，讽议左右。尝问天下所疾恶者。宦官惧其毁己，皆共目之，衡乃诡对而出。阉竖恐终为其患，遂共谗之。衡常思图身之事，以为吉凶倚仗，幽微难明，乃作《思玄赋》以宣寄情志。

【注释】

[23]下：下位的人，此处指宦官。
[24]帷幄：此处指皇宫。

【翻译】

当时政治越来越腐败，中央权力向下转移，张衡于是给皇帝上书陈述这些事。后来被升为侍中，皇帝让他进皇宫，在皇帝左右，对国家的政事提意见。皇帝曾经向张衡问起天下人所痛恨的是谁。宦官害怕张衡诋毁他们，都给他使眼色，张衡于是没对皇帝说实话就出来了。但那些宦党终究害怕张衡成为祸患，于是一起诋毁他。张衡常常思谋自身安全的事，认为福祸相因，幽深微妙，难以看清，于是写了《思玄赋》来表达和寄托自己的情思。

⑥永和初，出[25]为河间相。时国[26]王骄奢，不遵典宪；又多豪右，共为不轨。衡下车[27]，治威严，整法度，阴知奸党名姓，一时收禽[28]，上下肃然，称为政理[29]。视事[30]三年，上书乞骸骨，征拜尚书。年六十二，永和四年卒。

【注释】

[25]出：由京官任地方官。
[26]国：汉朝各侯王的封地叫国，相当于周代的诸侯国。
[27]下车：指官吏初到任。
[28]禽：同"擒"。
[29]政理：政治清明。
[30]视事：指官员到职工作。

【翻译】

(汉顺帝)永和初年，张衡调离京城，担任河间王的相。当时河间王骄横奢侈，不遵守制度法令；又有很多豪族大户，一起胡作非为。张衡上任之后治理严厉，整饬法令制度，暗中探得奸党的姓名，一下子同时逮捕，拘押起来，于是上下敬畏恭顺，称赞(他)政事清明。(张衡)在河间相位上任职三年，给朝廷上书，请求辞职回家，朝廷征召任命他为尚书。张衡活了六十二岁，在永和四年(公元348年)去世。

知识梳理

一、通假字

1. 以精铜铸成，员径八尺。 "员"同"圆"。
2. 一时收禽。 "禽"同"擒"。
3. 傍行八道。 "傍"同"旁"。
4. 形似酒尊。 "尊"同"樽"。
5. 如有地动，尊则振龙。 "振"同"震"。

二、古今异义

例句	词语	今义	古义
1. 举孝廉不行	不行	不可以	不去(应荐)
2. 公车特征拜郎中	公车	公家的车	官署名称
	特征	人或事物的特点	特地征召
	拜	一种礼节	授予官职
	郎中	医生的别称	官职名

续表

例句	词语	今义	古义
3. 寻其方面	方面	事情或事物的一面	方向
4. 一时收禽	一时	定时，短时间	同时
5. 衡下车，治威严	下车	从车上下来	官吏初到任
6. 不好交接俗人	交接	接管，移交	结交
7. 常从容淡静	从容	不慌不忙	言语举止适度得体
8. 饰以篆文山龟鸟兽之形	篆文	汉字的一种书体	篆：篆文；文：同"纹"，花纹
9. 覆盖周密无际	周密	周到细致	四周严密
10. 振声激扬	激扬	激动昂扬或激励使振作起来	清脆响亮

三、一词多义

1. 善
①择其善者而从之，其不善者而改之。（好的，形容词）
②积善成德而神明自得，圣心备焉。（善行，名词）
③安帝雅闻衡善术学。（擅长，动词）
④素善留侯张良。（交好，动词）
⑤不如因善遇之。（好好地，副词）

2. 制
①其牙机巧制。（形制，构造，动词）
②乃重修岳阳楼，增其旧制。（规模，名词）
③吴起……赵奢之伦制其兵。（统率，指挥，动词）
④秦有余力而制其弊。（制服，控制，动词）

3. 属
①衡少善属文。（连缀词句成文，撰写）
②属予作文以记之。（同"嘱"，嘱咐，委托，动词）
③举酒属客。（劝人喝酒，动词）
④吾属今为之虏矣。（类，等）

4. 因
①因入京师。（趁机，趁此，介词）
②衡因上疏陈事。（于是，就，副词）
③作《二京赋》，因以讽谏。（经由，通过，介词借助，用）

5. 乃
①十年乃成。（才，副词）
②衡乃拟班固《两都》作《二京赋》。（于是，就，副词）

6. 以
①因以讽谏。（来，用来，连词）
②以精铜制成/饰以篆文山龟鸟兽之形/验之以事。（用，介词）

四、词类活用

1. 名词作状语

①时天下承平日久。(当时)

②下有蟾蜍。(在下面)

2. 名词作动词

皆共目之。(递眼色)

3. 意动用法

大将军邓骘奇其才。(以……为奇,认为……奇异,形容词的意动用法)

五、文言句式

1. 判断句

张衡,南阳西鄂人也。("……也",表判断)

2. 省略句

①观(于)太学。

②饰(之)以篆文山龟鸟兽之形。

3. 被动句

①举孝廉不行。("举"意为"被举荐")

②连辟公府不就。("辟"意为"被征召")

4. 状语后置句

①游于三辅。("于三辅"作状语)

②饰以篆文山龟鸟兽之形。("以篆文山龟鸟兽之形"作状语)

③验之以事。("以事"作状语)

④虽才高于世。("于世"作状语)

⑤尤致思于天文阴阳历算。("于天文阴阳历算"作状语)

⑥果地震陇西。(省略"于","于陇西"作状语)

5. 宾语前置句

自书典所记,未之有也。(即"未有之也")

1. 下列有关文学常识的表述正确的一项是(　　)。

A.《后汉书》是继《汉书》之后的又一部纪传体通史。

B."五经"是指:《诗》《书》《礼》《易》《左传》。

C."拜、迁、转、徙"都是指调动官职。

D.《后汉书》与《史记》《汉书》《三国志》被称为"前四史"。

2. 下列各句中没有通假字的一项是(　　)。

A. 阴知奸党名姓,一时收禽　　　　B. 合盖隆起,形似酒尊

C. 傍行八道　　　　　　　　　　　D. 以精铜铸成

3. 下列句中加点字与"大将军邓骘奇其才"中"奇"用法相同的一项是(　　)。

A. 妙尽璇玑之正　　　　　　　　　B. 吾得兄事之

C. 且庸人尚羞之　　　　　　　　　D. 宁许以负秦曲

4. 与"自书典所记，未之有也"句式相同的一项是(　　)。
   A. 饰以篆文、山龟、鸟兽之形 B. 求人可使报秦者
   C. 当立者乃公子扶苏 D. 君何以知燕王

5. 下列句中加点字的意思和用法与"十年乃成"中的"乃"相同的一项是(　　)。
   A. 衡乃拟班固《两都赋》 B. 今其智乃反不能及
   C. 尔其无忘乃父之志 D. 臣乃敢上璧

6. 下列句中加点字的意思和用法与其他句不同的一项是(　　)。
   A. 验之以事 B. 自书典所记，未之有也
   C. 所居之官辄积年不徙 D. 遂共谗之

7. 下列句中加点的字解释正确的一项是(　　)。
   A. 衡少善属文，游于三辅(旅游，游玩) B. 举孝廉不行(举行)
   C. 再转复为太史令(两次) D. 自去史职，五载复还(往，到……去)

8. 下列句中加点的词语与现代汉语意思相同的一项是(　　)。
   A. 举孝廉不行 B. 公车特征拜郎中
   C. 衡下车，治威严 D. 验之以事，合契若神

9. 下列语句中没有词类活用的一项是(　　)。
   A. 皆共目之 B. 安帝雅闻衡善术学
   C. 下江陵，顺流而东也 D. 帝引在帷幄

10. 下面对文中内容的理解错误的一项是(　　)。
    A. 本文介绍了张衡在文学、科学、政治三个方面的成就，重点详写其在科学方面的才能和成就，这样安排详略得当，使文章重点突出。
    B. 本文作为人物传记，介绍人物以时间为经，以事迹为纬，叙述线索非常清楚。在表达方式上，以记叙为主，同时兼用了说明。
    C. 张衡性格从容淡静，不喜欢与俗人交往，通过仿照班固的《两都》创作了《二京赋》，对当时社会上过度奢侈的风气，进行了无情的讽刺。
    D. 张衡精于天文，擅长机械，也洞察当时的社会世情。有敏锐的政治眼光和高明的政治手腕，但在政治漩涡中也有祸福难料的苦闷。

11. 将下列句子翻译成现代汉语。
    (1)举孝廉不行，连辟公府不就。

    (2)大将军邓骘奇其才，累召不应。

课外拓展

阅读下列文段，完成1～6题。

柳宗元，字子厚，河东人，后魏侍中济阴公之系孙。曾伯祖奭，高祖朝宰相。父镇，太常博士，终侍御史。

元和十年，例移为柳州刺史。时朗州司马刘禹锡得播州刺史，制书下，宗元谓所亲曰："禹锡有母年高，今为郡蛮方，西南绝域，往复万里，如何与母偕行？如母子异方，便为永诀，吾与禹锡为执友，胡忍见其若是？"即草奏章，请以柳州授禹锡，自往播州。会裴度亦奏其事。禹锡终易连州。

柳州土俗，以男女质钱，过期则没入钱主，宗元革其乡法。其已没者，乃出私钱赎之，归其父母。江岭间为进士者，不远数千里皆随宗元师法；凡经其门，必为名士。著述之盛，名动于时，时号"柳州"云。有文集四十卷。元和十四年十月五日卒，时年四十七。观察使裴行立为营护其丧及妻子还于京师，时人义之。

——《旧唐书·柳宗元传》

1. 对下列句子中加点字的解释，不正确的一项是(　　)。

A. 以男女质钱　　　　　　　　　质：抵押

B. 过期则没入钱主　　　　　　　没：没收

C. 观察使裴行立为营护其丧及妻子还于京师　妻子：男性的配偶

D. 宗元谓所亲曰　　　　　　　　谓：告诉，对……说

2. 下列各句中，加点词的意义和用法与"其已没者，仍出私钱赎之"中"之"相同的一项是(　　)。

A. 后魏侍中济阴公之系孙　　　　B. 著述之盛，名动于时

C. 验之以事，合契若神　　　　　D. 饰以篆文山龟鸟兽之形

3. 下列各句中加点词的用法与"时人义之"的"义"用法相同的一项是(　　)。

A. 下有蟾蜍　　　　　　　　　　B. 时天下承平日久

C. 皆共目之　　　　　　　　　　D. 大将军邓骘奇其才

4. 下列句子与"今为郡蛮方"句式相同的一项是(　　)。

A. 吾与禹锡为执友　　　　　　　B. 果地震陇西

C. 举孝廉不行　　　　　　　　　D. 元和十年，例移为柳州刺史

5. 下列对原文的叙述与分析，不正确的一项是(　　)。

A. 河东，即黄河以东，在文言文中"河"一般特指黄河。

B. "禹锡终易连州"是说刘禹锡最终和柳宗元交换去连州上任了。

C. 本文短短两百字，却清楚地写出了柳宗元为友、为官、为师三方面的优秀品质，给人以深刻的教益。

D. 柳宗元提携后辈。柳宗元在柳州期间，一些学子慕名而来，拜他为师，在他门下学习的人，都会成为名士。

6. 翻译原文中画线的句子。

如母子异方，便为永诀，吾与禹锡为执友，胡忍见其若是？

阿房宫赋

杜 牧

作家作品

杜牧，字牧之，号樊川居士，京兆万年（今陕西西安）人，唐代诗人。杜牧有政治理想，但由于秉性刚直，屡遭排挤，一生仕途不得志。人称"小杜"，以别于杜甫。杜牧的诗、赋及古文都负盛名，与李商隐并称"小李杜"。因晚年居长安城南樊川别墅，故后世称"杜樊川"，著有《樊川文集》。代表作有《清明》《山行》《泊秦淮》《过华清宫绝句》《题乌江亭》等。

学习导引 ▶▶▶

赋，我国古代的一种文体，它讲究文采、韵律，兼具诗歌和散文的性质。主要特点有四：一、语句上以四、六字句为主，句式错落有致并追求骈偶。二、语音上要求声律谐协。三、文辞上讲究藻饰和用典。四、内容上侧重于写景，借景抒情。

从结构上看，《阿房宫赋》分为四段。第一段，写阿房宫的雄伟壮观。第二段，写阿房宫里的美人和珍宝，揭露秦朝统治者奢侈的生活，为下文的议论张本。第三段，由描写转为议论，交代写这篇赋文的本意。第四段，总结六国和秦灭亡的历史教训，向当世统治者发出警告。

此赋运用了以下手法：其一，想象、比喻与夸张。如"使负栋之柱，多于南亩之农夫"一段出于想象，既是比喻，也是夸张，具有很强的艺术感染力。其二，描写、铺排与议论。此赋前两段以描写为主，后两段以议论为主。前面的描写是为后面的议论做铺垫的。其三，骈句散行，错落有致。句子整散结合，长短不拘，节奏鲜明，更富于表现力。

阿房宫是秦始皇时所建，未竣工而秦亡，被项羽焚毁。赋中运用丰富的想象，极力形容阿房宫的壮丽和宫廷生活的奢侈荒淫，进而指出秦不惜民力，只知穷搜民财，终于亡国。作者借古讽今，以秦警唐，意在讽喻唐代统治者借鉴历史教训。

文白对译

①六王毕[1]，四海一[2]，蜀山兀，阿房出[3]。覆压[4]三百余里，隔离天日[5]。骊山北构而西折，直走咸阳[6]。二川溶溶[7]，流入宫墙。五步一楼，十步一阁；廊腰缦回[8]，檐牙高啄[9]；各抱地势[10]，钩心斗角[11]。盘盘焉，囷囷焉[12]，蜂房水涡，矗不知其几千万落[13]。长桥卧波，未云何龙[14]？复道[15]行空，不霁何虹？高低冥迷[16]，不知西东。歌台暖响，春光融融[17]；舞殿冷袖，风雨凄凄[18]。一日之内，一宫之间，而气候不齐。

【注释】

[1]六王毕：六国灭亡了。齐、楚、燕、韩、赵、魏六国的国王，即指六国。毕，完结，指为秦国所灭。

[2]一：统一，数词活用作动词。

[3]蜀山兀，阿房出：四川的山光秃了，阿房宫出现了。蜀，四川。兀，山高而上平，这里形容山上树木已被砍伐净尽。出，出现，意思是建成。

[4]覆压：覆盖。

[5]隔离天日：遮蔽了天日。这是形容宫殿楼阁的高大。

[6]北构而西折，直走咸阳：从骊山北边建起，折而向西，一直通到咸阳。北，在北面，名词作状语。构，建筑。而，表顺承。西，向西，名词作状语。走，趋向。

[7]二川溶溶：二川，指渭水和樊川。溶溶，浩浩荡荡的样子。

[8]廊腰缦回：走廊长而曲折。廊腰，连接高大建筑物的走廊，好像人的腰部，所以这样说。缦回，像丝绸那样回环萦绕，缦，名词活用作状语。

[9]檐牙高啄：(突起的)屋檐(像鸟嘴)向上撅起。檐牙，屋檐凸起，犹如牙齿。高啄，向高处飞啄。

[10]各抱地势：各自随地势而建。抱，随着。

[11]钩心斗角：古今异义。古义指宫室建筑飞檐勾连，前后合抱。钩心，指各种建筑物都面向中心攒聚；斗角，指屋角互相对峙，好像兵戈相斗。今义常用来比喻各自用尽心机，互相排挤。

[12]盘盘焉，囷囷焉：盘盘，盘结交错。囷囷，曲折回旋。焉，词尾，……的样子。

[13]蜂房水涡，矗不知其几千万落：矗立着不知它们有几千万座。蜂房水涡，名词作状语，像蜂房一样，像水涡一样。矗，矗立。落，相当于"座"或者"所"。

[14]长桥卧波，未云何龙：长桥卧在水上，没有云怎么(出现了)龙？《易经》有"云从龙"的话，所以人们认为有龙就应该有云。这是用故作疑问的话，形容长桥似龙。云、龙，名词作动词，出现云彩，出现龙。

[15]复道：在楼阁之间架木筑成的通道。因上下都有通道，叫作复道。

[16]不霁(jì)何虹？高低冥迷：霁，雨后天晴。虹，名词活用作动词，出现彩虹。冥迷，分辨不清。

[17]歌台暖响，春光融融：人们在台上唱歌，歌乐声响起来，好像充满着暖意，如同春光那样融和。融融，和乐。

[18]舞殿冷袖，风雨凄凄：人们在殿中舞蹈，舞袖飘拂，好像带来寒气，如同风雨交加那样凄冷。

【翻译】

六国的君主灭亡了，天下(被秦国所)统一，蜀地的山(树木被砍尽，)光秃秃的，阿房宫建造出来了。它(面积广大，)覆盖着三百多里地面，(宫殿高耸，)把天日都隔离了。它从骊山向北修建，再往西转弯，一直走向咸阳。渭水、樊川浩浩荡荡的，流进宫墙里边。五步一座楼，十步一个阁；走廊像丝绸那样回环萦绕，屋檐突起像鸟嘴向高处啄；(这些楼阁)各随地势而建，(宫室高低屋角,)像钩一样联结，飞檐彼

此相向,又像在争斗。盘结交错,曲折回旋,像蜂房,像水涡,矗立着,不知它们有几千万座。长桥横卧在渭水上,(人们看了要惊讶:)天上没有云,怎么出现了龙?复道横空而过,(人们看了要诧异:)不是雨过天晴,哪里来的彩虹?高低错落,令人分辨不清,不辨南北西东。人们在台上唱歌,歌乐声响起来,好像充满着暖意,如同春光那样融和;人们在殿中舞蹈,舞袖飘拂,好像带来寒气,如同风雨交加那样凄冷。就在同一天,同一座宫里,天气竟会如此不同。

②妃嫔媵嫱[19],王子皇孙,辞楼下殿,辇来于秦[20],朝歌夜弦,为秦宫人。明星荧荧,开妆镜也[21];绿云扰扰,梳晓鬟也;渭流涨腻,弃脂水也[22];烟斜雾横,焚椒兰[23]也。雷霆乍惊,宫车过也[24];辘辘远听,杳不知其所之也[25]。一肌一容,尽态极妍[26],缦立[27]远视,而望幸[28]焉。有不见者,三十六年[29]。燕赵之收藏[30],韩魏之经营,齐楚之精英,几世几年,剽掠其人,倚叠如山[31]。一旦不能有,输来其间[32]。鼎铛玉石,金块珠砾[33],弃掷逦迤[34],秦人视之,亦不甚惜。

【注释】

[19]妃嫔媵嫱(fēi pín yìng qiáng):统指六国王侯的宫妃。她们各有等级(妃的等级比嫔、嫱高)。媵是陪嫁的侍女,也可成为嫔、嫱。下文的"王子皇孙"指六国王侯的女儿、孙女。

[20]辞楼下殿,辇(niǎn)来于秦:辞别(六国的)楼阁宫殿,乘辇车来到秦国。辞,辞别。下,走下。辇,名词作状语,乘辇车。于,到。

[21]明星荧荧,开妆镜也:(光如)明星闪亮,是(宫人)打开梳妆的镜子。荧荧,明亮的样子。下文紧连的四句,句式相同。固定句式:判断句,"……,……也"。

[22]绿云扰扰,梳晓鬟也;渭流涨腻,弃脂水也:绿云,乌青的云朵,形容女子的头发黑润而稠密。晓鬟,晨妆的发髻。涨腻,涨起了(一层)脂膏(含有胭脂、香粉的洗脸的"脂水")。

[23]椒兰:两种香料植物,焚烧以熏衣物。

[24]雷霆乍惊,宫车过也:雷霆突然震响,车声越听越远。乍,突然。

[25]辘辘远听,杳(yǎo)不知其所之也:辘辘,车行的声音。杳,遥远得踪迹全无。所之,所字结构,之,往。

[26]一肌一容,尽态极妍:任何一部分肌肤,任何一种姿容,都娇媚极了。态,指姿态的美好。妍,美丽。

[27]缦立:缦,同"慢",久立。

[28]幸:封建时代皇帝到某处,叫"幸"。妃、嫔受皇帝宠爱,叫"得幸"。

[29]三十六年:秦始皇在位共三十六年。按秦始皇二十六年(公元前221年)统一中国,到三十七年(公元前209年)死,做了十二年皇帝,这里说三十六年,指其在位年数,形容阿房宫很大,有三十六年都没有见到皇帝的宫女。

[30]收藏:指收藏的金玉珍宝等物。下文的"经营"也指金玉珍宝等物。皆为动词作名词。"精英",形容词作名词,精品,也有金玉珍宝等物的意思。古,精品,金玉珍宝等物。今,指事物之最精粹、最美好者。

[31]剽(piāo)掠其人,倚叠如山:从人民那里抢来,堆叠得像山一样。剽,抢劫,掠夺。人,人民。倚叠,积累。

[32]一旦不能有,输来其间:一旦,一下子。有,保有。输,运送。其,代词,代指阿房宫。间,里面。

[33]鼎铛(chēng)玉石,金块珠砾:铛,平底的铁锅。鼎、玉、金、珠,名词作状语,"把宝鼎、美

玉、黄金、珍珠……"。

[34]迤逦(lǐ yǐ)：连续不断。这里有"连接着""到处都是"的意思。

【翻译】

　　六国的宫妃和王子王孙，辞别六国的宫楼，走下六国的宫殿，乘辇车来到秦国，他们早上歌唱，晚上奏乐，成为秦国的宫人。明亮的星星晶莹闪烁，这是宫妃们打开了梳妆的镜子；乌青的云朵纷纷扰扰，这是宫妃们在梳理晨妆的发髻；渭水涨起一层油腻，这是宫妃们抛弃了的胭脂水；轻烟缭绕，云雾横绕，这是宫中在焚烧椒、兰制的香料。雷霆突然震响，这是宫车驶过去了；辘辘的车声越听越远，无影无踪，不知道它去到什么地方。每一片肌肤，每一种容颜，都美丽娇媚得无以复加。宫妃们久久地站着，远远地探视，盼望着皇帝来临。有的宫女竟整整三十六年没能见到皇帝。燕、赵收藏的金玉，韩、魏营谋的珍宝，齐、楚的精华物资，在多少世代、多少年中，从他们的人民那里掠夺来，堆叠得像山一样。一下子不能保有了，都运送到阿房宫里边来。宝鼎被当作铁锅，美玉被当作顽石，黄金被当作土块，珍珠被当作沙砾，丢弃得到处都是，秦人看见它们，也并不觉得可惜。

　　③嗟乎！一人之心，千万人之心也[35]。秦爱纷奢，人亦念其家；奈何[36]取之尽锱铢[37]，用之如泥沙？使负栋之柱[38]，多于南亩之农夫；架梁之椽，多于机上之工女；钉头磷磷[39]，多于在庾[40]之粟粒；瓦缝参差，多于周身之帛缕[41]；直栏横槛，多于九土之城郭[42]；管弦呕哑[43]，多于市人之言语。使天下之人，不敢言而敢怒；独夫[44]之心，日益骄固[45]。戍卒叫[46]，函谷举[47]；楚人一炬[48]，可怜焦土。

【注释】

　　[35]一人之心，千万人之心也：心，心意，意愿。判断句。

　　[36]奈何：怎么，为什么。

　　[37]锱铢：古代重量名，一锱等于六铢，一铢约等于后来的一两的二十四分之一。锱、铢连用，极言其细微。

　　[38]使负栋之柱：使，让。负，承担。让承担栋梁的柱子。

　　[39]磷磷：形容物体棱角分明而突出。也指水中石头突立的样子。这里形容突出的钉头。

　　[40]庾(yǔ)：露天的谷仓。

　　[41]多于周身之帛缕：周身，全身。帛缕，丝缕。

　　[42]直栏横槛(jiàn)，多于九土之城郭：或直或横的栏杆，比九州的城郭还多。栏和槛，栏杆。九土，九州。

　　[43]呕(ōu)哑(yā)：形容声音嘈杂。

　　[44]独夫：失去人心而极端孤立的统治者。这里指秦始皇。

　　[45]骄固：骄傲顽固。

　　[46]戍卒叫：指陈胜、吴广起义。

　　[47]函谷举：刘邦于公元前206年率军先入咸阳，推翻秦朝统治，并派兵守函谷关。举，被攻占。被动句。

　　[48]楚人一炬：指项羽(楚将项燕的后代)也于公元前206年入咸阳，并焚烧秦的宫殿，大火三月不灭。

【翻译】

　　唉！一个人的意愿，也就是千万人的意愿啊。秦皇喜欢繁华奢侈，人民也顾念他们自己的家。为什么掠取珍宝时连一锱一铢都搜刮干净，耗费起珍宝来竟像对待泥沙一样？(秦皇如此奢侈浪费，)致使承担

栋梁的柱子，比田地里的农夫还多；架在梁上的椽子，比织机上的女工还多；梁柱上的钉头光彩耀目，比粮仓里的粟粒还多；参差不齐的瓦缝，比全身的丝缕还多；或直或横的栏杆，比九州的城郭还多；管弦的声音嘈杂，比市民的言语还多。使天下的人民，口里不敢说，心里却敢愤怒；(可是失尽人心的)秦始皇的思想，一天天更加骄傲顽固。(结果)戍边的陈胜、吴广一声呼喊，函谷关被攻下；楚人项羽放一把火，可惜(华丽的阿房宫)化为了一片焦土。

④呜呼！灭六国者，六国也，非秦也。族[49]秦者，秦也，非天下也。嗟乎！使[50]六国各爱其人，则足以拒秦；使秦复爱六国之人，则递[51]三世可至万世[52]而为君，谁得而族灭也？秦人不暇[53]自哀，而后人哀之。后人哀之而不鉴之[54]，亦使后人而复哀后人也。

【注释】

[49]族：使……灭族。

[50]使：假使。

[51]递：传递，这里指王位顺着次序传下去。

[52]万世：《史记·秦始皇本纪》记载：秦始皇统一六国后，下诏曰："朕为始皇帝，后世以计数，二世，三世至于万世，传之无穷。"然而秦朝仅传二世便亡了。

[53]不暇：来不及。

[54]后人哀之而不鉴之：哀，哀叹。鉴，意动用法，以……为鉴。

【翻译】

唉！灭亡六国的是六国自己，不是秦国啊。族灭秦王朝的是秦王朝自己，不是天下的人啊。可叹呀！假使六国各自爱护它的人民，就完全可以依靠人民来抵抗秦国；假使秦王朝又爱护六国的人民，那就顺次传到三世还可以传到万世做皇帝，谁能够族灭它呢？(秦王朝灭亡得太迅速，)秦国的统治者还来不及哀叹自己，可是后人哀叹他。如果后人哀叹他却不把他作为镜子来吸取教训，也只会使更后的人又来哀叹这后人啊。

知识梳理

一、古今异义

例句	词语	今义	古义
1. 各抱地势，钩心斗角	钩心斗角	比喻各用心机，互相排挤	宫室建筑的结构精巧
2. 明星莹莹	明星	行业中做出成绩，有名气的人	明亮的星
3. 直走咸阳	走	行走	跑，奔，此处解释为趋向
4. 燕赵之收藏，韩魏之经营	经营	筹划、计划或组织	金玉珠宝等物
5. 齐楚之精英	精英	优秀人才	金玉珠宝等物
6. 可怜焦土	可怜	怜悯	可惜
7. 一宫之间，而气候不齐	气候	一个地区的气象概况	天气的雨雪阴晴
8. 矗不知其几千万落	落	下降，衰败	座，所

二、一词多义

1. 一
①六王毕，四海一。（统一，动词）
②楚人一炬，可怜焦土。（一把，数量词）
③黄鹤一去不复返。（一旦，连词）
④用心一也。（专一，形容词）

2. 爱
①秦爱纷奢，人亦念其家。（喜爱，动词）
②使秦复爱六国之人。（爱护，动词）
③不爱珍器重宝肥饶之地。（吝惜，动词）

3. 取
①奈何取之尽锱铢，用之如泥沙。（夺取，动词）
②青，取之于蓝，而青于蓝。（提取，动词）
③今入关，财物无所取。（取用，动词）

4. 族
①族秦者秦也，非天下也。（使……灭族，动词）
②士大夫之族，曰师曰弟子云者。（类，名词）

5. 使
①使天下之人，不敢言而敢怒。（让，动词）
②使秦复爱六国之人。（假使，连词）

6. 焉
①盘盘焉，囷囷焉，蜂房水涡。（……的样子，形容词尾）
②缦立远视，而望幸焉。（无实意，句末语气词）
③且焉置土石。（疑问代词，哪里）
④积土成山，风雨兴焉。（于此，兼词）

7. 而
①骊山北构而西折。（表承接，连词）
②不敢言而敢怒。（却，表转折，连词）
③缦立远视，而望幸焉。（表目的，连词）

8. 于
①辞楼下殿，辇来于秦。（到，介词）
②使负栋之柱，多于南亩之农夫。（比，介词）

9. 之
①辘辘远听，杳不知其所之也。（到，动词）
②一人之心，千万人之心也。（的，助词）
③奈何取之尽锱铢。（代财物，代词）

10. 其
①杳不知其所之也。（指代宫车，代词）
②使六国各爱其人。（自己的，代词）

三、词类活用

1. 名词作动词

①族秦者秦也。（使……灭族）
②朝歌夜弦。（唱歌；弹琴）
③鼎铛玉石。（当作铁锅；当作石头）
④金块珠砾。（当作土块；当作砂砾）
⑤楚人一炬，可怜焦土。（变成焦土）
⑥长桥卧波，未云何龙。（出现龙）
⑦复道行空，不霁何虹。（出现虹）

2. 名词作状语

①骊山北构而西折。（从北；向西）
②朝歌夜弦。（在早上；在晚上）
③廊腰缦回，檐牙高啄。（像绸带一样）
④蜂房水涡，矗不知乎几千万落。（像蜂房，像水涡）
⑤辞楼下殿，辇来于秦。（乘辇车）

3. 动词作名词

燕赵之收藏，韩魏之经营。（金玉珠宝）

4. 数词作动词

六王毕，四海一。（统一）

5. 意动用法

后人哀之而不鉴之。（以……为鉴）

6. 使动用法

①谁得而族灭也。（使……灭）
②奈何取之尽锱铢。（使……尽）

四、文言句式

1. 判断句

①灭六国者六国也，非秦也。（"者……也""非……也"，表判断）
②族秦者秦也，非天下也。（"者……也""非……也"，表判断）
③一人之心，千万人之心也。（"……也"，表判断）
④明星荧荧，开妆镜也；绿云扰扰，梳晓鬟也；渭流涨腻，弃脂水也；烟斜雾横，焚椒兰也。雷霆乍惊，宫车过也。（"……也"，表判断）

2. 被动句

①而望幸焉。（盼望被皇帝临幸）
②戍卒叫，函谷举。（函谷关被攻占，意念上的被动句）

3. 宾语前置句

秦人不暇自哀。（"自哀"应为"哀自"，"自"为宾语）

4. 状语后置句

使负栋之柱，多于南亩之农夫；架梁之椽，多于机上之工女；钉头磷磷，多于在庾之粟粒；瓦缝参差，多于周身之帛缕；直栏横槛，多于九土之城郭；管弦呕哑，多于市人之言语。（"于南亩之农夫""于机上之工女""于在庾之粟粒""于周身之帛缕""于九土之城郭""于市人之言语"六个介宾短语作状语）

5. 定语后置句

有不得见者三十六年。("三十六年"作定语)

课内巩固

1. 下列有关文学常识的表述,不正确的一项是(　　)。
   A. 杜牧,字牧之,唐代文学家,因晚年居长安城南樊川别墅,被后人称为"杜樊川"。
   B. 杜牧的诗歌成就高,与李商隐齐名,世称"小李杜"。
   C.《阿房宫赋》是一篇鲜明的讽谏之作,作者借古讽今,以秦警唐,规劝唐朝当政者。
   D. 杜牧是中唐诗人,我们学过他的诗歌《山行》等。

2. 下列句中加点的词语与现代汉语意思相同的一项是(　　)。
   A. 各抱地势,钩心斗角　　　　　　B. 独夫之心,日益骄固
   C. 楚人一炬,可怜焦土　　　　　　D. 一日之内,一宫之间,而气候不齐

3. 下列加点词语的解释,不正确的一项是(　　)。
   A. 蜀山兀,阿房出(山高而秃)　　　B. 各抱地势,钩心斗角(怀有)
   C. 一肌一容,尽态极妍(全部)　　　D. 独夫之心,日益骄固(更加)

4. 对下列句子中加点词的解释,不正确的一项是(　　)。
   A. 骊山北构而西折,直走咸阳(趋向)　B. 辘辘远听,杳不知其所之也(昏暗)
   C. 负栋之柱(承担)　　　　　　　　D. 秦人不暇自哀,而后人哀之(空闲)

5. 下列语句中加点词语的词类活用情况与其他三项不同的一项是(　　)。
   A. 不霁何虹　　　　　　　　　　　B. 可怜焦土
   C. 辇来于秦　　　　　　　　　　　D. 朝歌夜弦

6. 下列语句中加点的虚词意义和用法相同的一组是(　　)。
   A. ①盘盘焉,囷囷焉　　②缦立远视,而望幸焉
   B. ①骊山北构而西折　　②不敢言而敢怒
   C. ①辞楼下殿,辇来于秦　②架梁之椽,多于机上之工女
   D. ①朝歌夜弦,为秦宫人　②则递三世可至万世而为君

7. 下列各句中加点"之"字用法不同的一项是(　　)。
   A. 秦人视之,亦不甚惜　　　　　　B. 独夫之心,日益骄固
   C. 管弦呕哑,多于市人之言语　　　D. 一人之心,千万人之心也

8. 下列文言句式与"戍卒叫,函谷举"相同的一项是(　　)。
   A. 秦人不暇自哀　　　　　　　　　B. 灭六国者六国也,非秦也
   C. 缦立远视,而望幸焉　　　　　　D. 瓦缝参差,多于周身之帛缕

9. 下列文言句式与"使负栋之柱,多于南亩之农夫"相同的一项是(　　)。
   A. 直栏横槛,多于九土之城郭　　　B. 明星荧荧,开妆镜也
   C. 渭流涨腻,弃脂水也　　　　　　D. 长桥卧波,未云何龙

10. 下列语句编成四组,全部表现"秦爱纷奢"的一组是(　　)。
    ①五步一楼,十步一阁　　②六王毕,四海一　　③一肌一容,尽态极妍
    ④鼎铛玉石,金块珠砾　　⑤独夫之心,日益骄固　　⑥楚人一炬,可怜焦土

A. ①③④ B. ①④⑤ C. ②③⑥ D. ②⑤⑥

11. 将下列句子翻译成现代汉语。

(1)戍卒叫，函谷举；楚人一炬，可怜焦土！

_____

(2)使秦复爱六国之人，则递三世可至万世而为君，谁得而族灭也？

_____

课外拓展

阅读下列文段，完成1~6题。

杜牧，字牧之，京兆人也。善属文。初未第，来东都，时主司侍郎为崔郾，太学博士吴武陵策蹇进谒曰："侍郎以峻德伟望，为明君选才，仆敢不薄施尘露[1]。向偶见文士十数辈，扬眉抵掌，共读一卷文书，览之，乃进士[2]杜牧《阿房宫赋》。其人，王佐才也。"因出卷，措笏朗诵之，郾大加赏。曰："请公与状头！"郾曰："已得人矣。"曰："不得，即请第五人。更否，则请以赋见还！"辞容激厉。郾曰："诸生多言牧疏旷，不拘细行，然敬依所教，不敢易也。"后又举贤良方正科。沈传师表为江西团练府巡官。又为牛僧孺淮南节度府掌书记。拜侍御史，累迁左补阙，历黄、池、睦三州刺史，以考功郎中知制诰，迁中书舍人。牧刚直有奇节，敢论列大事，指陈利病尤切。卒年五十，临死自写墓志，多焚所为文章。诗情豪迈，语率惊人。识者以拟杜甫，故称"大杜""小杜"以别之。

——元·辛文房《唐才子传·杜牧》

注释：

[1]薄施尘露：效绵薄之力。尘露，比喻微小的贡献。

[2]进士：唐代凡参加礼部考试者均称"进士"。

1. 选出加点词语解释不正确的一项是(　　)。

A. 杜牧……善属文　　　属文：阅读分析文章

B. 侍郎以峻德伟望　　　峻德伟望：德高望重

C. 扬眉抵掌，共读一卷文书　扬眉抵掌：眉飞色舞，拍手称快

D. 然敬依所教，不敢易也　　易：改动

2. 下列句中与"共读一卷文书，览之"的"之"用法相同的一项是(　　)。

A. 辘辘远听，杳不知其所之也　B. 独夫之心，日益骄固

C. 奈何取之尽锱铢　　　　　　D. 燕赵之收藏，韩魏之经营

3. 下列语句中，与例句词类活用现象不相同的一项是(　　)。

例句：沈传师表为江西团练府巡官。

A. 未云何龙　　　　　　　　　B. 不霁何虹

C. 朝歌夜弦　　　　　　　　　D. 辞楼下殿

4. 下列语句中，句式与例句相同的一项是(　　)。

例句：向偶见文士十数辈。

A. 一人之心，千万人之心也。　B. 有不得见者三十六年。

C. 一旦不能有，输来其间。　　D. 直栏横槛，多于九土之城郭。

5. 下列对原文内容的分析和概括,不正确的一项是(　　)。

A. 杜牧当初在京城参加科举考试,没有考中,只好流落到东都。

B. 主司侍郎崔郾和太学博士吴武陵发现了他的才华,一起推荐了他,让他参加了正科考试。

C. 杜牧因政绩突出,多次升迁,曾担任三个州的刺史。

D. 杜牧因其诗情豪迈,语言直率惊人,和杜甫的风格相似,被后人称为"小杜"。

6. 翻译原文中画线的句子。

其人,王佐才也。

登泰山记

姚 鼐

作家作品

姚鼐，字姬传，一字梦谷，室名惜抱轩，世称惜抱先生，安庆府桐城（今安徽桐城市）人。乾隆二十八年（公元1763年）中进士，乾隆三十八年（公元1773年）入四库全书馆充纂修官，治学以经学为主，兼及子史、诗文。清代散文家，与方苞、刘大櫆并称为"桐城派三祖"。

桐城派，是清代散文影响最大的一个流派，其创始人为方苞。姚鼐文宗方苞，师承刘大櫆，主张"有所法而后能，有所变而后大"，在方苞重义理、刘大櫆长于辞章的基础上，提出"义理、考据、辞章"三者不可偏废，为桐城派散文之集大成者。著有《惜抱轩诗文集》，编有《古文辞类纂》等。

学习导引

乾隆三十九年（公元1774年），姚鼐告归田里，道经泰安，与挚友泰安知府朱孝纯于此年十二月二十八日傍晚同上泰山山顶，第二天除夕五更至日观峰的日观亭，观赏日出，写下了这篇山水游记。

本文以游踪为线索，用精练的语言生动地描写了泰山雪后初晴的瑰丽景色和日出的雄浑景象，歌颂了祖国山河的壮美。借鉴作者抓住事物特征，用侧面烘托的方式描绘景物的方法，体会本文简洁生动的语言特点。掌握文章中重要的实词、虚词和句式，在熟读的基础上感受泰山的雄壮。

文白对译

①泰山之阳[1]，汶水[2]西流；其阴，济水[3]东流。阳谷[4]皆入汶，阴谷皆入济。当其南北分者[5]，古长城[6]也。最高日观峰[7]，在长城南十五里。

【注释】

[1]阳：山的南面。
[2]汶（wèn）水：也叫汶河，发源于山东莱芜东北原山，向西南流经泰安东。

[3]济水：发源于河南济源市西王屋山，流经山东，后来下游被黄河冲没。

[4]阳谷：山南面谷中的水。谷，两山之间的流水道，现通称山涧。

[5]当其南北分者：在那（阳谷和阴谷）南北分界处的。

[6]古长城：春秋时期齐国所筑长城的遗址，古时齐鲁两国以此为界。

[7]日观峰：在山顶东岩，是泰山观日出的地方。

【翻译】

泰山的南面，汶河向西流去；泰山的北面，济水向东流去。南面山谷的水都流入汶水，北面山谷的水都流入济水。处在那阳谷和阴谷南北分界处的，是古代春秋时期齐国所筑长城的遗址。最高的日观峰，在古长城以南十五里。

②余以[8]乾隆三十九年[9]十二月，自京师乘[10]风雪，历齐河、长清[11]，穿泰山西北谷，越长城之限[12]，至于泰安[13]。是月丁未[14]，与知府朱孝纯子颍[15]由南麓登。四十五里，道皆砌石为磴[16]，其级[17]七千有余。

【注释】

[8]以：在。

[9]乾隆三十九年：公元1774年。乾隆，清高宗的年号。

[10]乘：趁，这里有"冒着"的意思。

[11]齐河、长清：地名，都在山东省。

[12]限：门槛，这里指像一道门槛的城墙。

[13]泰安：今山东泰安，在泰山南面，清朝为泰安府治所。

[14]丁未：丁未日（十二月二十八日）。

[15]朱孝纯子颍：朱孝纯，字子颍，当时是泰安府的知府。

[16]磴（dèng）：石级。

[17]级：石级，台阶。

【翻译】

我在乾隆三十九年十二月从京城里出发，冒着风雪启程，经过齐河县、长清县（今济南市长清区），穿过泰山西北面的山谷，跨过长城的城墙，到达泰安。十二月二十八日，我和泰安知府朱孝纯从南边的山脚登山。攀行四十五里远，道路都是石板砌成的石级，那些台阶共有七千多级。

③泰山正南面有三谷。中谷绕泰安城下，郦道元所谓环水[18]也。余始循以入[19]，道少半[20]，越中岭[21]，复循西谷，遂至其巅。古时登山，循东谷入，道有天门[22]。东谷者，古谓之天门溪水，余所不至也。今所经中岭及山巅，崖限当道者[23]，世皆谓之天门云[24]。道中迷雾冰滑，磴几[25]不可登。及既上，苍山负雪，明烛天南[26]；望晚日照城郭，汶水、徂徕[27]如画，而半山居[28]雾若带然。

【注释】

[18]环水：泰安的护城河，自泰山流出，傍泰安城东面南流。

[19]循以入：顺着（中谷）进去。

[20]道少半：路不到一半。

[21]中岭：黄岘岭，又名中溪山，中溪发源于此。

[22]天门：泰山峰名。《山东通志》："泰山周回一百六十里，屈曲盘道百余，经南天门，东西三天门，至绝顶，高四十余里。"

[23]崖限当道者：挡在路上的像门槛一样的山崖。

[24]云：语气助词。

[25]几：几乎。

[26]苍山负雪，明烛天南：青山上覆盖着白雪，(雪)光照亮了南面的天空。负，背。烛，动词，照。

[27]徂徕(cú lái)：山名，在泰安东南。

[28]居：停留。

【翻译】

　　泰山正南面有三条水道。其中中谷的水环绕泰安城，这就是郦道元书中所说的环水。我起初顺着中谷进去，沿着小路走了不到一半，翻过中岭，再沿着西边的水道走，就到了泰山的巅顶。古时候登泰山，沿着东边的水道进入，道路中有座天门。这东边的山谷，古时候称它为"天门溪水"，是我没有到过的。现在我经过的中岭和山顶，挡在路上的像门槛一样的山崖，世上人都称它为"天门"。一路上大雾弥漫、冰冻溜滑，石阶几乎无法攀登。等到已经登上山顶，只见青山上覆盖着白雪，雪光照亮了南面的天空；远望夕阳映照着泰安城，汶水、徂徕山就像是一幅美丽的山水画，停留在半山腰处的云雾，又像是一条舞动的飘带似的。

④戊申晦[29]，五鼓[30]，与子颖坐日观亭[31]，待日出。大风扬积雪击面。亭东自足下皆云漫[32]。稍见云中白若摴蒱[33]数十立者，山也。极天[34]云一线异色，须臾成五采[35]。日上，正赤如丹[36]，下有红光，动摇承之。或曰，此东海[37]也。回视日观以西峰，或得日，或否[38]，绛皓驳色[39]，而皆若偻[40]。

【注释】

[29]戊申晦：戊申这一天是月底。晦，农历每月最后一天。

[30]五鼓：五更。

[31]日观亭：亭名，在日观峰上。

[32]漫：迷漫。

[33]摴蒱(chū pú)：又作"樗蒱"，古代的一种赌博游戏，这里指博戏用的"五木"。五木两头尖，中间广平，立起来很像山峰。

[34]极天：天边。

[35]采：同"彩"。

[36]丹：朱砂。

[37]东海：泛指东面的海。这里是想象，实际上在泰山顶上看不见东海。

[38]或得日，或否：有的被日光照着，有的没有照着。

[39]绛皓驳色：或红或白，颜色错杂。绛，大红。皓，白色。驳，杂。

[40]若偻：像脊背弯曲的样子，引申为鞠躬、致敬的样子。日观峰西面诸峰都比日观峰低，所以这样说。偻，驼背。

【翻译】

　　戊申这一天是月底，五更的时候，我和子颖坐在日观亭里，等待日出。这时大风扬起的积雪扑面打来。日观亭东面从脚底往下一片云雾弥漫。依稀可见云中几十个白色的像骰子似的东西，那是山峰。天边的云彩形成一条线呈现出奇异的颜色，一会儿又变成五颜六色的。太阳升上来了，红的像朱砂一样，

下面有红光晃动摇荡着托着它。有人说，这是东海。回头看日观峰以西的山峰，有的被日光照到，有的没照到，或红或白，颜色错杂，都像弯腰曲背鞠躬致敬的样子。

⑤亭西有岱祠[41]，又有碧霞元君[42]祠；皇帝行宫[43]在碧霞元君祠东。是日，观道中石刻，自唐显庆[44]以来，其远古刻尽漫失[45]。僻不当道者[46]，皆不及往。

【注释】

[41]岱祠：东岳大帝庙。
[42]碧霞元君：传说是东岳大帝的女儿。
[43]行宫：皇帝出外巡行时的居所，这里指乾隆登泰山时住过的宫室。
[44]显庆：唐高宗的年号。
[45]漫失：模糊或缺失。漫，磨灭。
[46]僻不当道者：偏僻，不在道路附近的。

【翻译】

日观亭西面有一座东岳大帝庙，又有一座碧霞元君庙；皇帝出外巡行时居住的处所就在碧霞元君庙的东面。这一天，还观看了路上的石刻，都是从唐朝显庆年间以来的，那些更古老的石碑都已经模糊或缺失了。那些偏僻不对着道路的石刻，都赶不上去看了。

⑥山多石，少土；石苍黑色，多平方，少圜[47]。少杂树，多松，生石罅[48]，皆平顶。冰雪，无瀑水[49]，无鸟兽音迹。至日观数里内无树，而雪与人膝齐。

⑦桐城姚鼐记。

【注释】

[47]圜：同"圆"。
[48]石罅：石缝。
[49]瀑水：瀑布。

【翻译】

山上石头多，泥土少；山石都呈青黑色，大多是平的、方形的，很少有圆形的。杂树很少，多是松树，松树都生长在石头的缝隙里，树顶是平的。冰天雪地，没有瀑布，没有飞鸟走兽的声音和踪迹。日观峰附近几里以内没有树木，积雪厚得同人的膝盖一样平齐。

桐城姚鼐记述。

 知识梳理

一、通假字

1. 其级七千有余。　　　"有"同"又"，用来连接整数和零数。
2. 少圜。　　　　　　　"圜"同"圆"，圆形的，指山石。
3. 五采。　　　　　　　"采"同"彩"，五色。

登泰山记

二、古今异义

例句	词语	今义	古义
1. 至于泰安	至于	表另提一事	到，到达
2. 是月丁未	是	常用作判断词	这，此
3. 复循西谷	复	往复，重复	再，又
4. 戊申晦	晦	昏暗，夜晚	农历每月的最后一天
5. 多平方	平方	数学名词	方方整整的，指山石

三、一词多义

1. 道
①道皆砌石为磴。（路，名词）
②道少半。（走路，动词）

2. 限
①越长城之限。（界限，城墙，名词）
②崖限当道者。（像门槛一样，名词作状语）

3. 有
①其级七千有余。（同"又"）
②亭西有岱祠。（与"无"相对，动词）

4. 及
①所经中岭及山巅。（和，连词）
②及既上。（等到，介词）
③皆不及往。（赶得上，动词）

5. 当
①当其南北分者。（在，介词）
②崖限当道者。（挡，动词）

6. 以
①余以乾隆三十九年十二月。（在，介词）
②余始循以入。（同"而"，表修饰，连词）
③回视日观以西峰。（连接方位名词，用法同现代汉语）

7. 之
①泰山之阳。（的，助词）
②古谓之天门溪水。（代指"东谷"，代词）
③动摇承之。（代指"日"，代词）

四、词类活用

1. 名词作状语
①汶水西流。（向西）
②济水东流。（向东）
③崖限当道者。（像门槛一样）

2. 名词作动词
①道少半。（走，走路）

153

②苍山负雪，明烛天南。（照）

五、文言句式

1. 判断句

①当其南北分者，古长城也。（"……者，……也"，表判断）

②郦道元所谓环水也。（"……也"，表判断）

③余所不至也。（"……也"，表判断）

④亭东自足下皆云漫。（"皆"，表判断）

⑤云中白若摴蒱数十立者，山也。（"……者，……也"，表判断）

⑥此东海也。（"……也"，表判断）

2. 定语后置句

①今所经中岭及山巅，崖限当道者。（即"限当道者崖"）

②稍见云中白若摴蒱数十立者。（即"稍见云中数十立者白若摴蒱"）

3. 省略句

①(我)与知府朱孝纯子颍由南麓登。

②中谷绕(于)泰安城下。

③余始循(之)以入。

④复循西谷(走)。

⑤与子颍坐(于)日观亭待日出。

⑥生(于)石罅。

1. 下列说法有误的一项是(　　)。

A. 姚鼐，字姬传，一字梦谷，世称惜抱先生，为桐城派散文之集大成者，著有《惜抱轩诗文集》。

B. 散文家姚鼐与方苞、刘大櫆并称为"桐城三祖"。

C. 姚鼐在方苞重义理、刘大櫆长于辞章的基础上，提出"义理、考据、辞章"三者不可偏废的思想。

D. 桐城派是清代散文影响最大的一个流派，其创始人是刘大櫆。

2. 下列说法不正确的一项是(　　)。

A.《登泰山记》语言精简，用词生动。比如从京师到泰安，"自""历""穿""越""至"几个动词蝉联而下，既吻合描写对象，又充分表现了旅途的艰苦，写出了作者急于登泰山的浓厚游兴。

B.《登泰山记》紧扣题目，结构严谨。所取材料紧扣泰山，紧紧围绕作者的游踪进行叙写。

C. "苍山负雪，明烛天南"，作者不言冰雪覆盖青山，却说青山背负着雪，赋予静态的青山以人的动态，用语新颖、传神。

D. "望晚日照城郭，汶水、徂徕如画，而半山居雾若带然"，这是在山脚下远望和仰视所得的画面。"半山居雾若带然"把动态的物写成静态，设喻新奇。

3. 下列加点词的解释，不正确的一项是(　　)。

A. 自京师乘风雪　　　　　　　　　　　　乘：冒着

B. 越中岭，复循西谷，遂至其巅　　　　　循：沿着

C. 其远古刻尽漫失　　　　　　　　　　　漫：流失

D. 道中迷雾冰滑，磴几不可登　　　　　　几：几乎

4. 下列句中加点词语，古今意义基本相同的一项是（　　）。
A. 极天云一线异色，须臾成五采
B. 越长城之限，至于泰安
C. 戊申晦
D. 石苍黑色，多平方，少圆

5. 选出下列各项中加点词的用法与"明烛天南"中的"烛"用法相同的一项是（　　）。
A. 道少半
B. 孔子师郯子
C. 崖限当道者
D. 其阴，济水东流

6. 下列句中加点词语"之"的意义和用法与其他三项不同的一项是（　　）。
A. 择师而教之
B. 泰山之阳
C. 古谓之天门溪水
D. 动摇承之

7. 下列句子不是判断句的一项是（　　）。
A. 当其南北分者，古长城也
B. 中谷绕泰山城下，郦道元所谓环水也
C. 稍见去中白若摴蒱数十立者，山也
D. 是日，观道中石刻

8. 对下列句中省略成分补充不正确的一项是（　　）。
A. 山多石，（山）少土
B. 石苍黑色，（石）多平方，（石）少圆
C. （山）少杂树，（山）多松
D. （山）生石罅，（树）皆平顶

9. 下列说法不正确的一项是（　　）。
A. 山的南面、水的北面为"阳"；山的北面、水的南面为"阴"。
B. 城墙有内外之分，里面一道为"城"，外面一道为"郭"，"望晚日照城郭"，句中的"城郭"泛指城墙。
C. 农历每月初一为"朔"，十五为"望"，最末一天为"晦"。
D. 桐城姚鼐记，以桐城标明自己所属流派。

10. 对泰山日出这段文字分析鉴赏有误的一项是（　　）。
A. 先从日出前的风、雪、云写起，与上文"苍山负雪"照应；"大风扬积雪击面"，这是日出前在寒山之顶的感受，十分真切。
B. 作者抓住日出时色彩变化的这一特点，以鲜明的色彩勾勒出了日出的雄伟、壮丽的景象。
C. 作者回头看西边山峰，是由高向低俯视，"绛皓驳色"，显示了"红装素裹，分外妖娆"的日出美景。
D. 本段上文是泰山夕照图，本段是泰山日出图，前者着力指"静"状，后者有意给"动"态，动静相宜，相辅相成。

11. 将下列句子翻译成现代汉语。
(1) 及既上，苍山负雪，明烛天南。

(2) 回视日观以西峰，或得日，或否，绛皓驳色，而皆若偻。

课外拓展

阅读下列文段，完成1~6题。

商於子[1]家贫，无犊以耕，乃牵一大豕[2]驾之而东。大豕不肯就轭[3]，既就复解，终日不能破一畦。宁毋先生[4]过而尤之曰："子过矣！耕当以牛，以其力之巨能起块也，蹄之坚能陷淖[5]也。豕纵大，安能耕耶？"商於子怒而弗应。

宁毋先生曰："今子以之代耕，不几颠之倒之乎？吾悯而诏子，子乃反怒而弗答，何也？"商於子曰："子以予颠之倒之，予亦以子倒之颠之。吾岂不知服田[6]必以牛，亦犹牧[7]吾民者必以贤。不以牛，虽不得田，其害小；不以贤则天下受祸，其害大。子何不以尤我者尤牧民者耶？"宁毋先生顾谓弟子曰："是盖有激者[8]也。"

——明·宋濂《宋学士文集》

注释：

[1]商於(wū)子：作者虚构的人物。
[2]豕(shǐ)：同"猪"。
[3]轭(è)：牛拉东西时驾在颈上的曲木。
[4]宁毋先生：作者虚构的人物。
[5]淖(nào)：烂泥。
[6]服田：驾牲口耕田。
[7]牧：统治、管理。
[8]有激者：心中有不平之气的人。

1. 下列加点字解释有误的一项是（ ）。
   A. 子过矣   过：过分
   B. 安能耕耶   安：怎么
   C. 吾悯而诏子   诏：告诉
   D. 子何不以尤我者尤牧民者耶？ 尤：责备

2. 下列各组句子中的"以"字的意义和用法与"皆以美于徐公"的"以"用法相同的一项是（ ）。
   A. 吾岂不知服田必以牛   B. 今子以之代耕
   C. 子以予颠之倒之   D. 子何不以尤我者尤牧民者耶

3. 下列语句中，与例句词类活用现象不相同的一项是（ ）。
   例句：乃牵一大豕驾之而东。
   A. 以其力之巨能起块也   B. 亦犹牧吾民者必以贤
   C. 汶水西流   D. 道少半

4. 下列语句中，句式与例句相同的一项是（ ）。
   例句：是盖有激者也。
   A. 亭东自足下皆云漫   B. 今所经中岭及山巅，崖限当道者
   C. 余始循以入   D. 耕当以牛

5. 下列说法不正确的一项是（ ）。
   A. "吾悯而诏子"的"而"表因果，翻译为所以或者因而。
   B. "耕当以牛，以其力之巨能起块也，蹄之坚能陷淖也"是一个判断句式。
   C. 本文是一篇讽喻性小品文，形象生动地抨击了统治者不用贤人的社会现象。
   D. "商於子家贫，无犊以耕，乃牵一大豕驾之而东"这一开头，作者的本意就是要表明商於子家里很穷，没有耕牛。

6. 翻译原文中画线的句子。
大豕不肯就轭，既就复解，终日不能破一畦。